世界の「なぜ?」が見えてくる

大人の世界史超学び直し

YouTube「大人の学び直しTV」
すあし社長

JN137151

KADOKAWA

はじめに

なぜ「大人の世界史」なのか？

私はYouTubeチャンネル「大人の学び直しTV」を配信している「すあし社長」です。神話・歴史ものから、経済・ビジネス・世界情勢などの分野まで、教養につながるようなテーマを〝学び直し〟の観点で解説するこのチャンネルを本格スタートさせたのは、2020年1月のこと。いまではチャンネル登録者数が70万人（2024年11月時点）を超えるほどになりました。これも皆さんのおかげです。

さて、チャンネル名では「学び」とうたってはいるものの、私は小学生の頃から野球漬けのいわゆる〝体育会系〟で、勉強のほうは「進級できればいいや」のスタンス。そのため、**社会人になってからは仕事に影響するニュースの把握に人一倍努めなくてはならず、自分で家計をやり繰りするようになったことで、お金の知識もますます必要になりました。**

私はそうして「学び」の必要性を痛感していったわけですが、その後、私は人との出会いに恵まれ、教養ある大人たちと出会えたことで、運よく「学び」本来の面白さや奥深さを知ることができました。

たとえば、「芸術家は歴史や宗教をテーマに作品をつくるとき、どう考えて表現するのか？」「ニュースを日々追っている記者は取材する際に何を見ているんだろう？」「一年中海外旅行をしている投資家は、なぜそんな生活ができるの？」などなど——社会人になって〝教養人〟と出会う中、そんな疑問をふと抱いたことが私にとっての「学び」の原点となったのです。

そして、**学びを深めていくにつれてわかってきたのは、特に「宗教」「歴史」「世界情勢」「金融」「経済」の分野は、じつは根底で深くつながり合っている**ということでした。そんな視点で見てみると、それまでとは世界の見え方がまったく違う。知識があるのとないのとでは、まるで別の世界を見ているようでした。

ＹｏｕＴｕｂｅの「大人の学び直しＴＶ」も本書も、私がこれまで感じてきた「学び」を少しでも多くの人に感じてほしいとの思いが起点となったコンテンツですが、本書はタイトルを『**世界の「なぜ？」が見えてくる　大人の世界史　超学び直し**』としています。

でも、なぜ「**大人の世界史**」としたのか？

ふつう「世界史」と聞いて頭に思い浮かべるのは、そう、私たちが学校で習ってきた「世界の歴史を学ぶ科目」のことですよね。本書でも、この「世界史」というキーワードをタイトルに置いていますが、洋の東西を問わない「歴史上の事柄」や「史実の背景」、そして「世

本書で取り上げる4つのテーマ

第1章
世界を知るための「地政学」

覇権国の成り立ちからスタートして、現在、世界で問題になっている話題を地政学の観点で解説。たびたびニュースになるトピックを別視点から見ることで、世界をより解像度高く理解できます。

第2章
世の中のいまがわかる必修の「歴史」

教科書では習わないようなニッチな世界史を解説します。ユダヤやロックフェラー……。表にはあまり出てこないけれど、実は世界史にとって重要な出来事を雑学のように学ぶことができます。

第3章
「宗教」の影響力とは何か？

中東で始まった一神教や仏教など、日本人が知っておくべき宗教を解説します。特に一神教の歴史を学ぶことは、西洋・中東の価値観や複雑な諸問題を深く理解することにつながります。

第4章
「経済」から世界を読み解く

私たちの暮らしに直結する経済の基礎知識を、歴史を交えてやさしく解説します。資本主義や円安のしくみについてもストーリーで説明するので、経済が苦手な方でも楽しく学べる内容です。

界の動き」に紐づけられる話題を「大人の学び直しTV」の動画内容からピックアップし、それを本書では**「大人の世界史」、つまり「大人が教養として知っておくべき世界のこと」と定義**してみました。

本書各章で扱っているテーマは「地政学」「歴史」「宗教」「経済」の四つ。項目のタイトルを見ると、「歴史」以外は一見「世界情勢のこと？」と思うかもしれませんが、よく考えてみると、地政学の見地で考えられることも、宗教分野での出来事も、そして世界経済における諸問題も、みんな結局、それぞれが日々刻々と積み重なって、**私たちが生きる世の中の変遷、つまりは「世界史」になっていきます。**だから本書では、それを**YouTubeチャンネルのメイン視聴者層に合わせて、「大人の世界史」と定めた**わけです。

本書はYouTubeチャンネル「大人の学び直しTV」をベースに、動画制作を通じてタメになったテーマ、そして皆さんにもぜひ知ってもらいたいトピックをセレクトし、図版をまじえて、よりわかりやすく学べるようにまとめた1冊です。気軽に読むだけで**世界の「なぜ？」が見えてきて、いま起きている出来事の〝根本〟がわかるようになる**はずです。

これをきっかけに、「学び直し」の視点をどんどん養っていただければと思っています。

大人の学び直しTV　すあし社長

CONTENTS

第1章 世界を知るための「地政学」

第2章

世の中のいまがわかる必修の「歴史」

第3章 「宗教」の影響力とは何か？

第4章 「経済」から世界を読み解く

STAFF
デザイン／ chichols
地図・図版／小林哲也
イラスト／瀬川尚志
校閲／島崎晋
校正／古川順弘
執筆協力／安福靖真
編集協力／岩佐陸生
写真／ Shutterstock
DTP ／ニッタプリントサービス

第1章

世界を知るための「地政学」

「地政学」とは、各国が置かれている地理的な環境に着目し、
政治や軍事、外交をはじめとする国家戦略や、
国と国との関係性を分析・考察するアプローチです。
ここでは、覇権国の移り変わりや時事問題、資源問題など
「いま」の世界を知るヒントになる
地政学トピックをやさしく紹介します！

1

オランダの黄金時代、17世紀に建設されたアムステルダムの運河。

世界を支配する国は、どうやって力を得たのか？

世界に大きな影響力をおよぼす「覇権国」。歴史上、この覇権国になった三つの強国には共通する、あるパターンが存在します。

これ大事！

- 歴史上の覇権国は三つだけ
- 最初の覇権国はオランダ
- オランダで世界初の株式会社が誕生

どんな国が「覇権国」となるのか？

生産 農業・工業の分野で、圧倒的な生産力を手にする

↓

流通 他国にモノを売ったり、材料を調達したりして、圧倒的な貿易の力を持つ

↓

金融 莫大な資金をもとに、金融の分野で他国を圧倒する

↓

覇権国に 17世紀 オランダ ▶ 19世紀 イギリス ▶ 20世紀 アメリカ

「覇権国」は歴史上で三つ存在する

世界の歴史は、さまざまな国や民族が「覇権」をめぐって争い、盛衰を繰り返すことで形づくられてきました。

他の国に対して圧倒するような力を持った国、特に経済や政治力で世界をリードする国を「覇権国（ヘゲモニー国家）」といいます。**覇権国は、「生産、流通、金融」という三つの分野で、順番に圧倒的な力を持つようになるのが特徴です。**どういうことか、簡単に説明してみましょう。

まず農業や工業の分野で生産力が高まると、商品を他国に売ったり、材料を調達し

覇権国と周辺国の関係

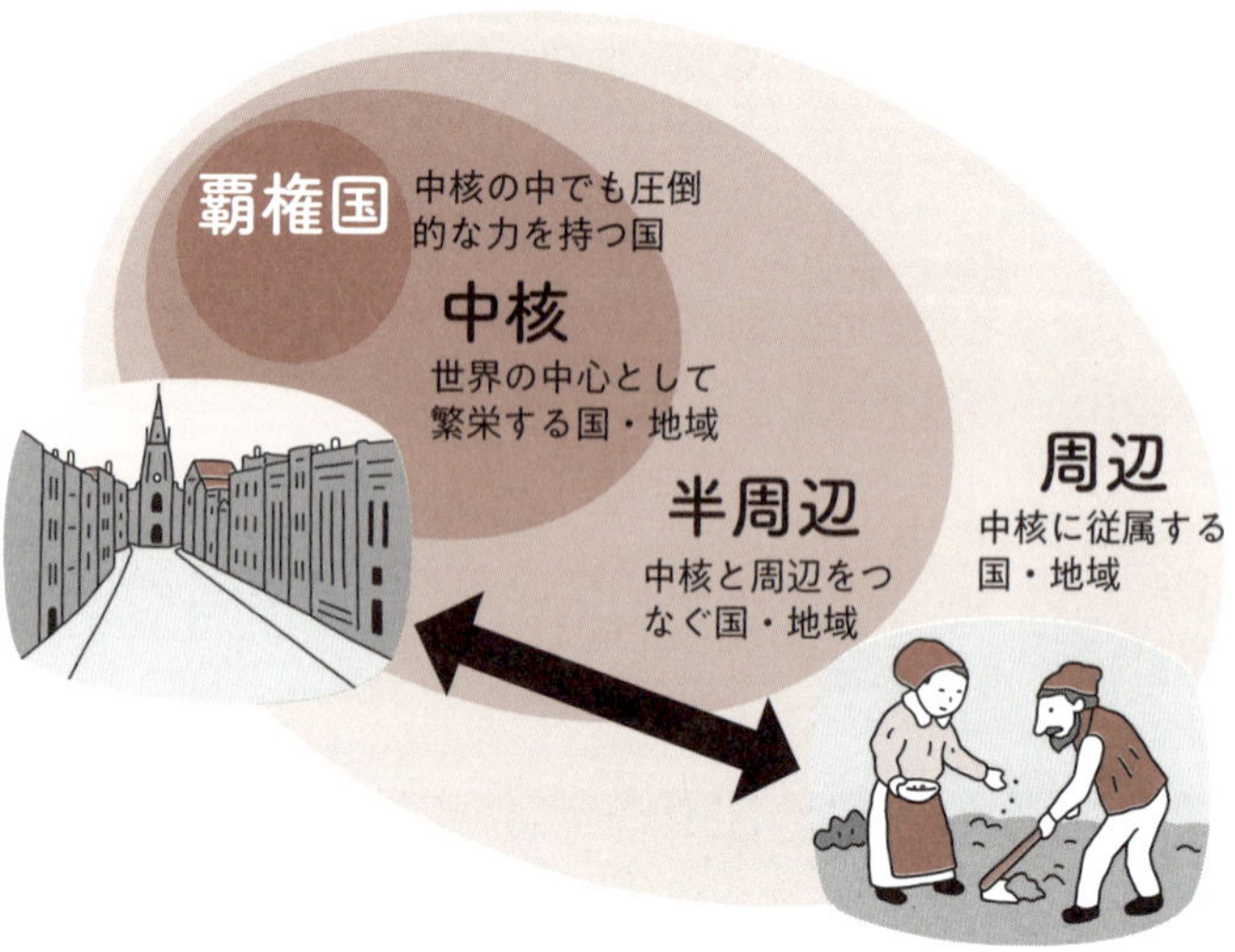
覇権国
中核の中でも圧倒
的な力を持つ国
中核
世界の中心として
繁栄する国・地域
半周辺
中核と周辺をつ
なぐ国・地域
周辺
中核に従属する
国・地域

たりするために貿易に力を入れるようになります。その貿易によって自分の国にお金がたくさん入ってくるようになると、各国のお金を交換したり有効活用したりするために金融都市がつくられるようになります。

金融都市でのお金のやり取りが活発になると、その国の経済はますます発展し、やがて周辺国のお金の流れまでも支配するようになります。

このように**自国を中心に経済が回るようになり、のちに世界中に大きな影響をおよぼす力を持つようになった国が「覇権国」となる**のです。

覇権国は歴史の中で何度か移り変わっていて、逆に支配力が奪われる分野も「生産、流通、金融」の順番になります。つまり、生産力で他国に負け、次に流通の中心ではなくなることでお金の流れが変わり、支配力が他の国に移動するのです。

では、「覇権国」と聞いて、皆さんはどの国を思い浮かべますか？　アメリカの社会学者・歴史学者であるイマニュエル・ウォーラステインによると、「生産、流通、金融」を満たした覇権国は歴史上、三つ存在するといいます。それが**オランダ、イギリス、アメリカ**です。

これらの国は、世界中にどのように影響をおよぼしたのでしょうか。これを理解するには、世界地図で考えてみるといいでしょう。

まず、覇権国を中心に置くと、その外側に向かって異なる経済的役割を持つ国・地域が分布していることがわかります。中心に近いほど商工業が栄えて都市も発展しているのに対して、外に向かうほど農業や漁業などの一次産業に頼るようになります。一次産業の労働者は安い賃金で働くことになるので外に向かって経済はどんどん困窮《こんきゅう》していく傾向にあります。

大航海時代に生まれた経済構造

覇権国と周辺国を巻き込んだこのような経済構造が生まれたのは、15世紀初めに始まった大航海時代からだといわれています。

大航海時代とは、世界中にあるまだ見ぬ領土や香辛料を手に入れるため、ヨーロッパ各国が争うようにして海に繰り出した時代。コロンブスやマゼランなどの探検家が活躍したあの時代のことです。

これよりも前の時代は、ギリシャやイタリアなどの地中海沿岸にある国が貿易の中心地として機能していました。それが、大航海時代の幕開けにより、**海をまたいで西側へと繰り出しやすいスペインやポルトガルといった大西洋沿岸にある国に貿易の中心が移行**していったのです。

海上ルートを使った長距離航海が可能になったことで、大西洋沿岸にある国の貿易と経済は飛躍的に向上していきました。さらにアフリカ南回り航路の開拓、ヨーロッパ人のアメリカ大陸発見などで世界は一気に広がり、**大陸をまたいだ世界的な大貿易網**がつくられていきました。それまで限られた相手とだけ取引していた貿易が世界規模に拡大することで、ヨーロッパでは取引する商品の種類や取引額が増大していきます。

このような流れで、各国が海上で競い合うことになりますが、その中でも圧倒的に優位な立場にある国が出てきたことで、史上初の「覇権国」が誕生するのです。

オランダの独立

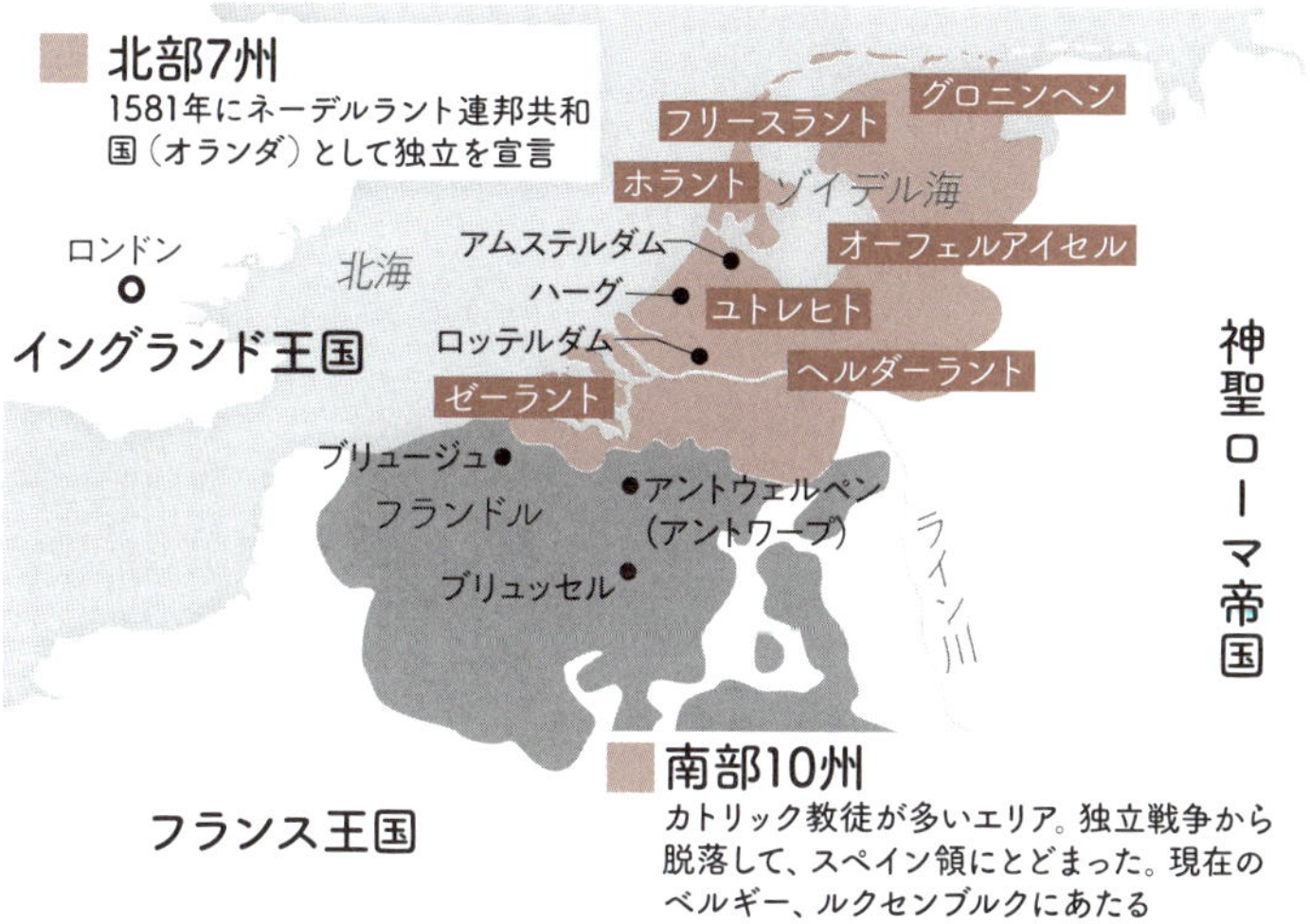

最初の覇権国「オランダ」

先述したとおり、最初の覇権国となったのはオランダです。なぜオランダは、覇権を握ることができたのでしょうか。

オランダはもともと、スペインの領土の一部に過ぎませんでした。大航海時代、スペインとポルトガルは他の国々よりも早く海外進出を果たし、巨大な貿易網を確立すると世界各国で大きな影響力を持つようになります。このまま2国のうちどちらかが世界の覇権を取るとされましたが、スペイン内である争いが起こります。オランダ独立戦争（1568〜1648年）です。

スペインはキリスト教カトリックの国でしたが、当時その一領土に過ぎなかったオランダではもともとプロテスタントが多数を占めていました。**強制的にカトリックへ改宗させようとするスペインと、それをこばむオランダが戦争というかたちで決着をつけることになった**のです。オランダはこの戦争に勝利して、独立を勝ち取ります。

オランダは「八十年戦争」とも呼ばれるこの長い戦いの中でも、積極的に海外へ進出して自国の経済発展に努めていました。

1602年には、**世界で初めての株式会社といわれる「オランダ東インド会社」が設立**され、長距離航海のための資金を集める画期的なシステムが採用されます。それまでの資金集めでは、一度の航海のたびに出資を募るのが一般的でした。そのため、航海が失敗すればすぐに出資者が損をしてしまうというデメリットがありました。

そこで、東インド会社の新しいシステムでは「何度も行われる航海をすべて一つの事業」とし、その事業そのものに出資させようとしたのです。こうすることで、たとえ1回の航海が失敗してしまったとしても、複数回の航海、つまり**全体をとおして事業がうまくいけば出資者が損をすることがない**ということです。

大きなリスクを取らずに利益が出る可能性が高くなったこのシステムによって、多くの出

世界に進出するオランダ（17世紀）

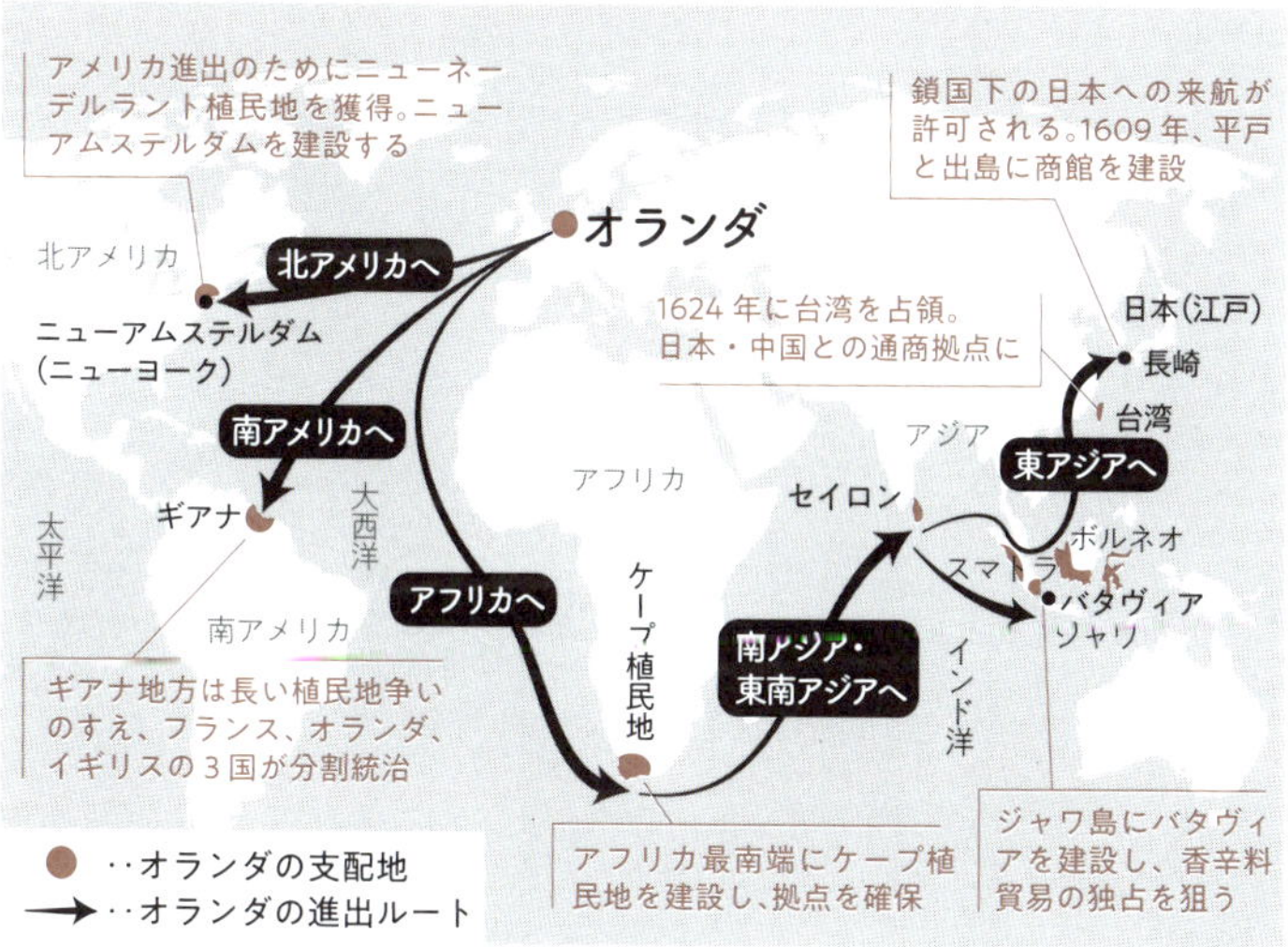
アメリカ進出のためにニューネーデルラント植民地を獲得。ニューアムステルダムを建設する
鎖国下の日本への来航が許可される。1609年、平戸と出島に商館を建設
オランダ
北アメリカ
北アメリカへ
ニューアムステルダム（ニューヨーク）
1624年に台湾を占領。日本・中国との通商拠点に
日本（江戸）
長崎
台湾
アジア
南アメリカへ
東アジアへ
アフリカ
セイロン
ギアナ
大西洋
太平洋
ボルネオ
スマトラ
バタヴィア
ジャワ
アフリカへ
ケープ植民地
南アメリカ
南アジア・東南アジアへ
インド洋
ギアナ地方は長い植民地争いのすえ、フランス、オランダ、イギリスの３国が分割統治
ジャワ島にバタヴィアを建設し、香辛料貿易の独占を狙う
アフリカ最南端にケープ植民地を建設し、拠点を確保
‥オランダの支配地
‥オランダの進出ルート

資者が集まり、オランダは海外進出をするための潤沢《じゅんたく》な資金を獲得しました。

バルト海・西ヨーロッパの海運業

17世紀初め、オランダはそれまでポルトガルが香辛料貿易を行っていた南インド・東南アジア・台湾などの支配権を奪い取ります。また、北アメリカ大陸東岸にも植民地を建設すると、奴隷《どれい》貿易にも加わるなどして巨大な商業網を海上に張りめぐらせました。

こうしたオランダの躍進の要因として、**バルト海と西ヨーロッパを結ぶ海運業が成**

功したことがあるとされています。

オランダは、バルト海周辺にある豊富な森林資源に目をつけました。バルト海周辺でつくられた船や燃料用の木材を西ヨーロッパに売り込むことで、莫大な資金を調達できるのではないかと考えたのです。

この予想が的中し、バルト海から北海、大西洋、地中海岸地域への商品の中継地として、莫大な資金がオランダ国内に流れるようになりました。

こうした海上貿易や海運業に加え、**オランダではアムステルダムという都市を中心に驚異的な経済発展を遂げます。**オランダは金融国家としても大きな影響力を持つようになったのです。

学びのポイント

- 大航海時代、貿易の中心が地中海沿岸から大西洋沿岸へと移ります。海上ルートが確立して、大西洋沿岸の経済が発展しました。
- オランダは独立戦争に勝利し、スペインから独立しました。こうして、急速に世界貿易の中心地となっていきます。
- オランダ東インド会社は事業継続を前提に出資を募りました。これが現在の「株式会社」のシステムの起源です。
- 中継貿易によって、オランダに莫大な資金が流入しました。同時に金融都市が発展し、覇権国となりました。

アルマダ海戦でイギリスに敗れるスペインの無敵艦隊を描いた絵画。

2

島国イギリスが世界の覇権を握った〝ウラ技〟

オランダに次ぐ2番目の覇権国となったイギリス。もともと弱小国に過ぎなかったイギリスは、いかにして海洋大国へと変貌《へんぼう》したのでしょうか。

これ大事！

- イギリスはもともと弱小国だった
- 海賊を仲間につけて大躍進
- イギリスが次なる覇権国へ

イギリスを悩ませた地理的問題

イギリスが世界に躍り出たのは16世紀以降のことです。それ以前はヨーロッパの弱小国に過ぎなかったイギリスは、特に地理的な問題に悩まされていました。

イギリスは、ヨーロッパの北西の端にある小さな島国です。16世紀のヨーロッパの海は、西も東も巨大な勢力が牛耳っていました。大西洋は、スペイン・ポルトガルが独占していますし、北海ではオランダが力をつけています。その上、イギリスは陸の神聖ローマ帝国にも負けていました。さらにイギリス国内では、誰が次の王になるかで内輪もめの真っ最中。国内のまとまりも、外国との力関係も、よくありませんでした。

そんなイギリスをさらに窮地に追い込む出来事が起こります。**イギリスがヨーロッパ大陸に唯一持っていた領土「カレー」を失ってしまった**のです。

カレーは現在のフランス北部に位置する港町で、イギリスとヨーロッパ大陸をつなぐ航路と、大陸の東西をつなぐ航路の交差点。イギリスが海外に進出するための重要拠点でした。カレーを失ったイギリスは、ただ進出が不利になっただけではなく、大陸側からいつでも攻め込まれてしまう状況になってしまったのです。

では、どうすれば国を守ることができるのか？　その解決策が、**まわりの海を自分たちのものにすること**でした。

「海賊」を味方につける

ところが、海の覇権を握ろうと、大国スペインも動き出しました。そんな中、イギリスに救世主が現れます。イギリス女王「エリザベス1世」です。

女王は、イギリスの軍事力を冷静に見ていました。「まともに戦っても、おそらくスペインには勝てないだろう」。そう考えた女王が目をつけたのが「海賊」でした。女王は、**海賊と契約を結んでスペインの船を襲わせた**のです。これを「私掠船《しりゃくせん》」といいます。女王から許可をもらった海賊たちは、スペイン船を狙って襲撃を繰り返しました。

女王が特に信頼した海賊が「フランシス・ドレーク船長」です。

ドレークは女王のバックアップを受け、約4年間にわたる長い略奪航海に出ました。帰還したドレークが女王に持ち帰ったのは、なんと国家予算を超える大金でした。こうして海賊とイギリスの結びつきはますます強まり、ついには海賊出身の正式な海軍軍人まで誕生しま

エリザベス1世の外交

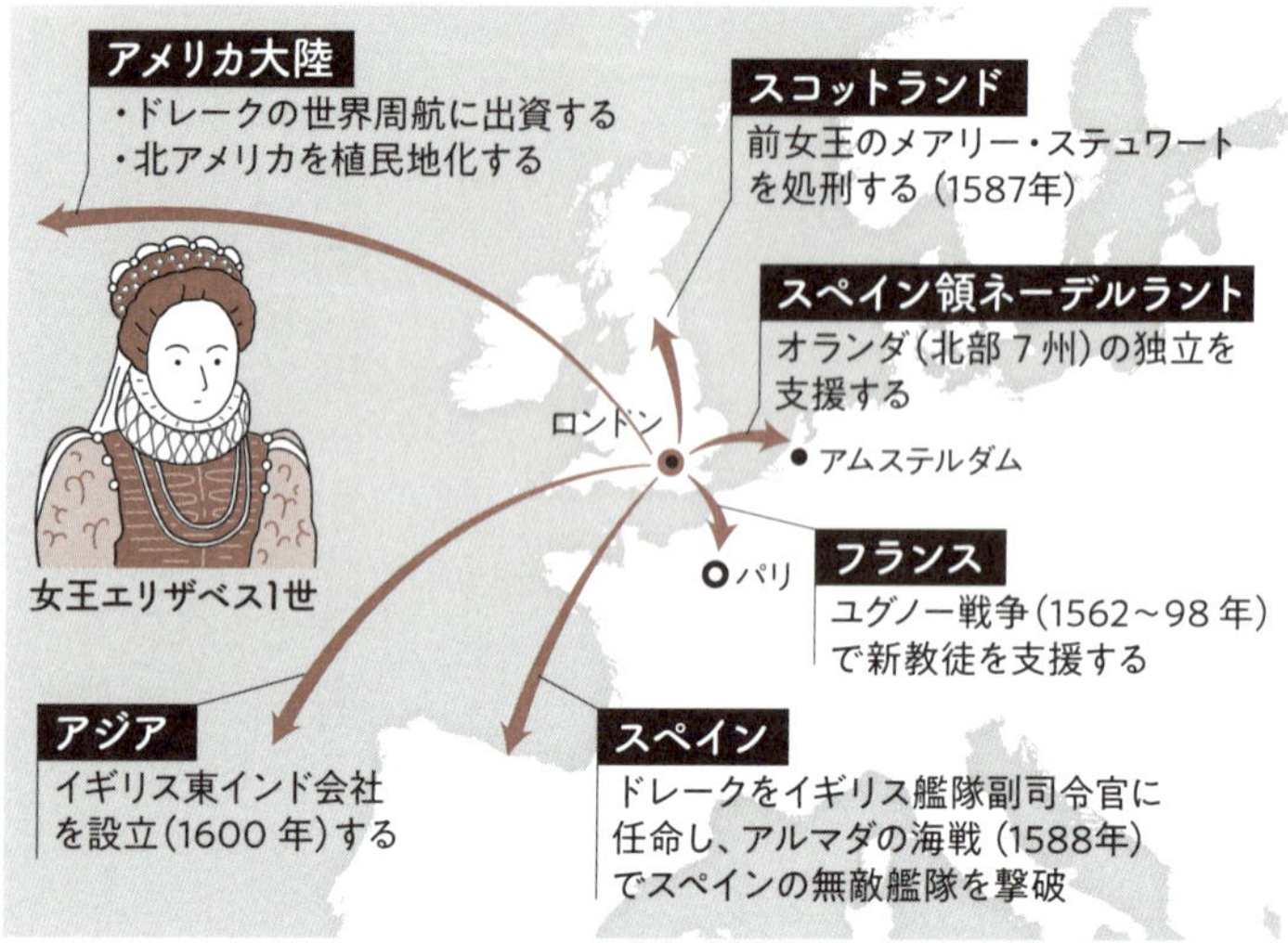
アメリカ大陸
・ドレークの世界周航に出資する
・北アメリカを植民地化する
スコットランド
前女王のメアリー・ステュワートを処刑する（1587年）
スペイン領ネーデルラント
オランダ（北部7州）の独立を支援する
ロンドン
アムステルダム
パリ
フランス
ユグノー戦争（1562～98年）で新教徒を支援する
女王エリザベス1世
アジア
イギリス東インド会社を設立（1600年）する
スペイン
ドレークをイギリス艦隊副司令官に任命し、アルマダの海戦（1588年）でスペインの無敵艦隊を撃破

す。ドレークは騎士の称号まで授けられ、イギリス海軍の提督に大出世しました。

しかしこれは、相手のスペインにとってはたまったものではありません。スペイン国王がクレームを入れましたが、イギリスはこれを無視。こうして、スペインはイギリスとの戦争を決めたのです。

1588年、スペインから送り込まれたのは、**世界最強の海軍、その名も無敵艦隊「アルマダ」**です。約130隻で構成されたアルマダは、憎きイギリスを倒すために出航しました。

それを迎え撃つイギリス海軍は、そのへんの商船もかき集めた寄せ集めの艦隊だったといわれています。副司令官にはあの

「ドレーク」が選ばれ、実質的な指揮を執《と》りました。

こうして、イギリス海賊艦隊とスペイン無敵艦隊は、ついにぶつかります。当時の海戦は、木造船の横に並んだ大砲の撃ち合いです。しかし、イギリスは遠距離攻撃ができる小型大砲を駆使し、さらに火をつけた小型船で突撃するなど、変則的な戦法でスペイン艦隊を混乱させます。そこに嵐が加わり、スペインの無敵艦隊は多くの船を失って壊滅しました。

イギリスを海洋大国に変えた航海法と三角貿易

この勝利によって、イギリスがスペインを圧倒したかといえば、そうではありません。体制を立て直したスペインと、イギリスの戦いは長引きました。

結局、戦争が終わったのはエリザベス女王が亡くなってからです。双方の話し合いにより1604年に「ロンドン条約」が結ばれましたが、その内容はスペインにとって有利なものでした。しかし、イギリスはこれであきらめません。

そんなとき、次に目をつけたのがオランダでした。この頃のオランダは、アメリカ大陸や東南アジアに商売の手を広げていました。独り占めにした特産品をヨーロッパで売りさばい

イギリスの「三角貿易」とは?

て大儲《もう》けしていたのです。これを見た海運国イギリスは、オランダを貿易ネットワークからなんとか締め出そうと考えます。

イギリスが取った方法は、主に二つ。まずは「航海法」を制定します。航海法は、**「イギリスの貿易はイギリス船を使わなければいけない」**という法律です。

もう一つの手は**「三角貿易」**です。イギリスから武器や毛織物などの工業製品を西アフリカへ。西アフリカから黒人奴隷を乗せて南北アメリカ大陸や西インド諸島へ。そして原料となる作物などを積み込んでイギリスに帰ってきます。

他国はこれまでどおりオランダ船を使っていたら、航海法のせいでイギリスとの貿易ができません。しかし、契約をイギリス船に切り替えれば、そのまま問題なく貿易ができます。こうして、**各国でオランダ船よりイギリス船の利用が増え、オランダ船ばかりだった海で次第にイギリス船が幅を利かせるようになります**。16世紀末から18世紀末の200年間で、イギリスが所有する船舶の総トン数はなんと20倍以上になりました。

このシステムは、民間ではなくイギリスが国として管理しました。世界の貿易を国が管理することで、イギリスは海洋大国へと成長したのです。

「海の物流」で世界に君臨

貿易でオランダに勝利したイギリスは、世界中に植民地を拡大していきました。**世界中の植民地がネットワークでつながれ、その利益はイギリスに集中**します。積み上がった利益は、イギリスの発展のために投資されました。

こうして起きたのが、18世紀後半に始まる「産業革命」です。産業革命は、**イギリスの植民地と貿易ネットワークによって成立**したのです。まさに技術が飛躍的に進歩した歴史のターニング・ポイントですが、当時のイギリスの貿易収支を見ると、なんと利益はほとんど出て

世界を席巻する「大英帝国」

◉大英帝国の版図

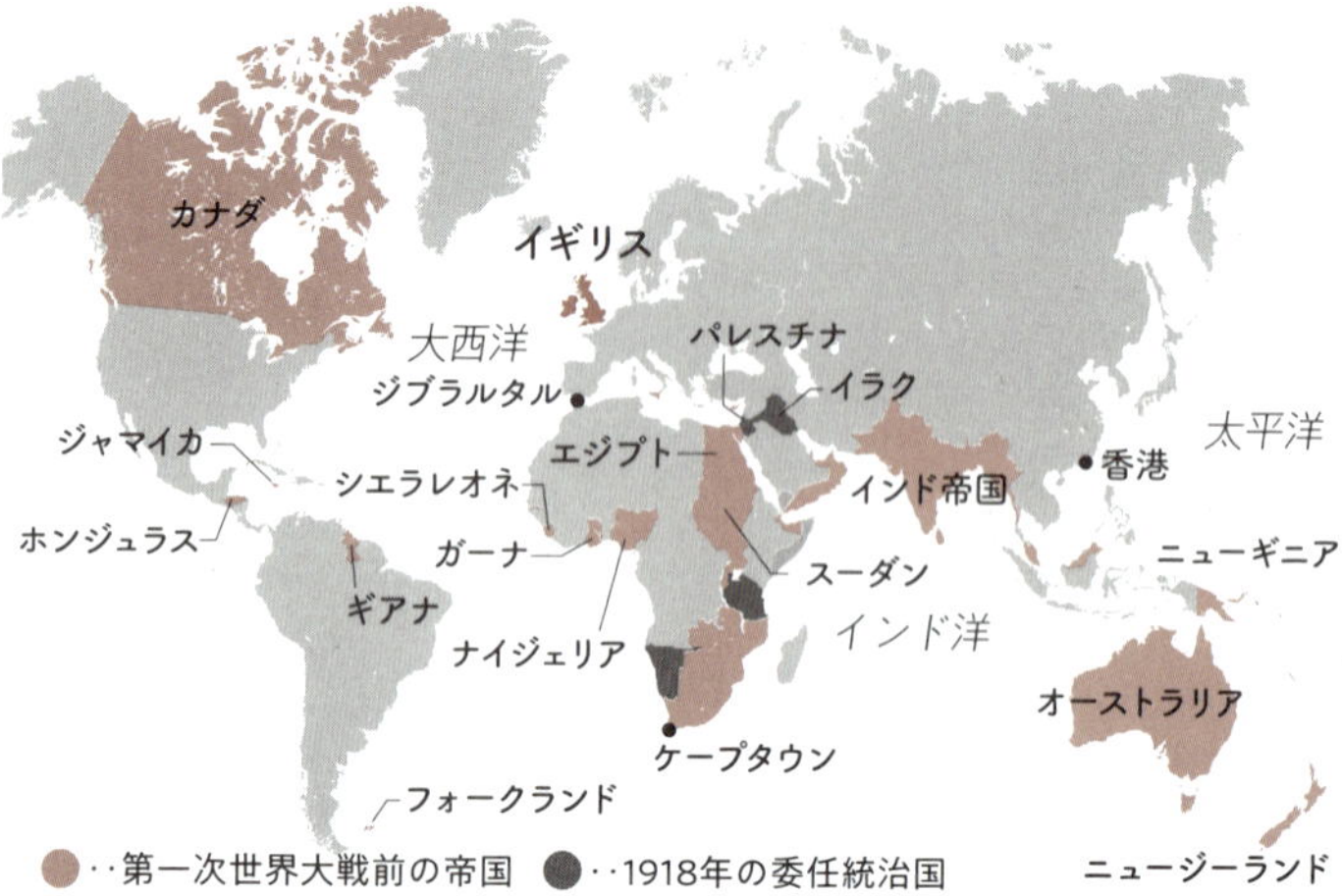

◉列強の植民地面積（1914年）

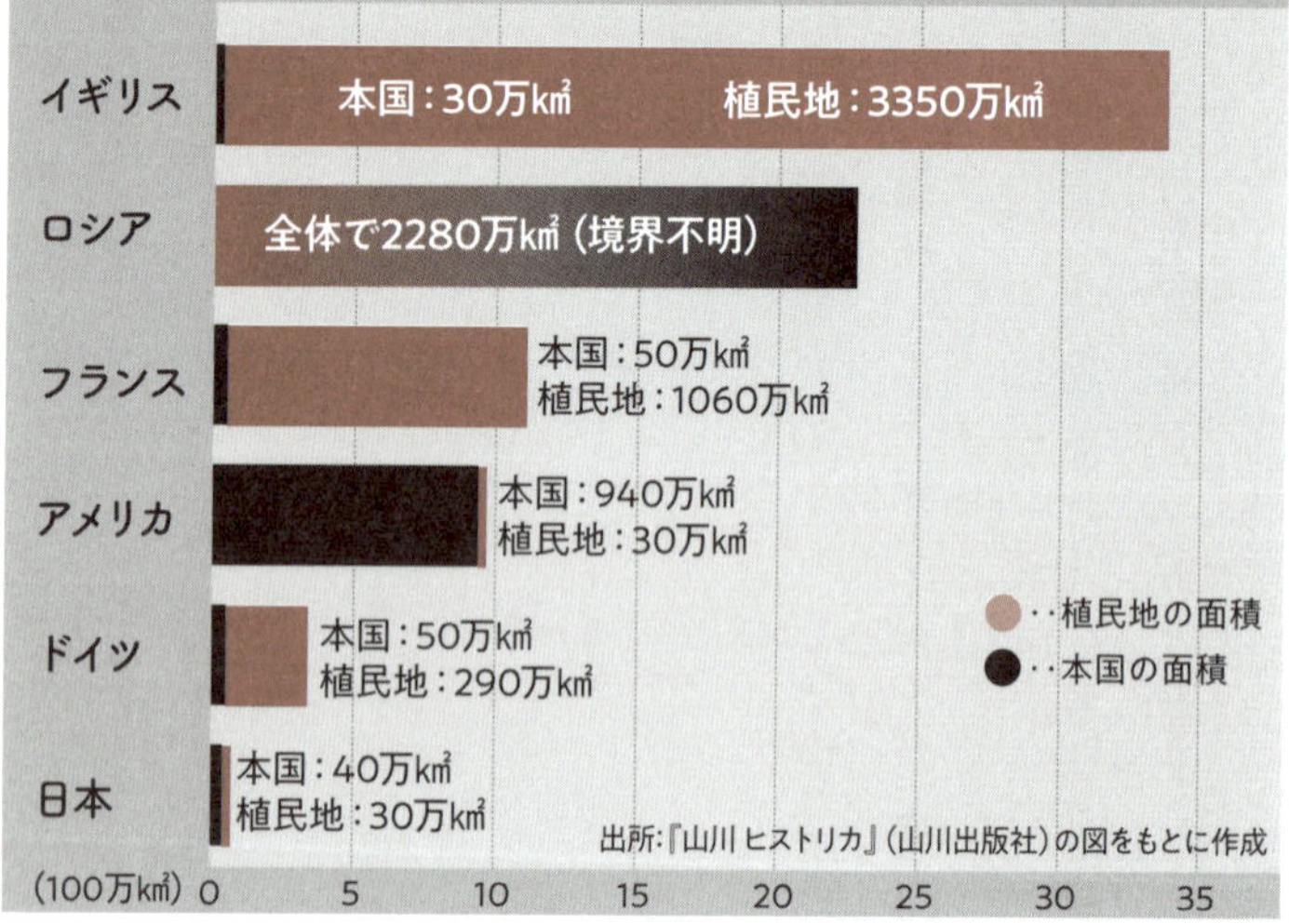

出所：『山川 ヒストリカ』（山川出版社）の図をもとに作成

いません。世界の貿易を支配したのに、儲かっていないとはどういうことでしょうか？

じつは、イギリスが儲けていたのは貿易ではなく「**海運業**」でした。海運業とは、簡単にいうと他の人の荷物を代わりに運んであげる商売のことです。

イギリス船の利用が増えると、19世紀後半から海運業が大きく発展しました。20世紀初頭には、世界の商船のなんと半分をイギリス船が占めるまでになりました。世界の物流を押さえたイギリスは、その生命線である航路を守る強力な「海軍」で世界に睨《にら》みを効かせたのです。

日の沈まない「大英帝国」は、こうして世界に君臨したわけです。

学びのポイント

- エリザベス1世はイギリスの国力を冷静に見ていました。そして、厄介者《やっかいもの》だった海賊を仲間にして自国の強化に努めました。
- エリザベス1世は海賊の船長だったドレークを副司令官に抜擢。彼はその信頼に応えて無敵艦隊「アルマダ」を撃破します。
- イギリスによる「航海法」の制定により、オランダは貿易ネットワークから締め出されました。
- 世界の物流を押さえたことで、イギリスは海運業で大きな利益を獲得できました。

3

植民地だったアメリカが覇権国になれた理由

3番目の覇権国となったのが、イギリスから独立を果たしたアメリカ。その成長の背景には地理的な要因がありました。

これ大事！

- もともとアメリカはイギリスの植民地
- 地政学上、アメリカは「巨大な島」だった
- アメリカは世界有数の資源大国

ドイツ占領下のフランス北部に上陸するアメリカ軍。

イギリスに代わって覇権を握る

18世紀後半、覇権国イギリスに挑戦状を叩《たた》きつける国が誕生しました。それがアメリカです。

アメリカはもともと、イギリスの植民地に過ぎませんでした。しかし、イギリス優位の貿易や不平等な待遇に耐えかね、戦争を仕掛けて独立を勝ち取ります。

19世紀半ばにはアメリカで産業革命が起こりました。国をあげて国土の整備に乗り出すと、それに関連する分野が発展していきます。

そうした開発により、**内陸部と沿岸部を結ぶ都市としてニューヨークが急速に成長して、アメリカの工業発展の基礎がつくられた**のです。さらに、二度の世界大戦によってアメリカの軍事産業が盛り上がったこともあり、アメリカ経済はさらに成長を続けます。

一方、当時覇権国だったイギリスは、世界大戦によって戦費や物資調達のための資金がかさみ、国力が一気に低下しました。そして20世紀前半には、ついにその立場が逆転することになります。

アメリカは、**生産力や経済力を最大限に発揮することで覇権国になった**わけです。

領土を拡大するアメリカ

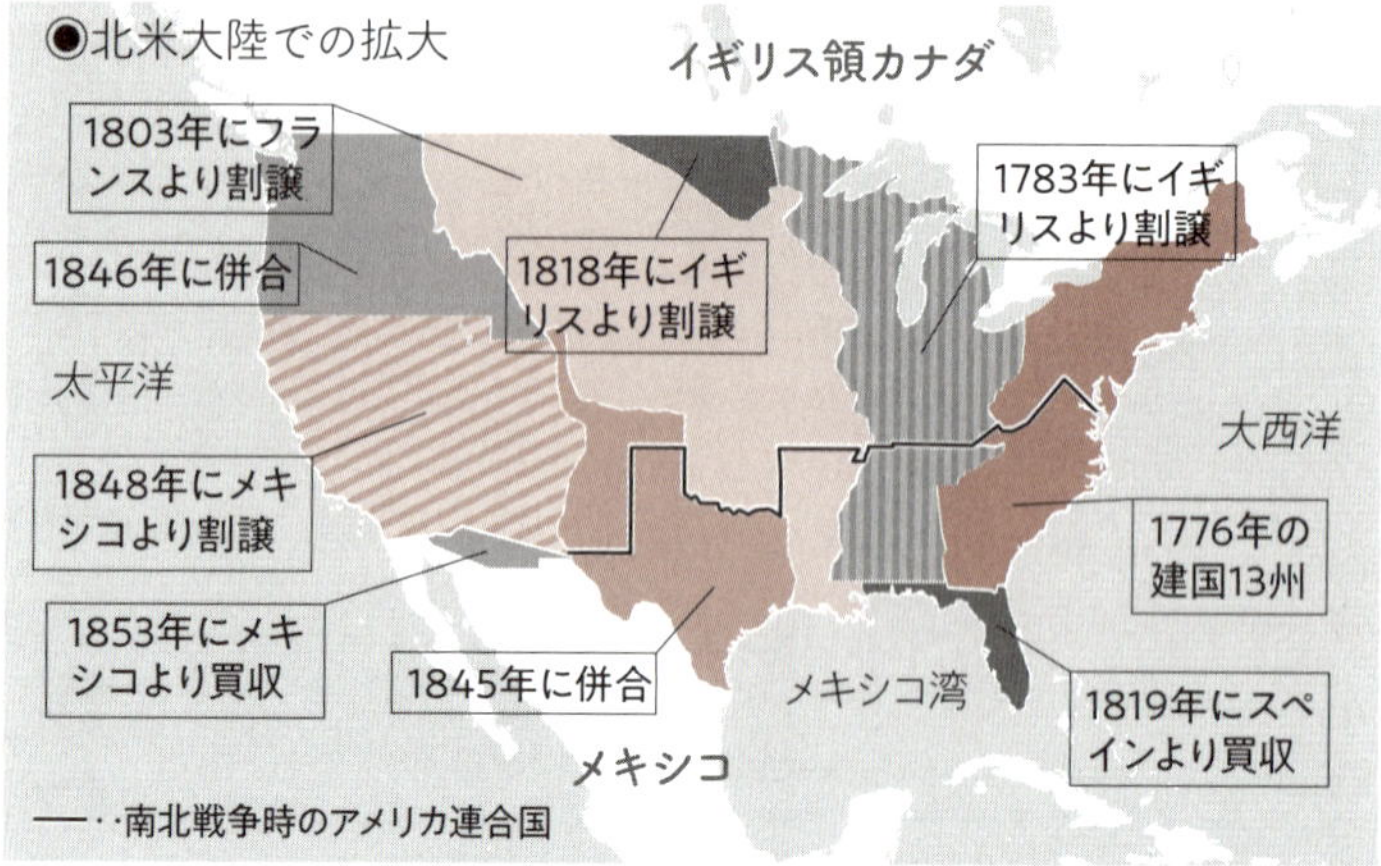

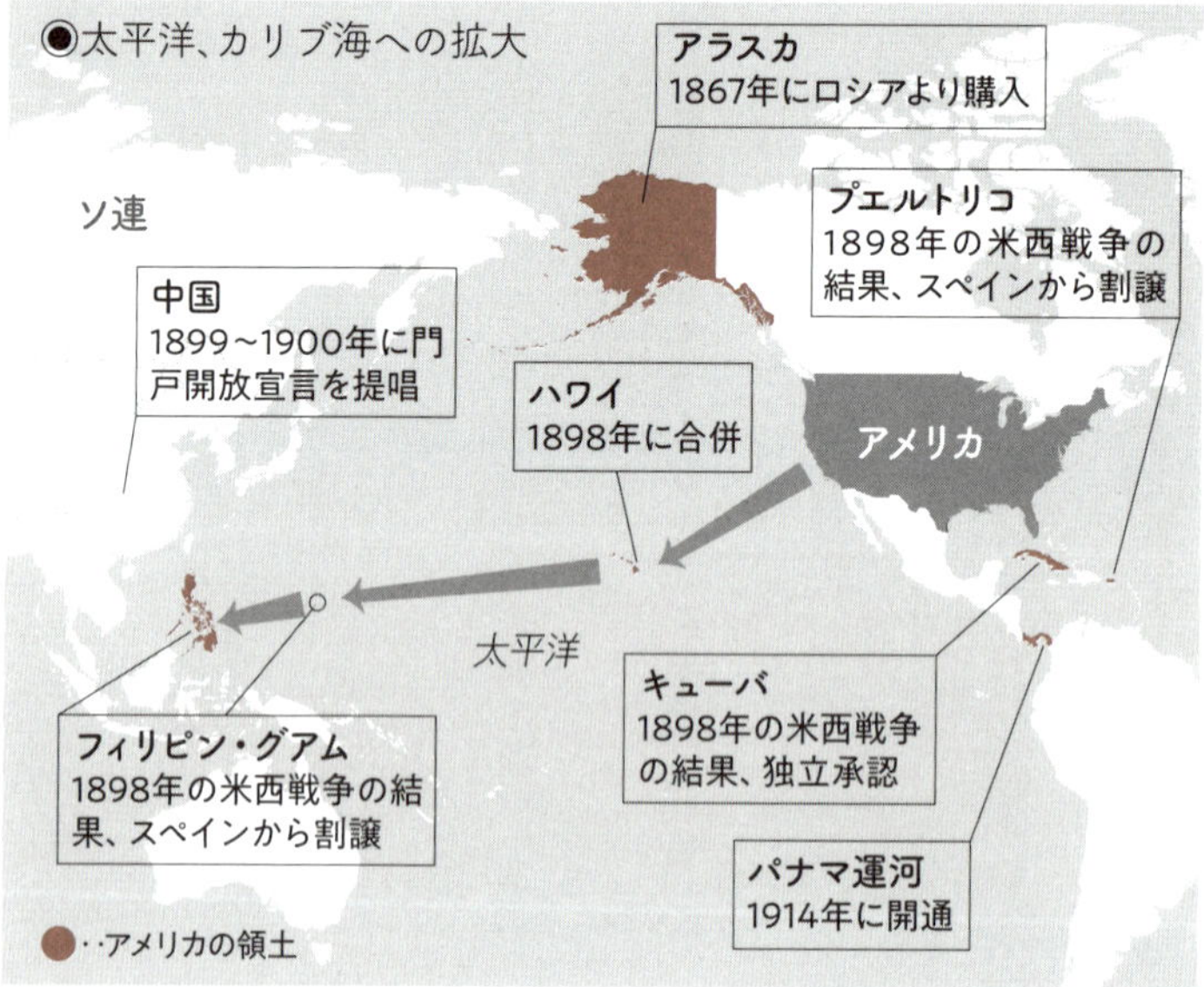

アメリカは「巨大な島」

アメリカは、地政学的にとても有利な場所に位置しています。それを表して、よくこんなことが言われます。

「アメリカは巨大な島である」。

このひと言に、アメリカの地政学的な強さが詰まっているのです。

アメリカが「島」とは、いったいどういうことでしょうか。

まず事実として、この言葉は間違っています。アメリカは島国ではありません。「島国」というのは、日本やイギリスのように360度を海に囲まれた国のことです。

基本的に、島国は守りにすぐれています。理由は簡単、海を渡って攻めるのは陸から攻めるよりも難しいからです。

では、アメリカはどうかというと、東と西を海に挟まれているものの、南北には一つの国と国境を接しています。

しかし、アメリカの北と南にある国はカナダとメキシコ。**どちらもアメリカにとって軍事的な脅威になるような国ではありません。**アメリカはこれらの国と経済的な結びつきを強める

地政学的に見たアメリカ

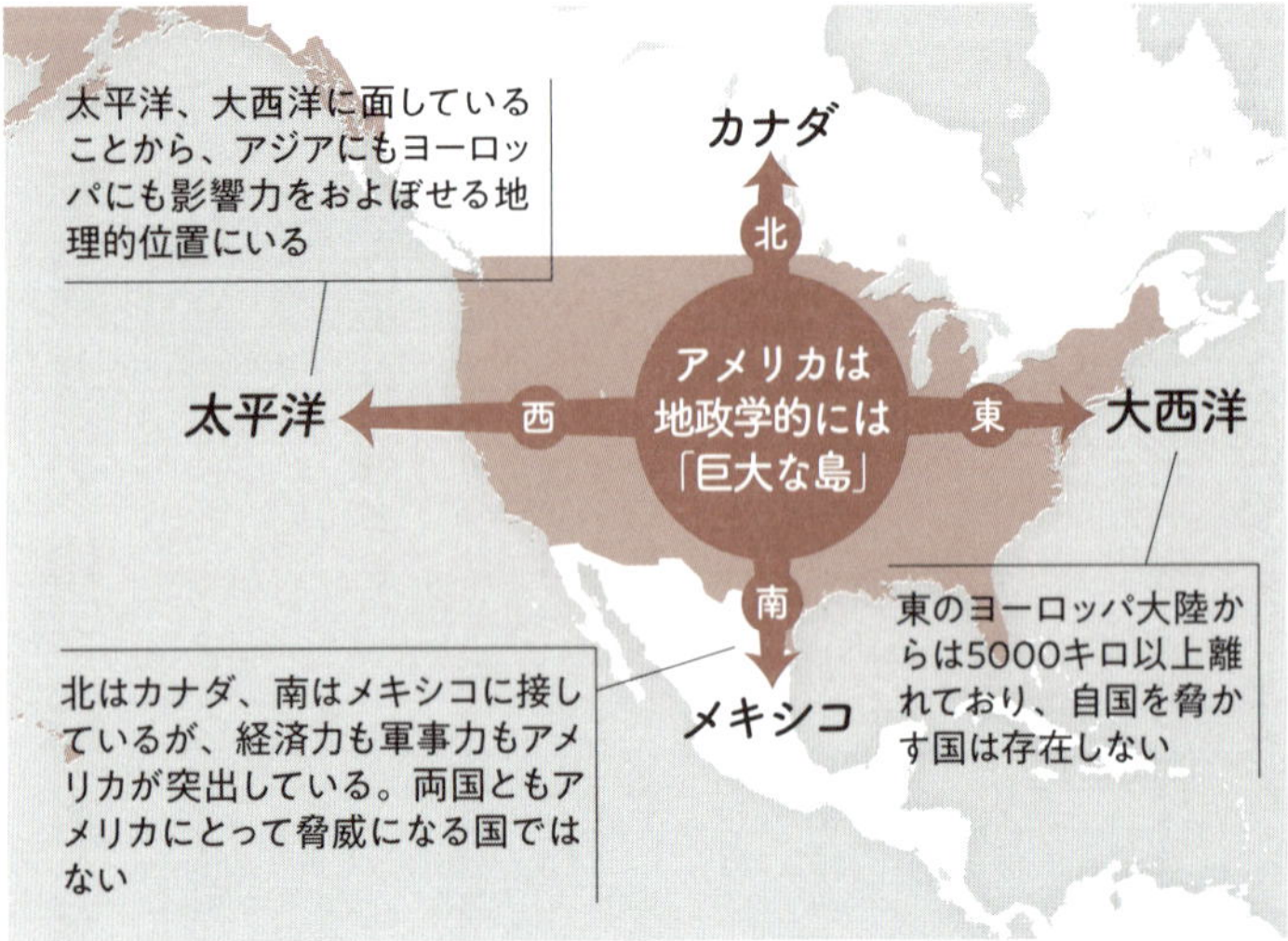
太平洋、大西洋に面していることから、アジアにもヨーロッパにも影響力をおよぼせる地理的位置にいる
カナダ
北
アメリカは地政学的には「巨大な島」
太平洋
西
東
大西洋
南
東のヨーロッパ大陸からは5000キロ以上離れており、自国を脅かす国は存在しない
北はカナダ、南はメキシコに接しているが、経済力も軍事力もアメリカが突出している。両国ともアメリカにとって脅威になる国ではない
メキシコ

ことによっても関係性を保ってきました。

そのため、防衛の観点から見たときに、アメリカは南北の国境について、それほど心配する必要がありません。こういう意味で、地政学の世界では「アメリカは巨大な島国」とみなしているのです。

しかも、**アメリカの東西に広がっているのは大西洋と太平洋**。これがどれだけ有利なのかは、日本と比較すればすぐにわかります。

日本も島国ですが、すぐ近くに別の陸地が迫っています。そこで日本は、韓国や台湾の安全状況には敏感にならなければなりません。自身は島国で安全だとしても、隣の陸地に敵が入ってきたら今度は日本が危なくなるからです。日本が台湾と韓国との軍事関係に、常に注意を払っているのはそのためです。

それと比較して、アメリカの近くに敵はいるでしょうか？　東には大西洋、西には太平洋、太平洋に浮かぶ島々にもアメリカの力がおよんでいるから安全です。**この地政学的な有利さこそが、アメリカに覇権をもたらした**といえます。

そもそもアメリカが世界の覇権国となったきっかけは、二度の世界大戦にあります。世界大戦において、ヨーロッパもアジアも戦場になりましたが、**アメリカ本土は戦場になりませんでした。**

当然のことですが、戦争には大量のお金を使いますし、戦えば多くの若い労働力を失い、街や工場も壊れて、国は大打撃を受けます。アメリカは世界大戦に参加して他国に攻撃はしたものの、自国のほとんどは攻撃されなかったのです。外国にダメージだけ与えておいて、自分はほとんど無傷ということです。

さらにアメリカは戦争中、多くの国に武器を輸出しまくったことで、ぼろ儲けしました。こうして戦場から距離を保ちながら、都合のよいところにだけ手を出すことができたというわけです。

そんなことができたのは、**アメリカが戦場であるヨーロッパやアジアから遠く離れた「巨大な島」だから**です。戦争が終わったとき、ヨーロッパ諸国はボロボロでしたがアメリカは力を蓄えていて元気一杯でした。

もしアメリカという国がもっとヨーロッパやアジアの近くにあったなら、アメリカも戦争に深く巻き込まれていたかもしれません。地政学的なアドバンテージなくして、アメリカの覇権は語れないというわけです。

🌐 豊富な資源で産業を回す

アメリカのGDP（国内総生産）は世界一です。世界有数の工業国、農業大国であると同時に、資源大国でIT大国。それぞれの産業が世界最高レベルに発達していることが特徴です。どうしてそのようなことが可能だったのでしょうか？

大きな理由に、**アメリカ産業を根底から支えるエネルギー資源**があります。エネルギー資源が採れるだけでどれだけ儲かるかというのは、中東のサウジアラビアや石油王などをイメージするとわかりやすいと思います。

アメリカは資源大国

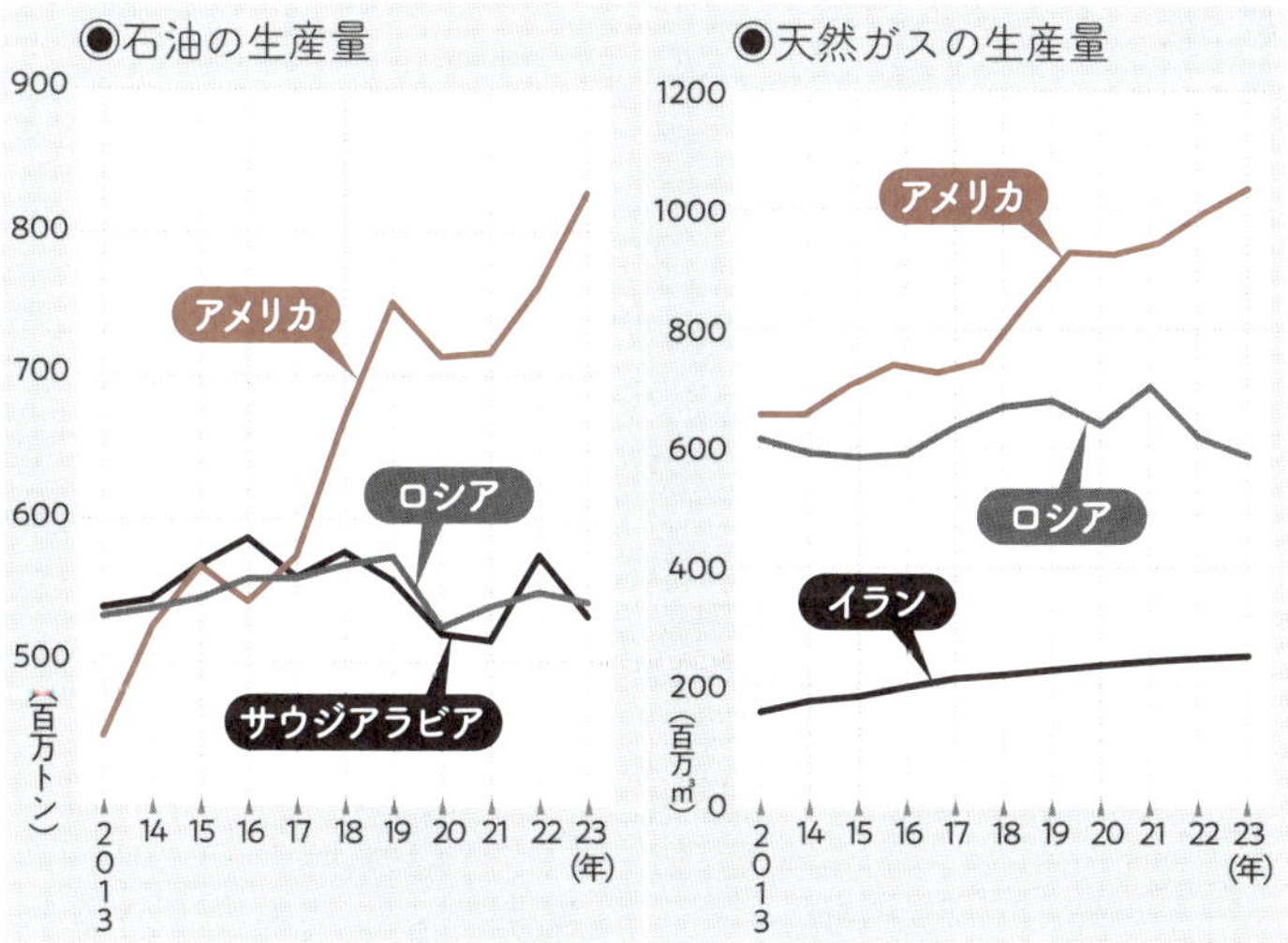

出所：Energy Institute「2024 Statistical Review of World Energy」

もっとも、中東の国とは違ってアメリカは資源がとれるだけではなく他の産業も発達しています。ですから、アメリカが資源で儲けているというイメージは沸《わ》きにくいかもしれません。しかし、じつは**アメリカは大量の資源を保有する世界屈指の資源大国**なのです。

実際の数字を見れば一目瞭然です。

原油と石油製品、天然ガスの生産量は世界一。石油といえばサウジアラビアというイメージがあるかもしれませんが、2017年にアメリカが世界一の座について、それ以降世界トップを独走しています。アメリカは石炭の生産量も世界第4位です。

そんなアメリカが、なぜ資源大国として

目立たないのかというと、採れた資源をあまり輸出していないからです。それどころか、アメリカはなんと世界有数の資源輸入国ですらあるのです。興味深いことに、アメリカは世界一たくさん石油が採れるにもかかわらず、世界有数の石油輸入国でもあります。

これはどういうことでしょうか。答えは簡単です。産業が大きすぎて資源が足りないのです。大量の資源が採れても、それを消費してしまえるだけの産業がある。逆にいえば、自国で採れた大量の資源を、自国の産業のために安く活用することができるということです。

まさに**エネルギー資源が、文字どおり〝潤滑油〟となって産業を回し、現在のアメリカの覇権を支えている**わけです。

学びのポイント

- アメリカは国をあげて国土整備をしたため、内陸部と沿岸部がつながり、国が一つにまとまりました。
- アメリカが安定して経済を発展させることができたのは、軍事的に脅威になる国が近くに存在しなかったからです。
- 世界大戦で各国が疲弊する中、アメリカ本土は攻撃されませんでした。そしてむしろ、武器の輸出でボロ儲けしました。
- アメリカは産業が大きすぎて資源が不足しています。そのため、世界有数の石油産出国で、かつ石油輸入国でもあります。

4

中東の石油は、世界の輸出市場の4割強を占めている。

中東の石油価格が世界経済に影響するメカニズム

世界屈指の産油国が集まり、石油価格に大きな影響を持ってきた中東。しかし、その力は近年、弱まってきています。

これ大事！

- 中東は世界最大の石油輸出地域
- 産油国の思惑で石油価格は変動する
- 新技術によって「脱・石油」が進む

🌐 貿易としての「石油」

イスラエルやイラン、サウジアラビアなど、中東の情勢がニュースで取り上げられることがよくあります。なぜ日本から遠く離れた中東の国々がたびたび注目されるかといえば、中東では石油が産出されるからです。

もし、中東地域が不安定になって石油の輸出が困難になると、**日本だけでなく世界中の経済が混乱してしまいます。**

中東の石油価格が世界に大きな影響をおよぼすのは、中東が世界最大の石油輸出地域だから。2022年の輸出量で、中東の石油は世界の輸出市場の43%を占めています。国別に見ると、サウジアラビアが17%、イラクが9%、アラブ首長国連邦（UAE）が8%です。

実際、**日本では9割以上の石油を中東から輸入**しています。国別に見ると、最も多いのがサウジアラビアとUAEでともに約40%、残りはクウェートとカタールから輸入しています。

じつは、日本では「中東にばかり頼っていては、中東で何か起きたときに大変なことになる」と考えて輸入先を増やそうとしてきました。そこでロシアからの輸入を増やして、中東への依存度を下げていましたが、日本もウクライナ侵攻でのロシアへの「経済制裁」に参加

石油をとりまく世界の状況

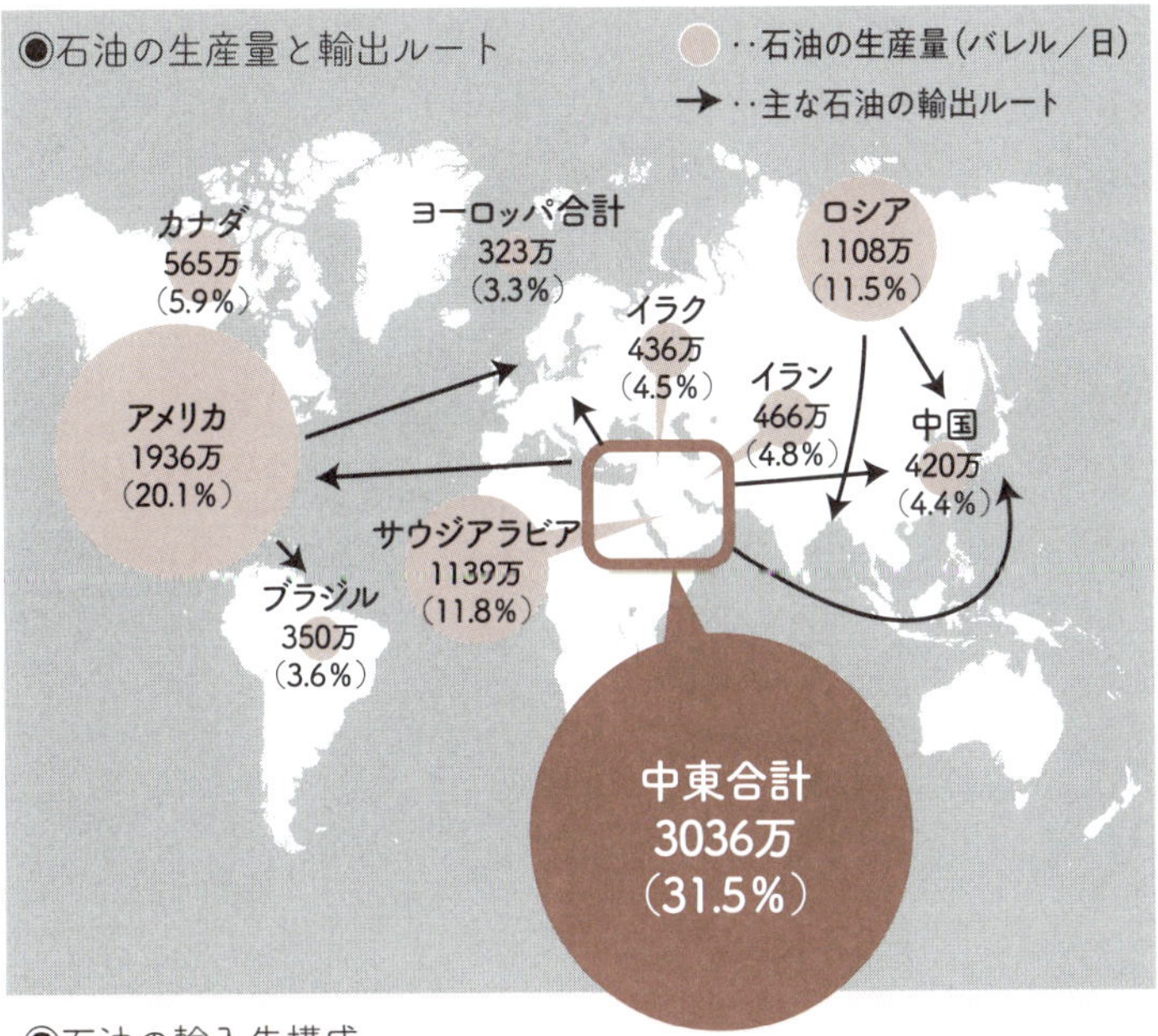

◉石油の輸入先構成

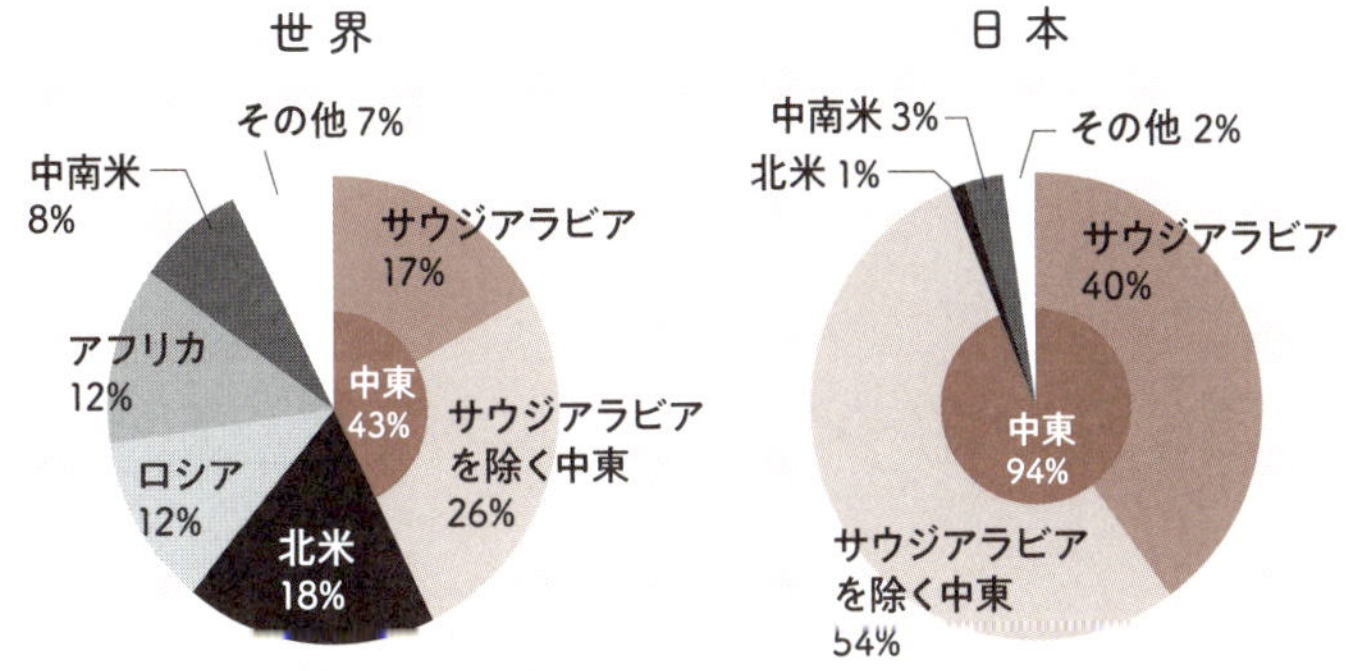

出所:(上)Energy Institute「Statistical Review of World Energy 2024」などをもとに作成
(下)米国エネルギー省などの資料をもとに作成

することになり、ロシアからの輸入を制限したことで、中東の依存から抜け出せずにいるのです。このため、中東の国々が平和で安定的な政治を続けることが、日本経済の安定にとって非常に重要になっているわけです。

石油価格が上がれば、石油からつくられるシャツやセーターなどの合成繊維、タイヤやスニーカーなどの合成ゴム、ビニールなどのプラスチック製品が値上がりします。また、ガソリンを使うトラックの輸送費や火力発電による電気料金も値上がりします。こうしたコスト上昇は、**経済全体まで悪化させてしまうことがある**のです。

石油価格に影響をおよぼす欧米の「メジャー」

そもそも、石油の価格はどのようにして決まるのでしょうか？

モノの値段は、基本的に「**需要と供給のバランス**」で決まります。需要とは必要とされる量、供給とは用意できる量のことです。

石油も需要と供給のバランスで価格が決まりますが、じつはそれだけではありません。石油価格の決定には「産油国の思惑」もからんでくるのです。

モノの中には、つくる量を簡単にコントロールできないものもあります。たとえば、野菜のように自然が関わってくるものです。野菜が豊作で、大量の野菜が店に並ぶと値段が安くなってしまうため、農家はできた野菜を売らずに捨ててしまうことがあります。

これと同じことを産油国も行います。つまり、石油を捨てることはしませんが、**原油の生産量を調整して値下がりを避けようとする**のです。

しかし、世界中を相手にした石油で、どうしてそのようなことができるのでしょうか？　それを知るために、石油産業の歴史を少し振り返ってみましょう。

石炭に代わる燃料として、欧米が石油に注目し始めたのは19世紀後半のこと。その後、「メジャー」と呼ばれる欧米の国際石油資本企業が、世界中で石油を採掘できる場所を探し始めました。

そんな中で注目されたのが中東です。当時の中東の国々は、自分たちで多くの石油を採掘したり、海外とうまく貿易をしたりできるような資金力や国際交渉力がありませんでした。そこで、**石油の開発や貿易などの利権は欧米のメジャーが握るようになった**のです。メジャーが石油の取り決めをしたことで、中東の産油国は自身の国で産出する石油の値段すら自由に決められず、十分な利益を得ることができませんでした。

市場に影響力を持った中東の石油原産国

こうした状況に、中東の産油国は石油産業を国有化したり、産油国同士で手を組み協力したりすることで抵抗します。

そして1960年、中東の産油国の了承を得られないまま、原油価格を引き下げようとしたメジャーに対抗すべく、イラン、イラク、クウェート、サウジアラビア、ベネズエラの5か国が石油輸出国機構（OPEC）を設立しました。産油国は団結することで、メジャーとの価格交渉を始めるようになり、**産油国側の発言力も強くなっていきます。**

この頃、イスラエルとアラブ諸国とのあいだで、パレスチナ地域をめぐり中東戦争が行われていました。この戦争で、アラブ諸国はイスラエル側につくアメリカ、イギリス、日本などの西側諸国への石油輸出の禁止を決めました。

石油がなくなれば、プラスチック製品や合成繊維の衣料品をはじめ生活用品の多くが店から消えてしまいます。石油がなければ機械も工場も動きませんし、商品の輸送もできません。日本でも、買えるうちに石油関連商品を買っておかなければ……と、トイレットペーパーの買い占めが社会的な問題になったことは有名です。これが1970年代に発生した、あの「オ

原油輸入価格の変遷

OPEC加盟国

設立時（1960年）
イラン、イラク、クウェート、サウジアラビア、ベネズエラ

のちに加盟
リビア（1962年）、アラブ首長国連邦（1967年の加盟当時はアブダビ）、アルジェリア（1969年）、ナイジェリア（1971年）、ガボン（1973年から準加盟国。一時脱退）、赤道ギニア（2017年）、コンゴ共和国（2018年）

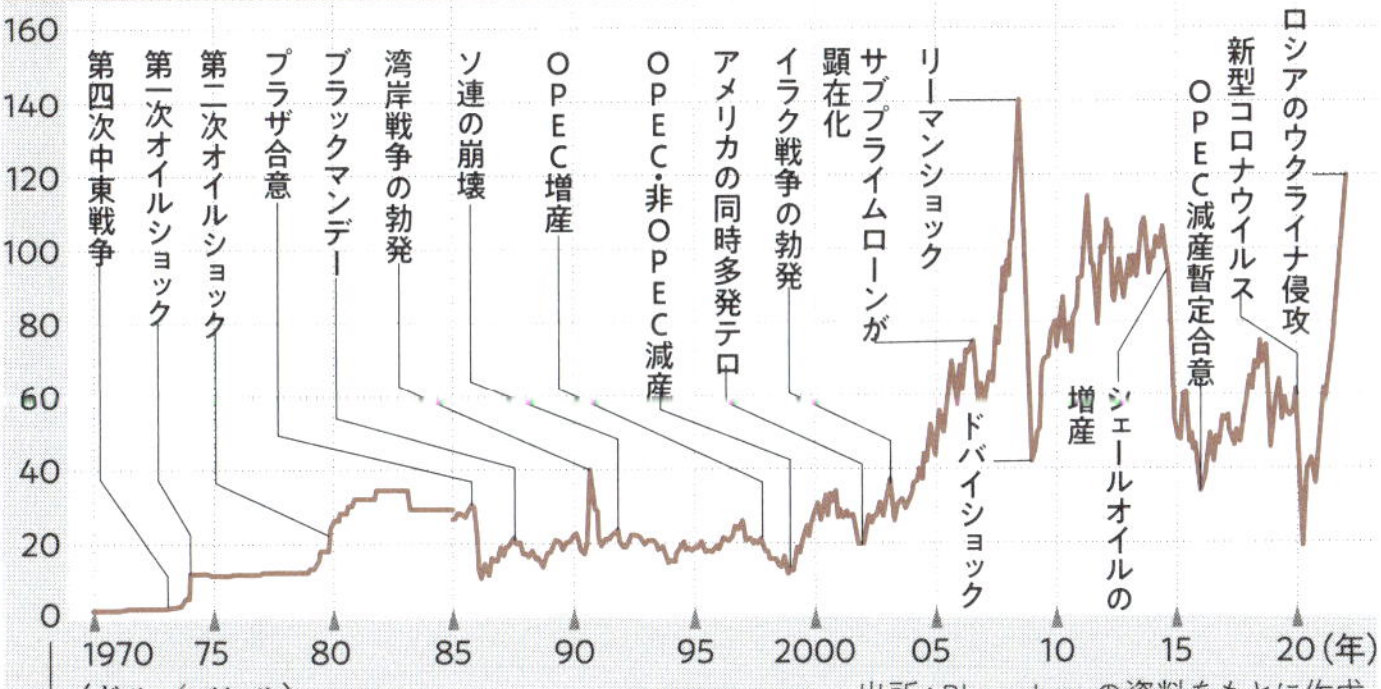

出所：Bloombergの資料をもとに作成

イルショック」です。

こうして、石油の価格決定についてはメジャーなどの大手企業に代わり、主要産油国が重要な役割を果たすようになりました。彼らは**生産量の調整を通じて市場に影響を与え、時には政治的な背景を考慮しながら、石油流通量の調整をはかる力を持つように**なったのです。

不安定化する石油価格

石油価格の決定に対して、大きな力を持っていた中東の産油国ですが、2000年代に入ってからはその力が少し弱まりま

した。

一つ目の理由は、中東以外でも油田が次々と開発されたことです。オイルショックを経験した石油の輸入国は、別の国からの輸入を模索したり、自分の国でも石油を採掘したりするようになりました。

2000年代後半には、アメリカで「シェール革命」が起きました。頁岩《けつがん》（シェール）層から石油や天然ガスを取り出す画期的な技術が実用化され、低コストで資源を採掘することが可能になったのです。

二つ目の理由は、省エネ化です。たとえば、同じ量のガソリンでも長い距離を走れる車を開発すれば、そのぶん石油の消費量が減ります。火力発電所をやめて原子力発電所を建設するのも一つの方法です。

さらには、地球温暖化対策で太陽光や風力、水素をエネルギーとして活用する技術が開発され、実用化されています。

こうした「脱・石油」という欧米の動きが進むにつれ、中東の影響力は弱まっていきました。

すると、以前よりも需要と供給によって石油価格が決まりやすくなります。そうなると無視できなくなるものが出てきます。それは「市場」です。特に**「先物市場」が、石油価格を決めるうえで見過ごせなくなりました。**

先物市場とは、3か月先、1年先などと決められた期日に石油を買う権利を取引することです。たとえば、「いまは価格が安いが、来年以降は価格が上がって石油が手に入りにくくなりそう」というときに、将来の取引価格でいま売買ができるというイメージです。

先物市場にはもともと商品価格の乱高下を見越して取引リスクを抑える機能がありましたが、いまでは利益を求める投資家たちが売買をする市場にもなっています。そうなると、石油の価格に関係しそうなニュースが流れるだけでも、いままでよりも価格が大きく上下するようになります。

石油は「バレル」という単位で取引されています。たとえば、2020年にコロナが流行したとき、1バレルは20ドルで取引されました。これは、**外出できない人が増え、ガソリンなどの使用量が減って石油が余ると多くの人が考えたから**です。

ところが、新型コロナが落ち着きを見せると次第に価格が上がり始め、22年にロシアがウクライナに侵攻すると、1バレル120ドル以上に高騰します。これは、**戦争の影響で石油の流通に支障が生じて、石油不足になると多くの人が予測したから**でした。

日本の石油輸入ルートと主なリスク

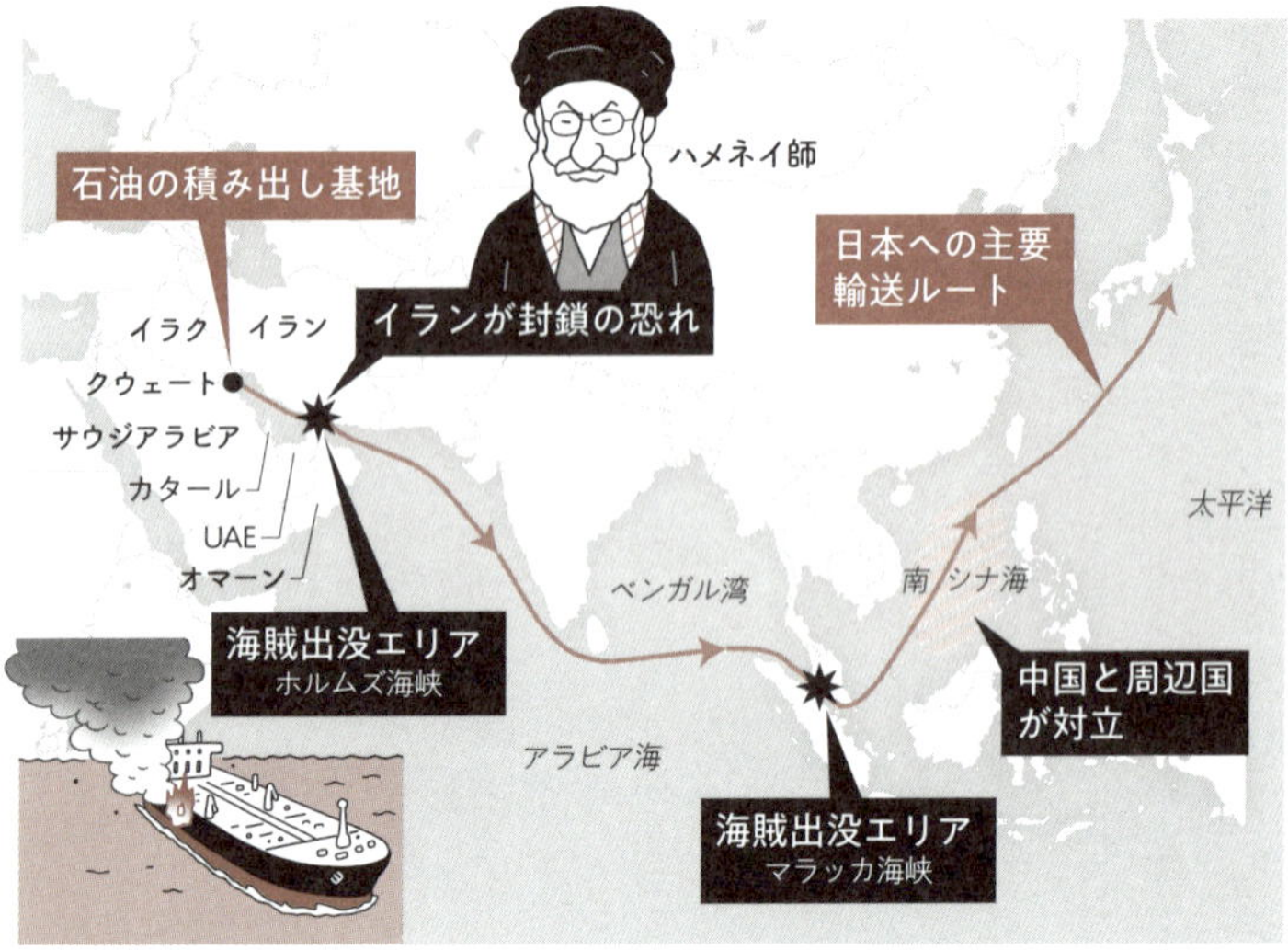

ホルムズ海峡封鎖がもたらすリスク

中東の影響力が弱まったとはいえ、中東がいまも世界最大の石油輸出地域であることに変わりはありません。それにもかかわらず、中東地域は政治的に安定していない国も多く、戦争やクーデターが起きる危険性が常にあります。

たとえば、イランはイスラム国家の中でもイスラム教の教えを厳格に守る国で、イスラエル（とそれを支援するアメリカ）と以前から対立しています。

イランには核兵器を開発しているとの疑惑があり、アメリカの経済制裁にはヨーロッパや日本も協力しています。これに対し、イランは何度も「ホルムズ海峡を封鎖する」と警告してきました。

サウジアラビアやUAEなどが輸出する石油の大半は、イランとオマーンの領土に挟まれたホルムズ海峡を通過します。ホルムズ海峡では1日2000万バレルもの石油が輸送されています。**これは世界の海上石油貿易量の約3分の1に相当する量**です。特に日本の場合、中東から送られる石油のほとんどはホルムズ海峡を通ってきます。さらにこの海峡は海賊の出没エリアでもあるのです。

イランと欧米など西側諸国との関係が改善されない限り、ホルムズ海峡の封鎖はリスクとして考えておかなければなりません。

学びのポイント

- 日本では9割以上の石油を中東から輸入しています。そのため、中東で問題が起こると日本の物価上昇のリスクが高まります。
- かつてはアメリカの「メジャー」が中東の石油産業を支配していました。そのため、中東の産油国は十分な利益を獲得できませんでした。
- 火力発電にもプラスチックにも石油が使われているため、石油価格が上昇すれば経済全体まで悪化させてしまいます。
- 日本が輸入する石油のほとんどがホルムズ海峡を経由しており、この海峡が封鎖されることは日本経済のリスクでもあります。

5

終わりが見えないパレスチナ問題を生んだ根本原因

混迷が続くパレスチナ情勢。血で血を洗うイスラエル人とアラブ人の争いはなぜ起きてしまったのでしょうか。

これ大事！

- ユダヤ人の故郷はパレスチナ
- イギリスの「三枚舌外交」が非難の的に
- 過激派組織ハマスの戦闘が再燃

イスラエル軍の攻撃を受けるガザ地区のラファ。

イスラエル王国建国とユダヤ人の離散

長い歴史を紐解けば、**ユダヤ人のもともとの故郷は「パレスチナ」**です。パレスチナは地中海東岸、ヨルダン川以西の地域を指し、古くは「カナン」と呼ばれました。

いまからおよそ3000年前に「ユダヤ人が神さまから授かった地」として、ユダヤ人はいまのパレスチナのあたりにイスラエル王国を建国しています。しかし、恵まれた立地であることから他国から侵攻を受けることも多く、しばらくしてイスラエル王国自体は滅亡してしまいました。

その後、アケメネス朝、アレクサンドロス大王、セレウコス朝を経て、ローマ帝国がユダヤ人を支配します。しかし、ユダヤ人はこの支配に不満を募らせ反乱を起こします。この戦いの中でユダヤ教のエルサレム神殿が破壊されました。また、ユダヤ人のエルサレムの立ち入りも禁止となりました。

2世紀頃、ユダヤ人はついに離散することになります。ユダヤ人はヨーロッパを中心に移り住みましたが、その先々でも文化や思想の違いから迫害を受け続けました。

このような流れの中で、**19世紀末に「ユダヤ人安住の地を取り戻そう」という運動が始ま**

イギリスの「三枚舌外交」とは?

イギリス
戦争に勝ったら、中東の領土を山分けしよう!
サイクス・ピコ協定
フランス・ロシア
戦争に協力してくれるなら、アラブ人の国をつくるのを支援する。場所はパレスチナだ!
フサイン・マクマホン協定
アラブ人
ユダヤ人の国をつくるために努力する。場所はパレスチナだ!
バルフォア宣言
ユダヤ人

りました。それが「シオニズム」です。

そもそもなぜユダヤ人はパレスチナを選んだのでしょうか? 理由として大きいのは「バルフォア宣言」(1917年)です。

バルフォア宣言とは、第一次世界大戦中にイギリスの外務大臣であるバルフォアが、ユダヤ系の富豪ロスチャイルド家(152ページ)に送った書簡で示したシオニズムへの支持表明。この書簡の中でイギリスは**「ユダヤ人の国をつくるために努力する。場所はパレスチナだ」**と約束したのです。

これには、ロスチャイルド家からの財政的な支援を受ける狙いがあったとされています。当時、パレスチナの地はオスマン帝国の領土でした。イギリスはオスマン帝国と戦っていましたから、そこを攻め込むことはイギリスにとって都合がよかったのです。その上、イギリスは当時オスマン帝国に支配されていたアラブ人に対してフサイン・マクマホン協定（1915年）でこう持ち掛けます。「**戦争に協力してくれるなら、アラブ人の国をつくるのを支援する。場所はパレスチナだ**」。

さらに、戦争にどうしても勝ちたかったイギリスは、サイクス・ピコ協定（1916年）でフランスとロシアにもこう持ち掛けていました。「**戦争に勝ったら、中東の領土を山分けしよう**」。

このように、同盟国だけではなくユダヤ人とアラブ人に対しても〝良い顔〟をしたことから、「三枚舌外交」と非難の的になりました。

ユダヤ人とアラブ人

1918年に第一次世界大戦が終わると、パレスチナは戦勝国であるイギリスの委任統治領となりました。すると、**ヨーロッパで迫害を受けていたユダヤ人が、次々と移住してくるようになった**のです。ところが、イスラム教とユダヤ教では習慣、文化がまったく違います。

このため両者はたびたび対立することになりました。その後、1945年に第二次世界大戦が終わったときに、イギリスはパレスチナの領地を手放すことにしました。これは、アラブ人とユダヤ人の問題があまりにもこじれてしまったためです。

イギリスが手に負えなくなった問題を請け負うことになったのは、できたばかりの国際連合（国連）です。当時の国連は**多数のユダヤ系移民を抱えるアメリカが主導している組織**でした。

そのような中で「パレスチナ分割案」が決議されます。この分割案は、パレスチナの全人口の約3分の1しかいないユダヤ人にパレスチナの領土の56％を与えるという、ユダヤ人にとって有利なものでした。ユダヤ人はかつて約束した「バルフォア宣言が不十分ながらも実現した」として歓迎しました。

4度にわたる中東戦争

ところが、エジプト、イラク、シリア、レバノンなどのアラブ連盟は、もともと住んでいたアラブ人の居住地が分割されることに強く反発します。そんな状況で、**1948年にはユダヤ人国家であるイスラエルの建国が宣言**されました。

これに黙っていないのがアラブ人たちです。力づくでもイスラエルの建国を抑え込もうと、アラブ連盟軍がいっせいに侵攻を開始したのです。これが「第一次中東戦争」です。

圧倒的な戦力差で当初は負け続けたイスラエルでしたが、イギリスが国連に4週間の停戦決議を通しました。イスラエルはこの間に武器を買いつけ、さらに世界中から軍事顧問や義勇兵が助けにやってきます。アラブ連盟軍が烏合《うごう》の衆《しゅう》の域を出ず、装備も旧式であるなど、いくつかの幸運が重なってイスラエルはアラブ連盟軍に勝利したのです。

このイスラエルとアラブ諸国との戦争は1973年の第四次中東戦争まで、じつに4度も行われました。特に第三次中東戦争では、イスラエルがパレスチナの大半を占領しました。

イスラエルの侵攻によって、もともと**パレスチナに住んでいた多くのアラブ人が難民となりました。**たとえ難民にならなかったとしても、**ヨルダン川西岸地区とガザ地区という一部の小さなエリアに押し込められるように暮らすことを余儀なくされた**のです。

過激派から穏健派へ転換したPLO

一連のアラブ諸国の敗北を目《ま》の当たりにして、今度はパレスチナのアラブ人たちのあいだ

減り続けるパレスチナの領土

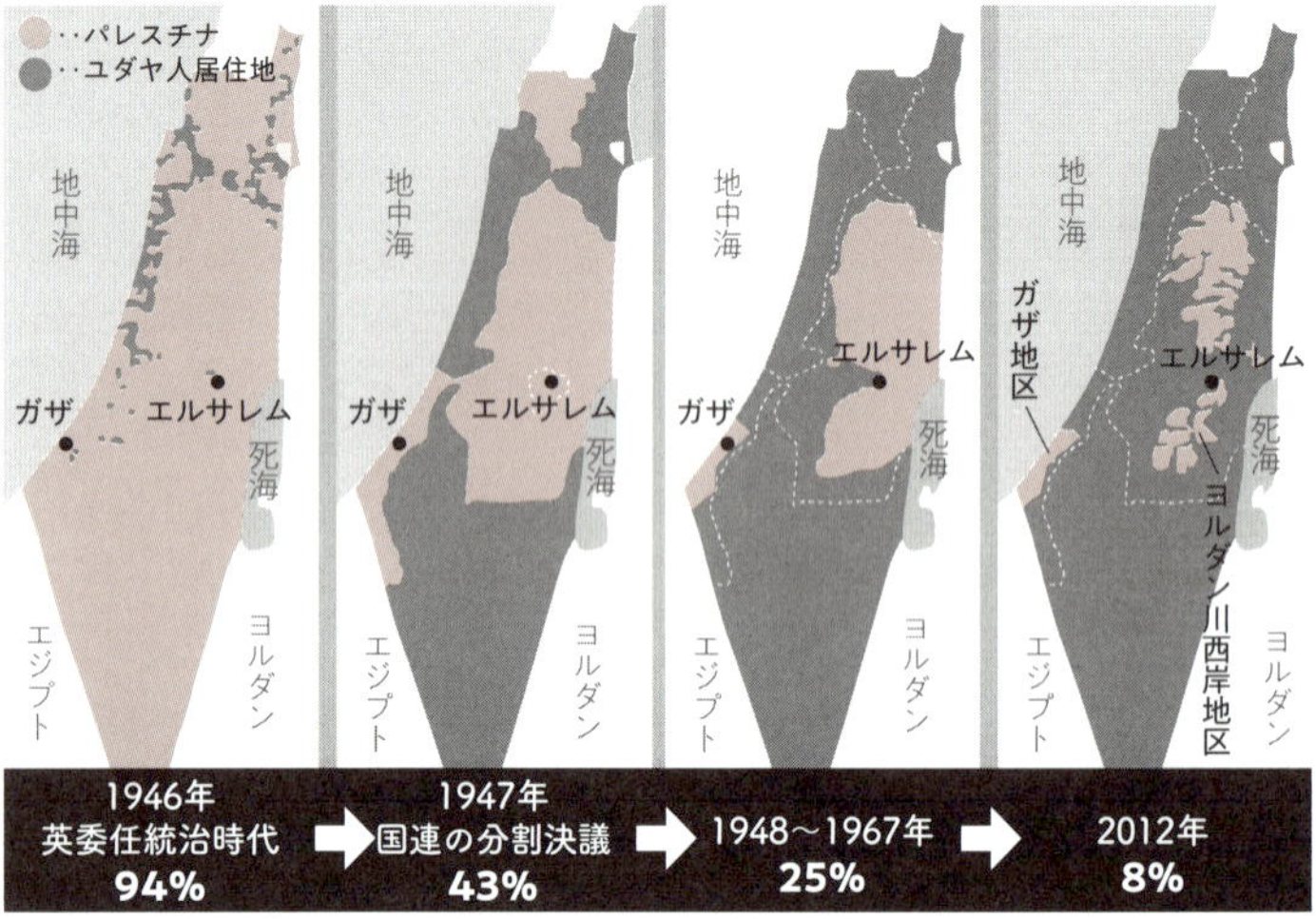

出所：NPO法人「パレスチナ子どものキャンペーン」ホームページをもとに作成

で「自分たちの土地は、自分たちで取り戻そう」という気運が高まります。そうして**PLO（パレスチナ解放機構）という組織が誕生し、その議長にアラファトが就任**します。

彼はPLOを戦闘的な組織につくり変えていき、ゲリラ活動による反イスラエル活動を始めました。気がつけば、国際的な話し合いでは解決ができないほど根深い問題となっていました。

両者に和解の光が見えた時期もあります。1987年頃、ガザ地区でパレスチナの一般人による抗議活動が起きました。この抗議活動は「インティファーダ（蜂起）」と呼ばれています。

武器のない一般人は、道端の石を投げる

ことでイスラエルに抗議の姿勢を示しました。イスラエル側はもちろんこれを弾圧します。その際に民間人を含めて１０００人以上もの犠牲者が出たことから、パレスチナ問題に対する国際的な注目が再び高まり出したのです。

武力での争いでは解決の糸口が見出せなかったところに、ノルウェーが仲介したことで、両者のあいだで１９９３年に「オスロ合意」が成立することになります。オスロ合意とは、**イスラエルがヨルダン川西岸地区の一部とガザ地区で、５年間のパレスチナ暫定《ざんてい》自治政府の設置を認める**というものでした。それまでは自治すらもなかったパレスチナに対して譲歩してみせたということです。

同時に、この頃にＰＬＯも穏健平和路線に転換していきました。過激に活動するよりも、国際社会の中でしっかりと話し合いのできる組織のほうがよいと考えたのでしょう。ＰＬＯはパレスチナ人を代表する機関として国際的に認められるようになっていきました。

「ハマス」とは何者か？

しかし、これでも問題解決とはなりませんでした。今度はＰＬＯに対して不満を持つ人たちが出てきたのです。「なぜ穏健平和路線に進むんだ？　まだまだパレスチナ人の領土は奪われたままじゃないのか？」というわけです。

そんな中で、２００４年にアラファト議長が亡くなります。その後を継ぐことになったのは、穏健派の政治勢力「ファタハ」でした。しかし、領土を大きく奪われたパレスチナにとって、穏健平和路線への反対の声は根強いものでした。それはやがて、ファタハを抑え込むほどに強まりました。

そして次は、**イスラム国家の樹立を掲げ、時に過激派ともいわれる勢力**が力を持つようになります。その勢力こそが「ハマス」です。

ハマスは反ユダヤ思想を持ち、パレスチナ全土を解放することを目指しています。そのため、イスラエルとパレスチナが結んだ一部地域の暫定自治というオスロ合意にもそもそも反対の立場ですし、イスラエルへの態度も非常に攻撃的です。

２０００年頃からは自爆テロを中心とした「第二次インティファーダ」が始まりました。これを指導した組織の一つがハマスで、民衆からの支持を集めてきました。

対してイスラエルは、ユダヤ人とパレスチナ人の居住区のあいだに大きな壁の建設を始めます。壁の高さ8メートル、長さ約７００キロ（２０１７年時点で約４６０キロが完成）で、表向

ガザ地区をめぐる対立の構図

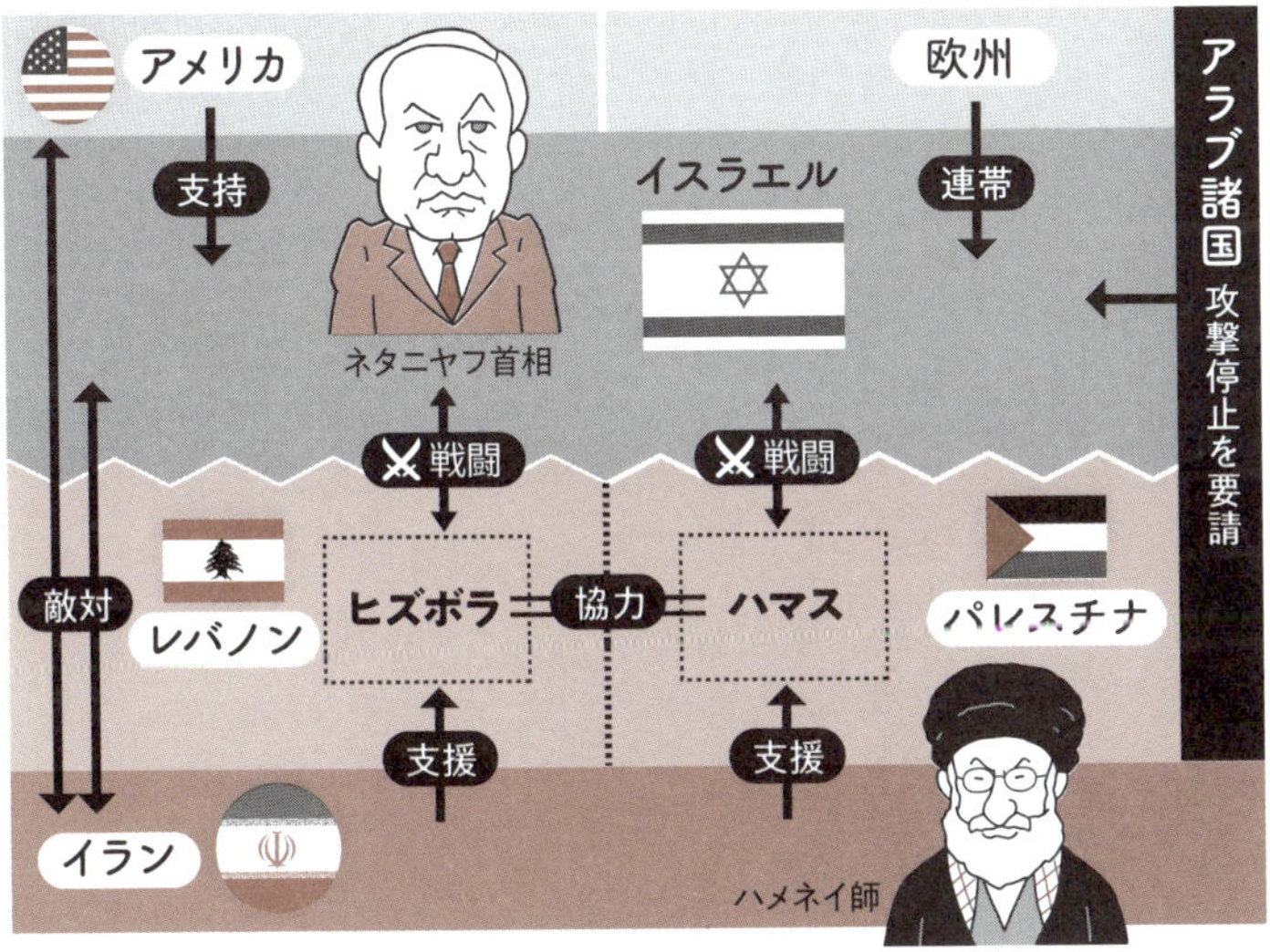

きはパレスチナからの「テロ対策用フェンス」とされています。

ただし、実態としては「危険なパレスチナ人を居住区に囲い込んでしまおう」という意図もあるとされ、対立の溝は深まっていくばかりです。

実際、この壁によって地域全体を囲い、検問所を設置することで、パレスチナ人の出入りだけでなく物流も厳しく制限されることになりました。生活物資なども十分に行き渡らなくなり、貧困が広がっていきます。

一般市民からすれば、自由に外出ができないだけではなく、常に武力衝突の危険に怯《おび》えながら生活することになってしまったのです。

ちなみに、ハマスは医療、貧者の救済、教育や職業訓練、奉仕活動といったイスラム教の理念である「助け合い」を実践する団体でもあります。その活動は現在でも続いていて、その活動も貧困にあえぐパレスチナの民衆に強く支持される要因となっているのです。

ある人にとっては悪でも、ある人にとっては正義になる……。多くの国やいろいろな立場の人の思惑が複雑にからみ合うことで、この問題をよりややこしくさせているのです。

終わりなきパレスチナ問題

2023年10月7日、ハマスが3000発以上のロケット弾を発射するなどイスラエルに大規模な攻撃を仕掛け、それにイスラエルが大規模な空爆で報復攻撃を開始。**パレスチナにおけるイスラエル人とアラブ人の歴史的な因縁は、終わりの見えない泥沼の争い**となっています。

このハマスによるイスラエル攻撃には〝黒幕〟がいるのではないかといわれています。噂されているのは「イラン」です。

イランはドローンの開発力が高く、ロシアがウクライナを侵攻する戦地でイラン製のドローンが使われていることも知られています。ハマスに対してもこうした武器や技術の支援をしていると分析されています。

そもそもイランはアメリカとも中東問題で対立していますから、また中東問題で新たな動きが出てくるかもしれませんし、もしかしたら、ロシア・ウクライナ戦争から目を逸《そ》らすための動きかもしれません。

このように中東問題が荒れ、戦争が起きれば、原油価格が上がってインフレが進むかもしれません。そうなると、私たちの生活にも大きな影響が出てきます。

パレスチナをめぐる一連の問題は、遠く離れた日本にとって「対岸の火事」ではないのです。

学びのポイント

- ローマ帝国によってパレスチナの地を追われたユダヤ人は、世界中に離散します。しかし、各地でも信仰や生活習慣の違いで迫害の対象になりました。
- 4度にわたる中東戦争（1948～73年）で、パレスチナ人は一部のエリアに閉じ込められることになります。
- 1993年の「オスロ合意」など両者が歩み寄ったときもありました。しかし、2023年10月にハマスが攻撃を仕掛けたことで、大規模な衝突が始まりました。
- イランはアメリカと仲が悪いため、アメリカ側のイスラエルとも敵対関係にあります。

子どもが1人なら政府が老後を援助すると中国語で書かれている。

6

中国とインドが人口大国になった事情

2022年に世界の人口は80億人を突破しましたが、それを牽引したのが「中国」と「インド」です。なぜこの2国の人口は、ここまで増えたのでしょうか。

これ大事！

- 中国とインドを合わせた人口は世界の約35%
- 両国ともに「高温多湿」の環境で米がつくりやすい
- 人口が今後も増え続けるのはインド

2国で世界人口の3分の1を占める

世界で人口の多い国といえば、どこが思い浮かぶでしょうか？　おそらく、中国やインドを挙げるでしょう。実際、中国とインドの人口は、それぞれ14億人を超えています。世界全体の人口は約80億人なので、**この2か国だけで約35％（28億人）を占める計算**になります。

ではなぜ、中国とインドばかりこんなに人口が多いのでしょうか？　「どちらも領土が広い」というのもありますが、それだけではありません。

２０２２年11月、国連は世界人口が80億人を超えたと発表しました。国別に見ると２０２４年の**第１位はインドで約14億４１００万人。第２位が中国で約14億２５００万人**です。第３位のアメリカが約３億４１００万人ですから、その差はなんと10億人以上。データで見ても、中国とインドは断トツで人口が多いことがわかります。

そもそも、世界全体で人口が増え始めたのは19世紀以降のことです。産業革命によって食糧の大量生産が可能となり、急速に伸び始めました。もともと人口大国だった中国とインドは、近代化の遅れもあって最初は緩やかに増えていました。ところが、**20世紀に入り近代化が進んだことで、爆発的に伸びた**のです。

桁違いの人口を誇るインドと中国

◉人口の多い国（2023年）

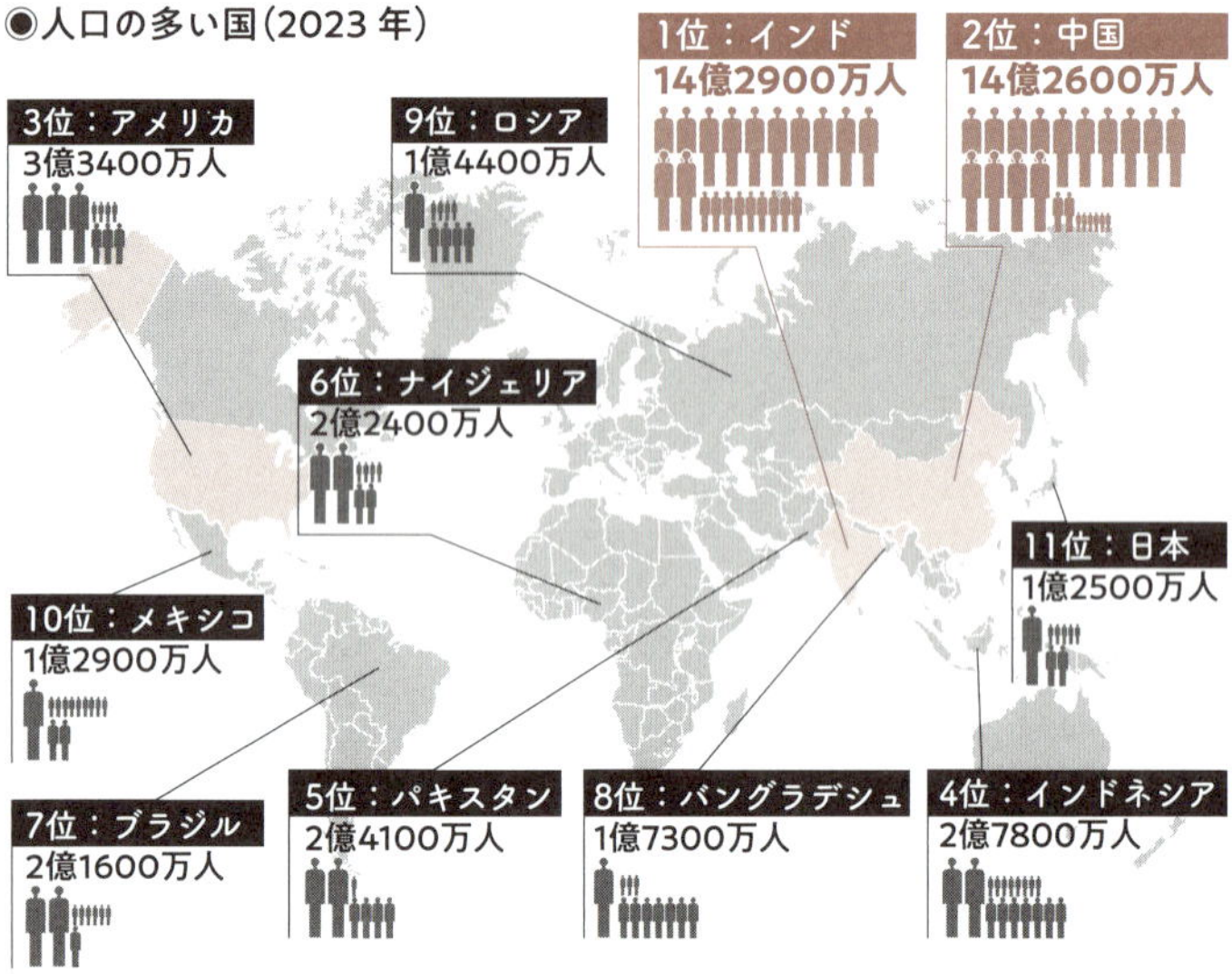

◉インド・中国の人口の推移

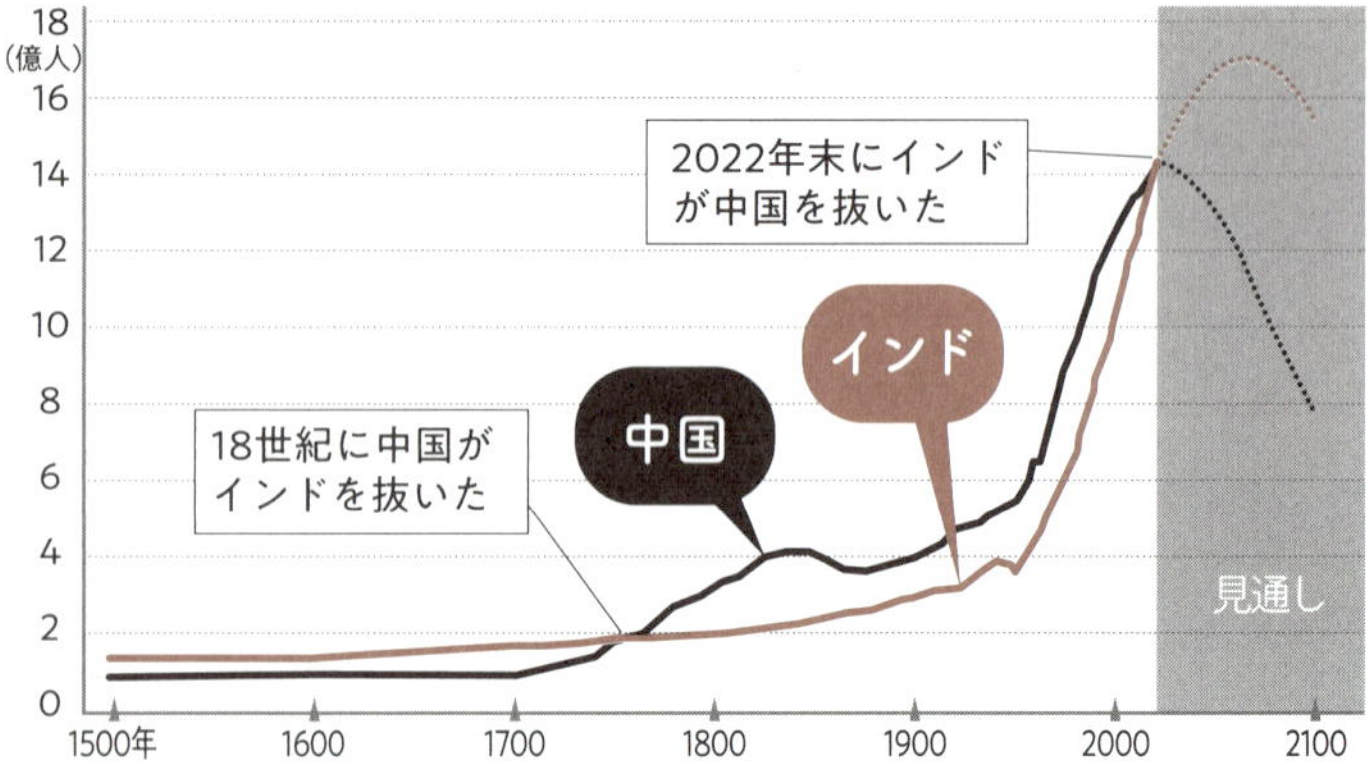

出所：Our World in Data、国連

恵まれた「地理条件」

では、中国・インドの人口がもともと多かったのはなぜでしょうか？　その理由は恵まれた「地理条件」にあります。

時は紀元前3000年頃。世界では中国・インダス・メソポタミア・エジプトといった大きな文明が栄えていました。これらに共通するのは「大きな川の近く」です。

川沿いの地域は、豊かな水と栄養豊富な土に恵まれていて農業に向いています。つまり、**人が生きるために必須の「水と食糧」に困らない**ということです。そのため人がたくさん集まり、どんどんと数を増やしました。

ただし、メソポタミアとエジプトは気候が乾燥している地域です。そのため、雨が少なく、農業ができるエリアも限られます。食糧をつくるにも限界があるため、人口増加に歯止めがかかりました。

一方の中国とインドの南部地域は「高温多湿」の環境です。そのため、**より農業、特に水田でつくる「米」の生産に向いていました**。米は麦よりも収穫できる量が多い作物です。同じ面積で比べると1・4倍くらいの差が出ます。

大河が育んだ四大文明

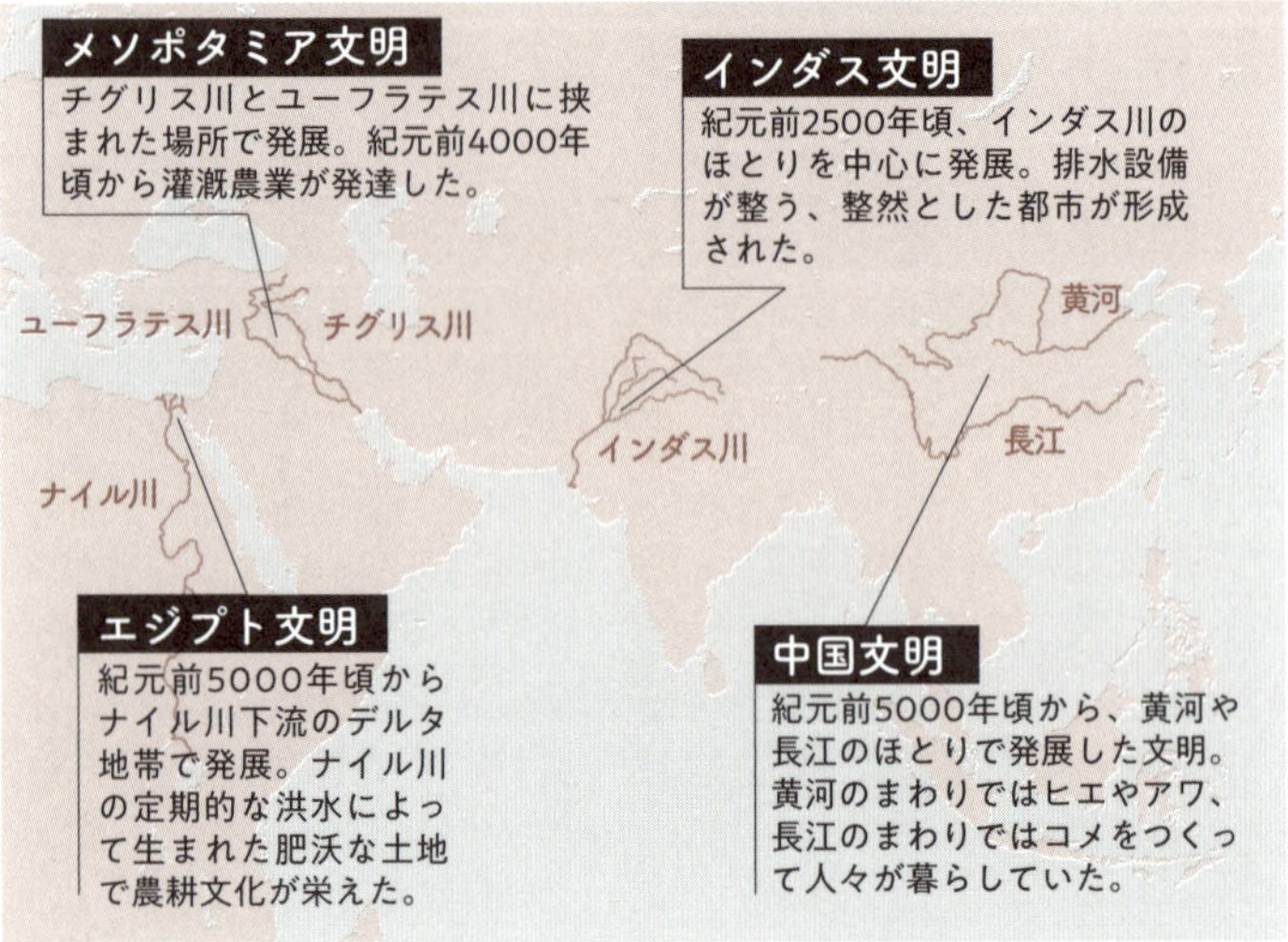
メソポタミア文明
チグリス川とユーフラテス川に挟まれた場所で発展。紀元前4000年頃から灌漑農業が発達した。
インダス文明
紀元前2500年頃、インダス川のほとりを中心に発展。排水設備が整う、整然とした都市が形成された。
黄河
ユーフラテス川
チグリス川
インダス川
長江
ナイル川
エジプト文明
紀元前5000年頃からナイル川下流のデルタ地帯で発展。ナイル川の定期的な洪水によって生まれた肥沃な土地で農耕文化が栄えた。
中国文明
紀元前5000年頃から、黄河や長江のほとりで発展した文明。黄河のまわりではヒエやアワ、長江のまわりではコメをつくって人々が暮らしていた。

畑と水田の違いもあります。畑の場合は「連作障害」といって、同じ作物をつくり続けると前につくった野菜や使用した肥料によって土壌中の成分バランスが崩れたり、害虫が発生したりすることで収穫できる量が減ってしまう問題があります。畑の栄養がだんだんなくなっていくのが原因です。

その点、水田は川の水が次々と栄養を運んでくれるため、同じ場所でずっとつくり続けられます。連作障害がない上、採れる量も多い米の生産地は人口が増えやすいということです。また、中国やインドは作物だけでなく「動物」にとっても過ごしやすい環境なので、畜産も盛んです。

このように、**アジアは食糧生産に向いて**

おり、人口が増えやすい条件が整っています。実際、世界地図で見てみると、世界人口の約6割はアジアに集中しています。なかでも中国とインドは面積が広く、栄養を運んでくれる大きな川も使える好立地です。絶好の条件が揃っているから、この2か国だけ群を抜いて人口が増えるわけです。

しかも、インドは1970年代に「緑の革命」と呼ばれる食糧の増産を実現します。新品種の導入、近代農業を取り入れたことで、食糧を海外に輸出するほど豊かになり、人口はさらに増えました。

同様に、中国も食糧の生産に力を入れています。どれくらいつくっているのか、日本と比べてみましょう。2019年、日本のお米の生産量は約1053万トンでした。対する中国はなんと約2億トンで、インドは約1億8000万トンです。この数字からも、桁が違うということがわかります。

中国の「一人っ子政策」

世界人口でツートップを張る中国とインド。ただし、それぞれの国が抱えている事情には

減り続ける中国の出生率

◉人口1000人あたりの出生数

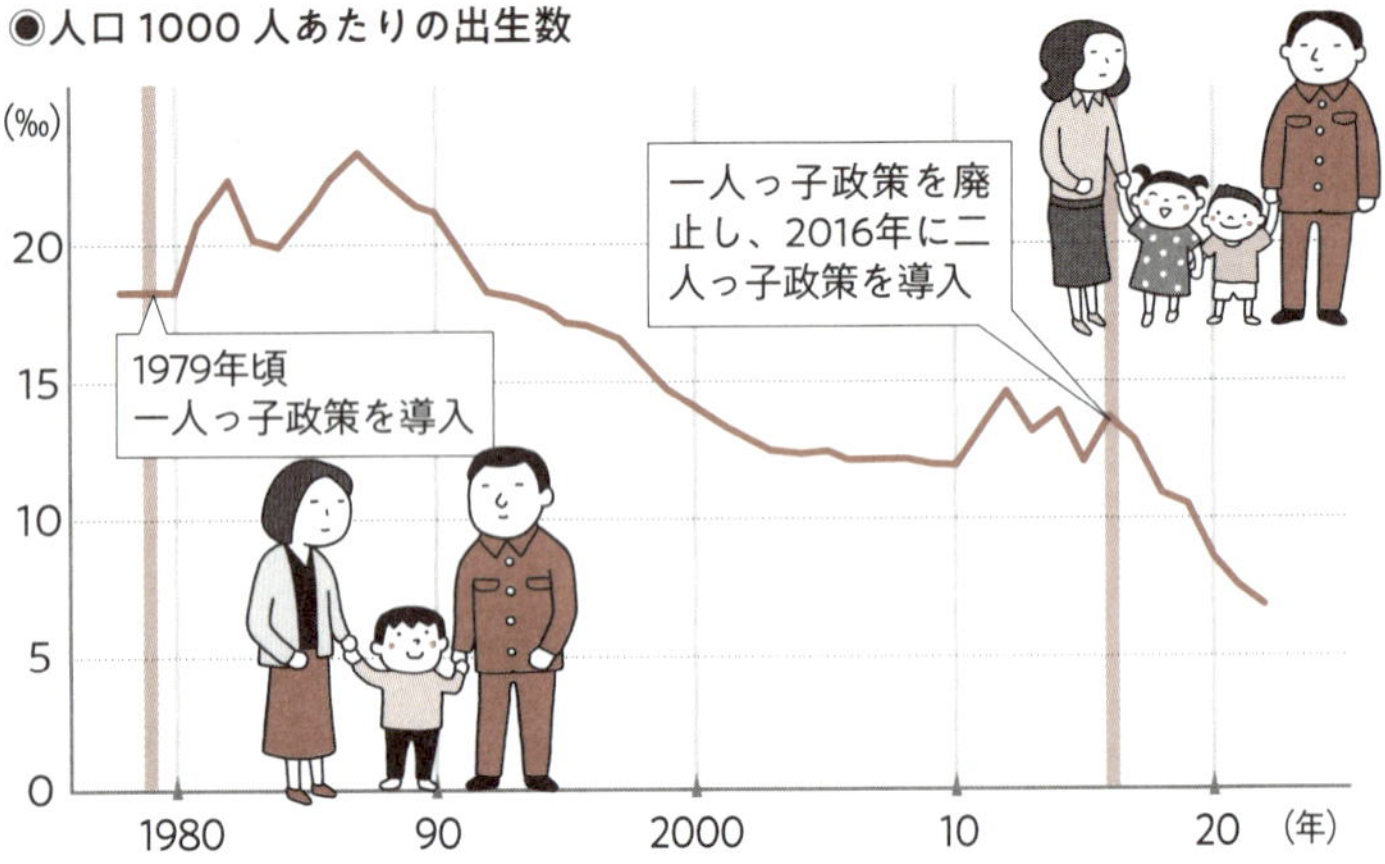

出所：中国統計年鑑

大きな違いがあります。

まず違うのは、**人口密度です。総人口は近くても、インドの面積は中国の約3分の1程度。**つまり国全体で見ると、インドのほうが人が〝ぎゅうぎゅう状態〟ということです。

「中国も住宅地にぎゅうぎゅう詰めのイメージがある」と思う人もいるでしょう。じつは、中国は面積が広くてもそのほとんどが高原や砂漠といった住みにくい地形です。そのため、多くの人が海寄りの地域に集中して住んでいます。テレビでよく見る中国の過密な住宅地……。あの風景は、こうした事情もあってのことなのです。

もう一つ大きな違いがあります。**人口が**

増え続けるインドに対し、中国はすでに減りつつあるということです。

現に、2022年末にはインドが中国の人口を追い越しています。この逆転現象の原因はなんでしょうか？

まず、中国の事情から見てみましょう。1949年に建国された中国は「経済の発展のために人口を増やそう」と、国民に子どもをたくさん産むように呼び掛けました。その結果、人口は順調に増え、経済も発展します。しかし、1959年から61年にかけてとんでもない失政から極端な食糧不足に陥ります。この食糧危機は「人類史上最大の人為的な災害」の一つとされ、死者は数千万人におよびました。

ようやく食糧不足が解消したのは、1970年代頃のことです。すると、中国ではふたたび人口が増え始めました。「このまま増えていったら、また飢饉になるかもしれない……」。そう考えた中国は、人口を増やさないための政策を実施します。それが「一人っ子政策」です。

一人っ子政策とは、**「1組の夫婦につき子どもは1人まで」と制限する政策**のことです。1979年頃に始まり、2015年までの30年以上にわたって続きました。

その具体的な方法は「賞罰制度」です。たとえば、1人目の子どもを産んだ夫婦は「2人目を産まない」と宣言します。すると、お金が支給されたり、家や農地をただでもらえたりするという感じです。逆に、宣言しなかった場合は高額の罰金を課せられます。

まさに、「アメとムチ」そのものであるこの一人っ子政策が実施された結果、中国では子どもが減り、今度は高齢化が深刻な問題となっています。

増え続けるインドの人口

一方、インドの場合、人口が増え続ける主な理由は「貧困」です。「貧しかったら人口が減るのでは？」と思いがちですが、じつは逆なのです。**貧しいほど働き手が必要になるため、新たな労働力として子どもが必要になる**のです。

また、子どもが命を落としやすいという事情もあります。貧しい家庭は、子どもを病院に連れていくお金がありません。栄養不足や病気で命を落とす子どもが多く、大きくなれる子はわずか。そのため多めに産む傾向があるのです。

現代では医療サービスも充実し、助かる命が増えました。しかし、中国のような一人っ子政策もなく、いままでのようにたくさん産み続けることができるため、人口が増えているということです。

国連の調査によると、インドでは毎日6万人以上の子どもが生まれています。これは**世界で1日に生まれる赤ちゃんのうち、6人に1人がインド人**という計算です。

他にも、近隣の貧しい国から移民としてインドにやってくる人もたくさんいます。こういった理由が重なり、インドの人口は増え続けているのです。

国連の『世界人口推計』（2024年版）によると、世界人口は今後60年間で増加し続け、2080年代半ばには103億人でピークに達する見込みです。多くは、これからどんどん発展するアフリカ、そしてインドの人口となるでしょう。

学びのポイント

- アジアは食糧生産に向き、人口増加の条件が整っています。特に「高温多湿」の環境では収穫量の多い米が栽培できました。
- 人口が増え続けるインドに対し、中国は減りつつあります。理由は、1970年代に始まった一人っ子政策にあります。
- 中国はいま、少子高齢化の問題に直面しています。これは、中国経済成長の鈍化の一因だと考えられています。
- インドの人口増加は経済成長の原動力になっています。一方で、貧困で命を落とす子どもも少なくないのが現状です。

7

中国と台湾の仲が悪くなったのはなぜか？

中国・福建省の南東約150キロに位置する台湾。台湾はみずからを一つの国と考えていますが、中国は「台湾は中国の一部」と主張しています。

これ大事！

- 中国の主張は「一つの中国」
- 国民党と共産党が中国で戦争をした
- 中華人民共和国が国連に認められた

共産党の毛沢東（左）と国民党の蒋介石（右）。

世界の中で〝微妙〟な立場に置かれた台湾

日本は台湾と正式な国交を結んでいません。これはアメリカも同じで、国交があるのは大陸側に位置する「中華人民共和国」のほうです。台湾は、政治的にはいまの中国ができる前の「中華民国」という国を名乗っています。つまり**「自分たちは独立国だ」というのが台湾の立場です**。しかし、**台湾が国交を結んでいる国は、2024年11月現在、世界にわずか12か国です**。それ以外の国にとって、台湾は正式な国ではありません。

一方の中国は「一つの中国」という考えに基づき、「台湾は自分たちの領土であり、一つに統一されるべきだ」と主張しています。もし台湾を国と認めて国交を結ぶ国があろうものなら、中国は激しく抗議して国交断絶するという有様です。

「中国」か「台湾」か、どちらか一方を選ばなければいけない。しかも、選ばなかったほうとは国同士の関係が終わってしまう……。このように、**世界的に国として認められていないが、中国とは一線を引いたかなり〝微妙〟な立場に台湾は置かれている**のです。

近年は中国が台湾侵攻に踏み出す可能性も指摘されており、中台関係は日本をはじめとする東アジアの大きな地政学リスクとなっています。

台湾と外交関係を持つ国々

出所：台湾外交部

共和制国家の成立

そもそもなぜ、台湾はいまのような立場に置かれるようになったのでしょうか。

19世紀、中国には満州民族が支配する清《しん》という国がありました。清の時代までの中国は、絶対的な権力を持つ皇帝が国を支配するいわゆる「君主制国家」でした。しかし、19世紀前半にこの政治体制が大きく変わるきっかけになる事件が起こります。**清がイギリスとの戦争（アヘン戦争）に敗れた**のです。

当時のイギリスは、世界で最も勢いのある国でした。イギリスは産業の発展から急速に国力をつけると、植民地をつくるため海外に積極的に進出。この世界進出の中で標的になったのが中国です。

いままでアジアのみならず、ヨーロッパからも恐れられていた中国は、この事件以来「案外大したことのない国だ」と思われるようになりました。イギリスの勝利を聞いたヨーロッパ各国は、こぞって中国大陸に進出するようになります。加えて中国は、近代化した日本に日清戦争でも敗北すると、ますます力を失っていきます。

戦争に負け続け、領土をどんどん取られ続ける中国。こうした危機的な状況の中で、皇帝による君主制を倒し「共和制国家」の成立を目指そうとする男がいました。その人物の名は「孫文《そんぶん》」です。

１９１１年、清王朝への国民の不満は頂点に達していました。あるとき、政府軍の兵士が反乱を起こすと、この運動が全国に広がりました。「清王朝を倒せ！」という批判はやがて強大な革命となり、孫文はその革命運動の指導者になります。

革命軍の激しい反乱によって**清は崩壊し、翌年には新しい共和制国家である「中華民国」が成立**しました。約２０００年以上続いた皇帝による支配が終わり、共和制国家が成立した瞬間でした。

しかし、議会制民主主義の浸透は一筋縄にはいきませんでした。新しい中国で行われた最初の選挙で孫文たちのグループは圧勝したのですが、それを快く思わない男がいました。その人物の名は「袁世凱《えんせいがい》」です。

袁世凱は清に仕えていた実力者でした。**皇帝を裏切って孫文の革命に協力したものの、中華民国が成立すると、ふたたび裏切って自分の権力拡大のために孫文グループを弾圧**します。

そして、孫文グループ支持派を武力で圧倒した袁世凱は、なんと自ら新しい皇帝に即位します。しかし、これでも情勢は安定しません。

国の内外から激しい反発が起こると、袁世凱はすぐに皇帝の座を捨てます。そしてほどなく病死してしまうのです。

中国共産党VS国民党

この混乱によって地方を守っていた軍隊が、そのまま「軍閥《ぐんばつ》」として独立します。こうして「各々が勝手に統治する時代」が始まりました。有力な勢力の一つが、中華民国の革命派メンバーと孫文を中心に結成された「国民党」です。**国民党の目的は、中国を民主国家にすることでした。**

「中国共産党」と「国民党」

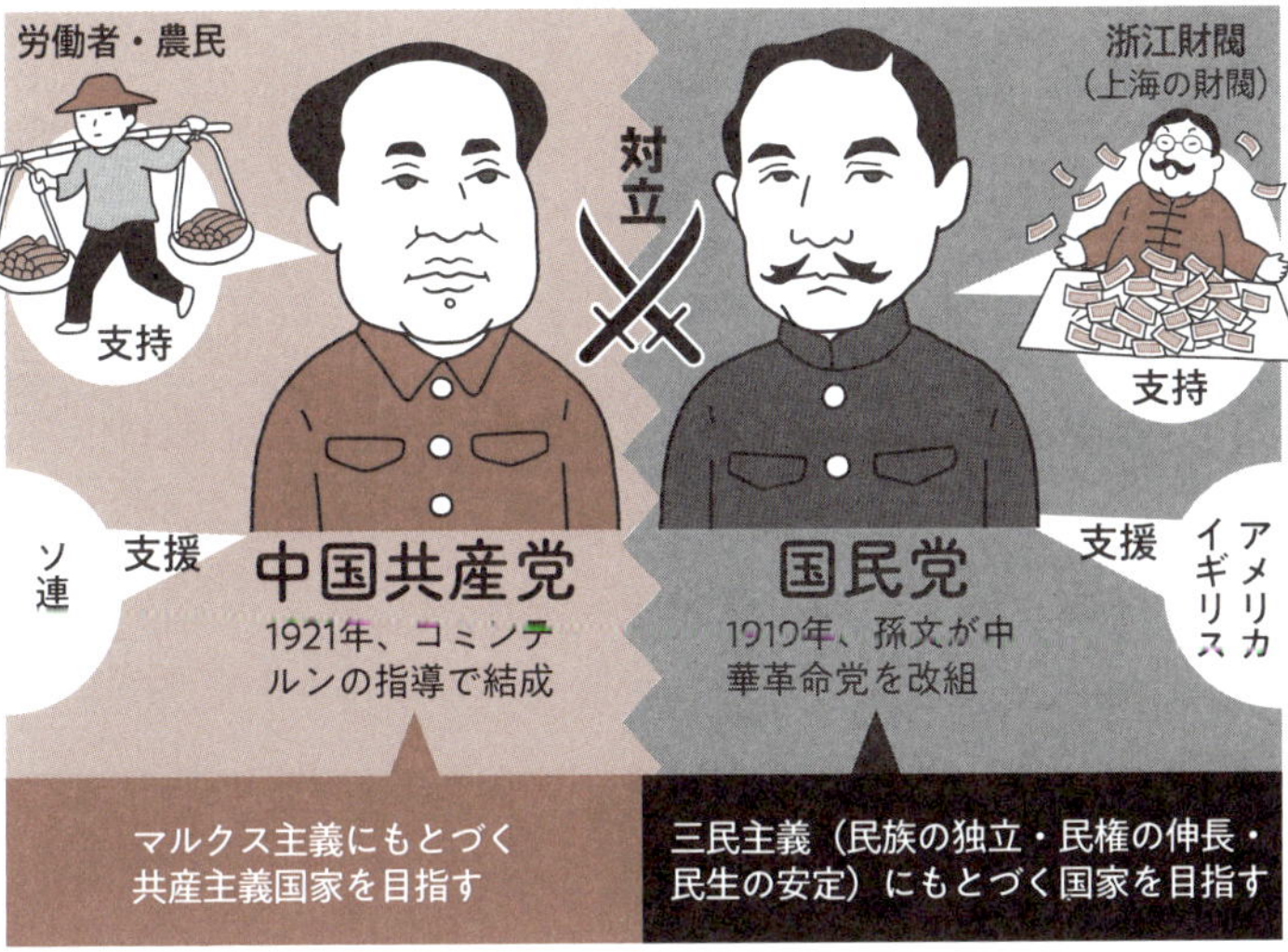

しかし同時期に、勢いのある政治組織が生まれました。これが「中国共産党」です。中国共産党は、ソ連のコミンテルンの指導のもとで誕生した共産主義政党です。「コミンテルン」とは、1919年にモスクワで設立された団体。世界中で共産主義勢力を指導し、共産主義の思想を広げることで資本主義社会に革命を起こそうとしました。

とはいえ、当初、国民党と中国共産党は協力して袁世凱亡き後の政府と各地の軍閥を倒そうとしていました。互いに中国をよくしようとする思いに変わりはなかったからです。

しかし、孫文が病死したことで関係にヒビが入ります。国民党の次のリーダーである蒋介石《しょうかいせき》は中国共産党を嫌っていました。このため、**一転して国民党が中国共産党の弾圧を始め、両者は敵対関係になります。**

1928年、国民党は勢いそのままに南京《ナンキン》を首都にします。形式的には全国統一が成し遂げられたわけですが、これで中国の民主化が達成されたわけではありません。

国民党はもともと中国の民主化を目指していました。しかし、**統一後に誕生したのは「国民党による一党独裁政権」**でした。独裁的な政治を進めた国民党の幹部たちは国民からの支持を失うことになります。

一方で、中国共産党では叩き上げの毛沢東《もうたくとう》がソ連留学経験者から権力の奪取に成功します。学生・工場労働者から貧農まで支持を拡大させた毛沢東率いる中国共産党は「国民党政府の打倒」を掲げました。

ただし、ここである問題が起こります。1937年に日中戦争が始まったのです。国が危機的な状況の中、国民党と中国共産党は手を組んで日本軍に対抗することを決めました。

中国軍の粘り強い戦いで戦争は長期化し、そうこうしているうちに日本は第二次世界大戦で敗北します。

こうして中国に平和が訪れました。

中華人民共和国の誕生

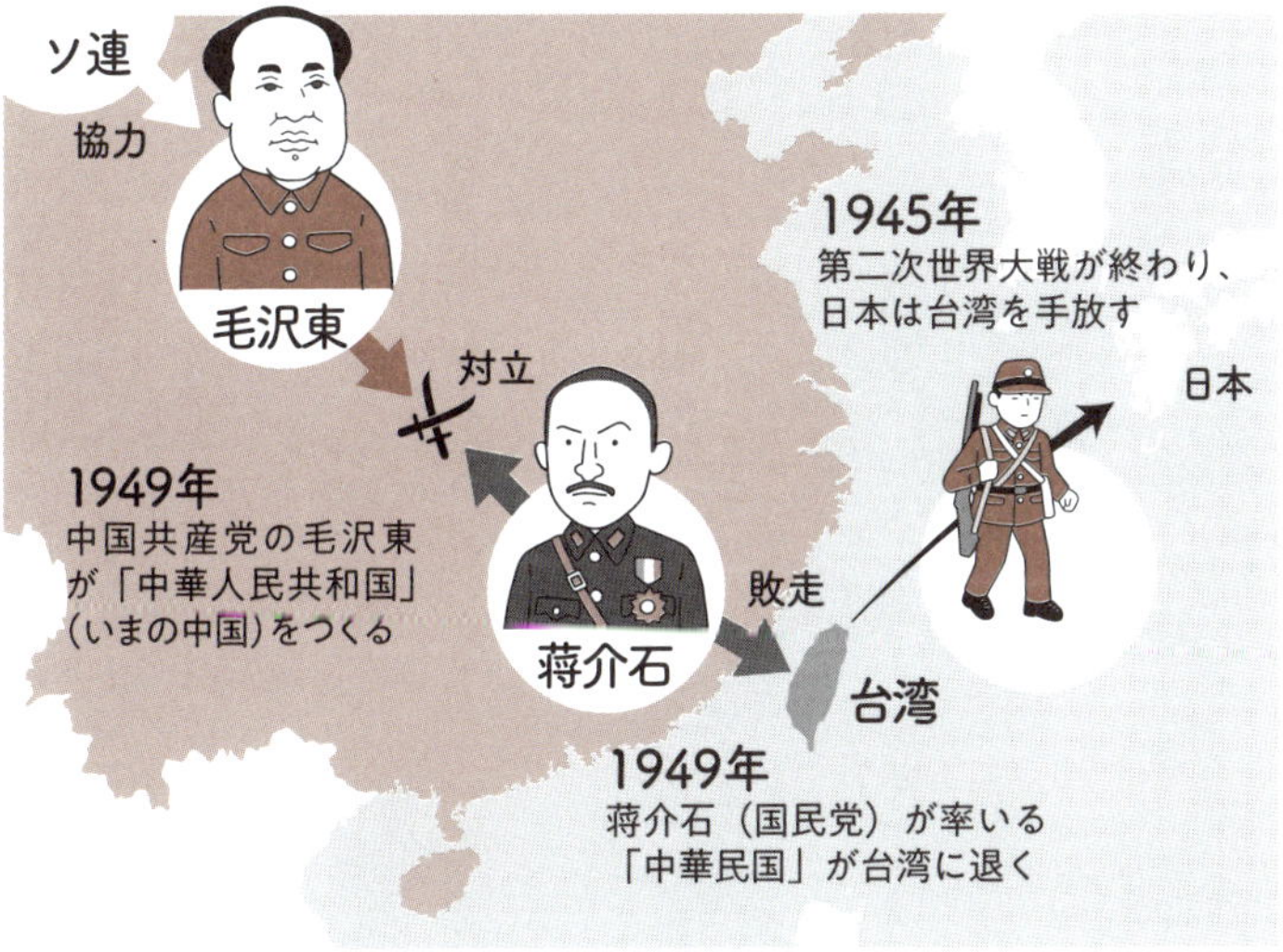

台湾に逃げ込んだ国民党軍

ただし、戦争が終わると国内ではふたたび両陣営が対立します。当初はアメリカの支援を受けた国民党が優勢で、中国共産党はソ連の支援や味方につけた農民の力でなんとか対抗しました。また、国民党がソ連と協定を結んだため、中国共産党への支援は少なくなっていきました。

一時は国民党が中国ほぼ全土を勢力下に置くほどになりましたが、ここで逆転現象が起こります。国民党は戦費調達のためにたくさん紙幣を発行しました。これが**極度のインフレを引き起こして支配地域が混乱**

し始めたのです。その上、アメリカ・ソ連が冷戦に突入したことで、アメリカによる国民党支援も減りました。さまざまな出来事が重なり、中国共産党は巻き返しに成功したのです。

中国大陸に国民党が逃げる場所はありませんでした。1949年、国民党が中国共産党との戦いに敗れると、多くの国民党軍が海を渡り台湾に逃げ込みました。

同じ年、中国では「中華人民共和国」が建国されます。一方で、**台湾に渡った国民党はそのまま「中華民国」を名乗り続けました。**ここに、いまも続く中国と台湾の対立が始まるのです。

「どちらか一方」との外交が迫られる外交戦争

少し話を戻します。1945年に第二次世界大戦が終わると、国際連合（国連）が発足しました。常任理事国は、アメリカ・イギリス・フランス・ソ連・中国です。

国連ができたとき、中国はまだ「中華民国」が統治していました。このため、中華人民共和国が誕生した後も、国連に加盟しているのは台湾の中華民国という状態です。台湾は、あくまで「中国の正統政府」を自称して、アメリカの支援を得ながら国連の議席や常任理事国としての地位を維持していました。中華民国のリーダーである蒋介石は「中華人民共和国と国交を締結した国とは即時に国交を断絶する」という政策を取りました。中華民国は中華人民共和国のことを「反乱団体」とみなしたのです。

他の国は、**中華民国と中華人民共和国のどちらか一方との外交関係を迫られ、この外交関係の奪い合いは「外交戦争」と呼ばれました。**

とはいえ、中華人民共和国は圧倒的に人口が多く、台湾しか統治していない中華民国を中国の代表とするのは国際的に無理があります。1971年、国連の総会で中国の代表が中華人民共和国に変更されると、**中華民国はこの決定を不服とし国連を脱退**します。

こうして、台湾は国際的に国と認められない存在となったのです。

学びのポイント

- 2024年現在、台湾が国交を結んでいる国は世界に12か国のみ。じつは、日本は台湾と国交を結んでいません。
- 孫文の活躍によって「中華民国」が成立しました。これは中国初の共和制国家でした。
- 中国共産党はソ連の支援を受けていました。ソ連の思惑は中国共産党による社会主義国の建国でした。
- 中国内戦で中国共産党が勝利し、国民党は台湾に逃げ込みます。これが、現在も続く中国と台湾の対立の始まりとなりました。

宇宙から見た朝鮮半島の夜景。中央のやや暗い部分が北朝鮮。

8

北朝鮮がこれほどまでに貧しくなった背景

朝鮮半島の「38度線」を境に南北に分かれる韓国と北朝鮮。何が両国の経済の明暗を分けたのでしょうか。

これ大事！

- 北朝鮮は地下資源が豊富
- 北朝鮮では独裁体制が成立
- ソ連は北朝鮮の最大の支援国だった

韓国より豊かだった北朝鮮

朝鮮半島北部に位置する北朝鮮は、地政学的にアメリカや中国、ロシアの重要な緩衝《かんしょう》地帯となっています。現在は「貧しい国」というイメージが強い北朝鮮ですが、じつはつい50年ほど前までは、韓国よりも経済規模も大きく豊かな国でした。それがいまではどうでしょう。韓国統計庁によると、**2022年の北朝鮮の名目GDP（国内総生産）は36兆2000億ウォン（約4兆円）と、韓国（2161兆8000億ウォン）の約60分の1。**1人あたりGNI（国民総所得）は143万ウォンで、韓国（4249万ウォン）との所得格差は約30倍。貿易総額は北朝鮮が15億9000万ドル（約2280億円）、韓国が1兆4000億ドルと、その差は約900倍。もはや埋まらないほどの差がつきました。どうして北朝鮮はこれほどまでに貧しい国になってしまったのでしょうか。

第二次世界大戦以前の日本の占領時代、朝鮮半島の北半分には豊富な天然資源がありました。鉄や金などの埋蔵量は世界10位圏内といわれるほどで、これは韓国の約15倍にあたります。ただし、国土は山ばかりで農業には適していませんでした。一方で朝鮮半島の南半分、現在の韓国の国土はどうでしょうか。こちらは資源などが少ないぶん稲作に適した土地があ

朝鮮戦争をめぐる動き

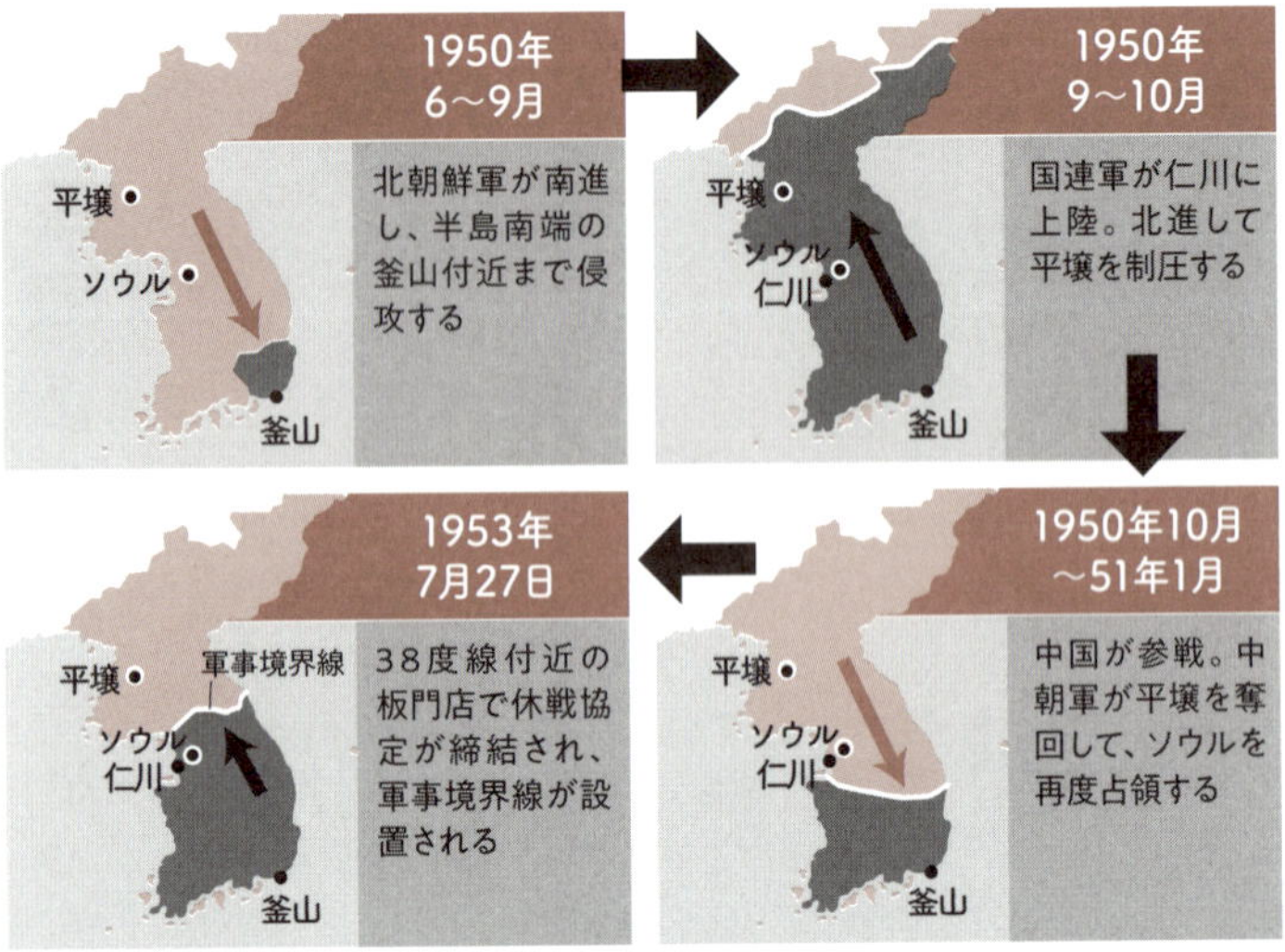

ります。日本政府はこれらの特徴を活かして、**朝鮮半島の北半分を工業地帯、南半分を穀倉地帯として、それぞれ成長させました**。その後、朝鮮半島が北と南の二つに分かれたときに、北朝鮮にはすぐれた工業が、韓国には農業が残されたのです。

1950年には「朝鮮戦争」が始まりました。先に攻めたのは、北朝鮮です。工業の発達していた北朝鮮は韓国よりもずっと強く、韓国の領土はあっという間に占領されていきました。しかし、ここで形勢逆転する出来事が起こります。国連軍名義でのアメリカ軍の介入です。アメリカ軍は北朝鮮の国土に大量の爆弾を落とすと、北朝鮮の工業地帯を完全に破壊します。そして今度は、アメリカ・韓国軍が北朝鮮へと攻めていったのです。

アメリカが朝鮮半島を支配すると困るのは、ソ連や中国といった社会主義陣営です。中国が大量の軍隊を派遣して食い止めると、1953年7月に休戦協定が結ばれます。そして結局、もとの国境線のあたりでお互い落ち着きました。**これがいまの北朝鮮と韓国との国境線**です。

重工業ばかり発展したアンバランス経済

北朝鮮は、朝鮮半島の統一に失敗しました。しかし、**最高指導者である金日成《キムイルソン》は自分の権力を強め、独裁体制を完成**させました。

戦争によってボロボロになった北朝鮮は、独裁的な経済政策によって経済を発展させます。**この背景にはソ連からの巨大な経済援助がありました。**1954～56年、ソ連は2・5億ドルの無償援助を提供します。また、ソ連は北朝鮮に石油製品や機械類を多く輸出しました。ソ連にとって北朝鮮は重要な緩衝国で、アメリカの攻撃を守る壁としての価値もありました。

金日成は、重工業優先の経済政策を行います。「重工業」とは、国の発展の基礎となる鉄鋼や車、造船などの大規模な工業のこと。1954～56年のあいだの工業部門への投資額のうち、81・1％が重工業部門という偏りぶりでした。

しかし、工業の発展が直接国民の生活につながるわけではありません。国民が幸せに暮らすためには、工業だけでなく農業や日用品の製造業も同時に発展させる必要があるからです。**重工業ばかりがどんどんと発展していくアンバランスな経済状態は、のちに北朝鮮の経済を苦しめる**ことになります。一方、隣の韓国では、１９６０年代の後半に北朝鮮から一足遅れて工業化の波がやってきます。この開発は、資本主義陣営のアメリカと日本からの経済援助によって進められました。**「漢江《ハンガン》の奇跡」と呼ばれるこの高度経済成長期において、韓国の経済成長率は年平均15%にも迫る勢い**でした。

韓国の経済は、着々と北朝鮮に迫りつつありました。しかし、この頃までの北朝鮮はまだ、現在私たちが思い浮かべるような貧困国ではありません。**北朝鮮が韓国をリードする状況は、いまからほんの50年ほど前、１９７０年頃まで続きました。**

韓国に追い抜かれる

韓国は、徐々に力をつけて豊かになります。

1988年に韓国でソウル・オリンピックが開催されました。しかし、北朝鮮はこれを黙って見てはいられません。ソウル・オリンピックに対抗するかたちで翌年、首都の平壌《ピョンヤン》で「世界青年学生祭典」という世界大会を開催し、そこに多くの国を招待しました。

北朝鮮がこの祭典に費やした金額は40億ドルとも50億ドルともいわれています。平壌国際空港の拡張、世界最大級のスタジアムの建設、高さ330メートルのホテルの建設……。これらすべては北朝鮮の経済が縮小しつつあった時期に行われました。

韓国に亡命した北朝鮮労働党の元書記は生前、「金正日《ジョンイル》（金日成の息子）は平壌で独自のオリンピックを開催すると語り、国家が負担するのがとてもできないような建設プロジェクトを次々と立ち上げた」と回想録に記しています。

ソ連からの莫大な援助は、もうありませんでした。それでも、文字どおり国民の命を削るようにして、このような巨大プロジェクトが進められたのです。

北朝鮮は、軍事開発にも多額の費用を注ぎました。この頃から、国の軍事費率は常に15%を維持しています。通常はどれくらいかというと、日本で1%ほど、アメリカでも3%には届かない程度です。**北朝鮮は15%と言い張っていますが、実態は20%を超えているともいわれています。**

ここから状況は悪化します。1991年、最大の支援国であったソ連が崩壊するのです。90年には、北朝鮮の貿易総額の55・7％（25・7億ドル）はソ連が占めていました。これが94年になると6・6％（1・4億ドル）にまで急低下します。**北朝鮮はソ連に石油、食糧を依存していたため、極度のエネルギー・食糧不足に陥《おちい》る**ことになります。

大飢饉「苦難の行軍」

1994年、北朝鮮で大規模な飢餓《きが》が起こりました。**ほんの数年のあいだに約300万人、全人口の10％以上が餓死した**ともいわれています。

この飢餓の原因もまた、北朝鮮の政策にありました。北朝鮮は日本と同じように、傾斜の多い国です。その斜面の木を切って「そこにトウモロコシを植えろ」というのです。

トウモロコシは一年生の作物ですから、土地に根を張りません。植物の根による支えを失った土は簡単に崩壊してしまいます。大雨が降ると、川に泥や石がたまって水があふれます。逆に、長いあいだ雨が降らないと水不足になってしまいます。

さらにもう一つ、**「密植」という農業政策も大失敗**しました。適切な隙間を開けずにびっし

北朝鮮と韓国の1人あたり実質GNI

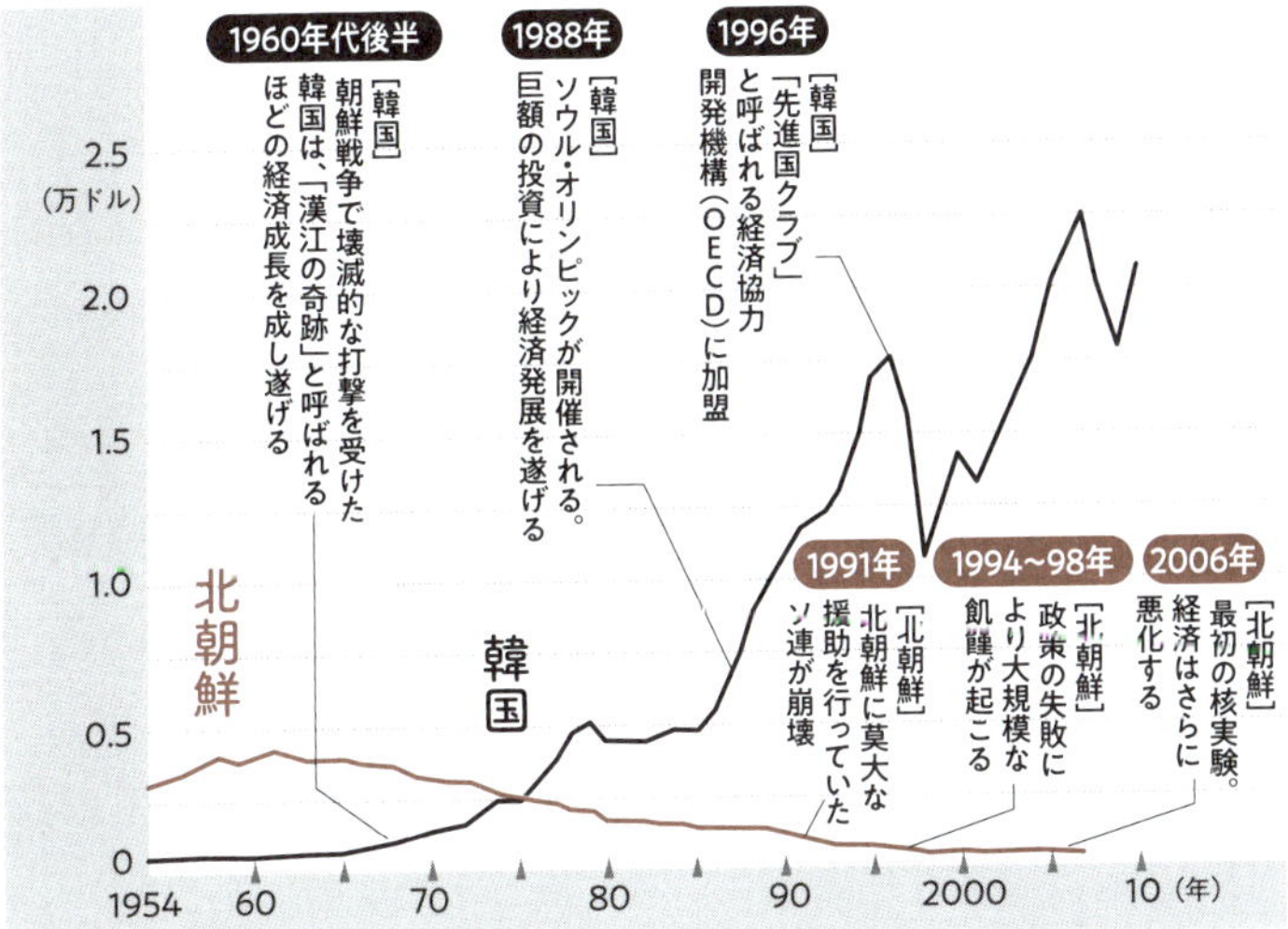

出所：日経ビジネスオンライン「韓国を凌駕していた北朝鮮経済」（高安雄一）の図をもとに作成

りと作物を植え、大量の農薬をまくことで大量の作物をつくるという強引な農法です。数年間はこの方法でうまくいきますが、すぐに土地が痩《や》せ細ってしまいました。

これに追い打ちをかけるように、農薬の輸入が途絶えてしまいました。すると多くの土地が完全に栄養を失い砂漠化します。やがて国からの配給制度も中止され、国民は長いあいだ飢えに苦しめられたのです。

飢饉が終わったあと、北朝鮮の経済成長率は久々に上昇しました。しかし、これも長くは続きません。**核実験を行ったことで経済制裁を受け、経済はふたたび悪化**していきます。

この軍事開発も、国民の命を奪いながら

行われているようなものです。たとえば、核実験と関連して弾道ミサイルのテポドン1発を発射するのに、最低3億ドルかかるといわれています。外国に向けて最先端のミサイルを飛ばしながら、国内には電力すらまともに供給できていません。一般家庭には1日に2〜3時間しか電気が通っておらず、首都の平壌でさえ停電は日常茶飯事だといいます。

人工衛星から夜の朝鮮半島を撮った有名な写真（82ページ）があります。中国と韓国は、国土のいたるところに明かりがあります。しかし、そのあいだにある北朝鮮は、**首都の平壌に弱々しい明かりがあるだけで、あとは真っ暗。**国境が一目でわかってしまうほどに、北朝鮮には電気がないのです。

学びのポイント

- 日本統治時代、朝鮮半島の北は工業地帯として栄えました。北朝鮮は50年ほど前まで、韓国より経済規模の大きな国でした。
- 北朝鮮は重工業優先の政策を行いましたが、これは国民の生活を無視するアンバランスな政策でした。
- 北朝鮮は、農業政策の失敗によって大飢饉になり約300万人が餓死したとされます。過度な森林伐採や不適切な農法により土地が荒廃してしまいました。
- 最近では核実験の制裁を受けて経済は悪化しています。現在でも、北朝鮮国内には電力すらまともに供給されていません。

第2章

世の中のいまがわかる必修の「歴史」

歴史を知ることは、現代を考えることにつながります。
国のあり方を180度変えた「フランス革命」の真実から、
不自然なほど真っ直ぐに引かれた「アフリカの国境」の謎、
近年ニュースでよく見聞きする「クルド人」の問題まで、
過去から現在に至る歴史の重要テーマを取り上げます！

9

フランス革命はどのように進行したのか？

国王を頂点とする絶対王政下のフランス。国民を苦しめてきた旧体制を破壊すべく始まったのが「フランス革命」でした。

絵画に描かれた、バスティーユ牢獄を襲撃するパリの民衆。

これ大事！

- フランス革命は重税が発端
- 啓蒙思想が革命の原動力に
- 共和制後も不安定な時期が続いた

重税を強いられたフランスの平民

「フランス」と聞くと、おいしい料理やワイン、そして絢爛《けんらん》豪華なヴェルサイユ宮殿を思い浮かべるかもしれません。

しかし、**この華麗な宮殿に住む王族はすでにフランスには存在しません。**かつてフランスの民衆は王族を国の頂点から引きずり下ろし、自分たちが主役の国をつくり上げたのです。国のあり方を１８０度変えたこの歴史的大事件こそが、映画や漫画などでもおなじみの「フランス革命」です。

フランス革命前のフランスは、ブルボン家の王族が強大な力で国民を支配していました。１６４３年から１７１５年まで在位したルイ14世が国王に権力を集中させ、領土拡大のために多くの侵略戦争を行い、これがフランスの財政を圧迫しました。この方針は約１００年続き、１７７４年に即位したルイ16世の時代には、アメリカ独立戦争を本格的に支援したことも重なり、財政は完全に行き詰まっていました。

ルイ16世は、財政難を改善するために増税を考えました。しかし、国民が平等に増税されたわけではありません。当時のフランス社会は**「アンシャン・レジーム（旧体制）」と呼ばれ**

革命前のフランスの状況

特権身分の豪遊
貴族の暮らしを支える宮廷費や、絢爛豪華な宮殿の造営費などは、税金でまかなわれていた。庶民は他にもさまざまな税金で苦しい生活を強いられていた

食糧不足
人口増加と天候不良による食糧不足が重なり、庶民の生活は餓死者が出るほど苦しくなっていた

戦争による赤字
イギリスとの植民地戦争の敗北、アメリカ独立戦争の支援など、多くの戦争に参加して財政が悪化。庶民は戦力・戦費を担い、大いに疲弊していた

啓蒙思想の浸透
理性にもとづいて旧来の政治・社会制度を批判しようとする「啓蒙思想」が普及。民衆は国家や政府、旧来の制度による束縛を嫌って自由を求めるようになった

る身分制度のもとで平民が重税を強いられ、貴族や聖職者が免税特権を持っていました。さらに、聖職者には平民から教会のための税を徴収する権利が、そして貴族には農民への土地の貸し出し料を取る権利が認められていました。

こうした体制の中で、「平民だけが重い税を払って苦しい生活をしているのはおかしい。平等に扱え！」という不満の声が出てきます。

ちょうど当時は啓蒙思想が広がり始めたときです。「啓蒙思想」とは、過去から続く慣習や信仰・迷信などに惑わされず論理的に考えようとする思想のことですが、なかでもフランス出身のルソーやモンテスキューの思想は平等や権力の分立を説き、民衆に大きな影響を与えました。

他にも多くの啓蒙思想家が旧体制のフランスに疑問を持ち始め、新しい民主的な近代国家体制の考え方を提案します。そして**思想家たちの声が、国民をフランス革命へと駆り立てていくことになる**のです。

平民からなる国民議会

1780年代後半、人口増加と天候不良による食糧不足が重なります。一般庶民の生活は餓死者も出るほど苦しくなり、国民の不満は徐々に高まっていきました。

一方で、平民だけに対する増税では財政が改善されず、1788年にルイ16世はついに特権身分の聖職者や貴族への課税を検討します。しかし、この課税に対し聖職者や貴族が反発し、1789年5月5日、**それぞれの身分の代表が話し合う議会「三部会」が約170年ぶりに開かれます。**三部会には第一・第二身分がそれぞれ約300人、第三身分からは約600人の代表が集まりました。

しかし、最重要事項である財政立て直しの議論に入る前に、**採決の方法をめぐって身分間で対立が起こります。**第一・第二身分である聖職者と貴族は1人1票ではなく、1身分1票の採決法を求めました。ところが、これだと第一・第二身分が多数となってしまい、第三身分の平民が少数派になってしまうのは明らかです。そこで第三身分は1人1票ずつの採決法を求めましたが、これに第一・第二身分が反対し、なかなか話がまとまりませんでした。

6月17日、平行線をたどる議論に嫌気がさした第三身分の代表たちは、平民からなる「国民議会」という議会を立ち上げようとします。しかし、ルイ16世はこの国民議会を認めず、彼らを三部会から追い出してしまいます。それでも第三身分のメンバーはあきらめず、球戯《きゅうぎ》場で議論を続けました。これはのちに〝テニスコートの誓い〟と呼ばれます。

フランス革命の流れ

ルイ16世が、特権身分の聖職者や貴族への課税を検討

↓

年	月	出来事	結果・関連
1789年	5月	反発した聖職者や貴族が三部会を招集	→ 第一身分・・約300人 第二身分・・約300人 第三身分・・約600人
	6月	議決方法をめぐり紛糾。第三身分が平民からなる国民議会を立ち上げ（テニスコートの誓い）	
	7月	ルイ16世の圧力に民衆が決起し、バスティーユ牢獄を襲撃	革命開始！
	8月	国民議会が封建的特権の廃止を決定。国民の自由と平等などをうたう人権宣言を採択する	→ 農民反乱の拡大
	10月	ヴェルサイユ行進	→ ルイ16世、パリへ ↓
91年	9月	国民議会が憲法制定。立憲君主制へ	6月 オーストリア逃亡計画 失敗
	10月	国民議会が解散。立法議会が設置される	
92年	8月	8月10日事件（宮殿襲撃事件）	→ 王政の廃止 ↓
	9月	共和制がスタート	翌1月 ルイ16世の処刑 処刑 ↓
93年		ロベスピエールの恐怖政治が始まる	第一次対仏同盟
94年	7月	テルミドールのクーデター（恐怖政治の終焉）	→ ロベスピエールの処刑 処刑
95年	8月	1795年憲法の制定	
	10月	総裁政府の発足	→ 1798年 第二次対仏同盟 ↑

↓

ナポレオン時代の始まり → 戦いの収束

🌐 革命の始まり

彼らの自主的な議会に対し、納得のいかないルイ16世は約2万もの兵を集めて圧力をかけようとしました。しかし、その情報がパリに伝わると国民議会を支持する民衆が決起し、7月14日、**武器や弾薬を手に入れるためバスティーユ牢獄《ろうごく》を襲撃**します。

バスティーユ牢獄は王政に反対する政治犯などを収容した刑務所であり、国王による専制政治の象徴です。そのため、バスティーユ襲撃は王政への反逆の狼煙《のろし》となり、これをもって「フランス革命」の火蓋が切られることになりました。

また、バスティーユ襲撃を知った農民が領主の館を襲撃するなど、旧体制への不満が各地で爆発し始めます。8月4日、革命の流れを感じた国民議会は**農民と領主の身分関係の廃止を決議し、国民の自由と平等を宣言**しました。

当初、ルイ16世はこれを承認しようとはしませんでしたが、この考えを転換させる出来事が10月5日にヴェルサイユで起こります。なんと6000人以上のパリの女性たちがデモ行進を行い、ヴェルサイユになだれ込んできたのです。

この様子に完全におびえてしまったルイ16世はついに国民議会の決議を承認し、その流れで国王一家はパリに連行されることになりました。国王一家は住み慣れたヴェルサイユを離れ、住まいをパリにある別の宮殿に移し、市民の監視下に置かれることになったのです。

国王一家は1791年6月20日、王妃マリー・アントワネットの故郷オーストリアへの逃亡を図りますが、あえなく失敗します。この**逃亡事件は、ルイ16世の権威と民衆からの信頼を完全に失墜させてしまいました。**

国民議会では祖国を捨てようとした王を排除して、国民によって選ばれた代表が政治を行う「共和制」にしようという声が上がります。しかし、貴族議員たちもいままでの特権がなくなってしまうことを恐れ激しく反対します。

結局、9月3日に制定された憲法では、**いままでどおり王の存在は認めたうえで、彼らの権力を憲法によって制限しようとする政治体制**に収まりました。この政治体制が「立憲君主制」と呼ばれるものです。

共和制と国の危機

しばらくすると、国民議会は「立法議会」に名称が変わり、立憲君主制派閥と共和制派閥が対立していました。ルイ16世は立憲君主制によって権力を制限されはしたものの、完全に力は失ってはいない状態です。

ルイ16世はこの力を利用して、政局を停滞させるために議会で拒否権を幾度となく発動し、ふたたび国外逃亡の機会をうかがっていました。

ちょうどこの頃、自分の国でも国王の立場が逆転することを恐れたオーストリアやプロイセンなどの周辺国がフランスに干渉を始めます。そして1792年4月には、フランスとオーストリアが戦争を始めます。7月にはプロイセンがオーストリアとの連合軍として加わるなど、フランス側は苦戦を強いられました。

しかし、フランス劣勢《れっせい》のニュースを聞いたフランス国民は立ち上がりました。各地の義勇軍が戦いに参加したのです。

また、フランス国内である出来事が起こりました。8月10日、労働者や義勇軍が普通選挙の実施などを求めて国王一家の住む宮殿を襲撃したのです。この襲撃事件によって王政が廃止されると、**立憲君主制派閥は力を失い、ついに共和制を推進する派閥が政権を樹立**することになりました。

俄然《がぜん》勢いのついたフランス軍は、9月20日にはプロイセンを打ち破りました。そして9月

21日から、**国民の中から選ばれた代表による共和制がスタート**するのです。

翌年、ルイ16世と、妃のマリー・アントワネットが国民たちの目の前でギロチンにかけられ処刑されました。フランスで長年続いた王政が完全に終わりを迎えた瞬間でした。

しかし、この出来事は瞬く間にヨーロッパ中に広がり、衝撃と不安を与えました。同じように**自分の国で革命が起きることを恐れたイギリスなどがヨーロッパ各国と同盟を組み、フランスと敵対**したのです。

良くも悪くも国王というリーダーを失い、周辺各国と戦わなければならなくなった状況下で、フランス国民は次のリーダーを求めるようになります。そんな中、平民出身のロベスピエールという人物が現れます。

ロベスピエールの恐怖政治とナポレオン

ロベスピエールは当初、民衆に支持される政策を行いました。しかし、彼の国政運営は次第に暴走した独裁政治に変貌していきます。

1793年から94年にかけて、ロベスピエールは反対派閥だけではなく、同じ派閥の同志までも、自分に反抗したとみなせば処刑してしまったのです。民衆の支持は失われ、１７９４年7月28日、最後は彼自身も処刑台に送られてしまいました。

ふたたびリーダーがいなくなったフランスは、社会の安定を望み新たなリーダーを求めるようになります。しかし、ロベスピエールが行った**独裁政治の苦い経験から、政治の決定者を1人ではなく複数人にしようという流れ**になりました。

こうして5人のリーダーによって政治を決める合議制の政府が誕生しましたが、今度は政治決定のスピード感が失われ、社会の混乱は収まりませんでした。

その隙《すき》を見逃さなかった諸外国は１７９８年に第二次対仏同盟を結成し、ふたたびフランスは危機的状況に陥ります。

ここで登場するのが、かの有名なナポレオンです。１７９９年、ナポレオンは混乱したフランスを治めるべくクーデターを起こして実権を握ると、新政府を打ち立てます。

ナポレオンは、オーストリアやイギリスとの戦いを収拾し、１８０２年までに講和に成功しました。そして、１８０４年に**「法の前の平等、私的所有権の保障、信仰の自由」などを基本原則としたフランス民法典を発布するなど、国内統治の安定に力を注ぎ始めます。**

この民法典では、すべての国民は平等であることが定められ、旧体制下の身分による扱いの不平等は否定されました。国民は法律に従う代わりに国家から制約も強制もされず、自由に物事を考え行動できる「個人の自由」を手に入れます。

そして、国民はこれらの権利が保障されたことで、ナポレオンを信頼し、社会は安定に向かい始めました。

こうしてフランス革命は終わりを迎えたのです。

しかし、ナポレオンの政権も1814年に崩壊します。

この後もフランスでは国王を中心とした王政と、法によって治める共和制とが何度か繰り返され、**最終的に1870年以降の第三共和制から現在まで共和制が続いている**のです。

学びのポイント

- 貴族や聖職者が特権を持ち平民は重税に苦しみました。この不満が爆発して「フランス革命」が起こりました。
- 啓蒙思想によって人々が平等や自由を求め、結果として旧体制への反発が強まりました。
- 国王は民衆の声を無視したため、革命は激化。最終的には王政が崩壊し、共和制が誕生しました。
- ナポレオンが登場し、フランスを安定に導きました。こうしてフランスは新たな時代に突入します。

奴隷貿易の拠点となった、ガーナのエルミナ城。

10

ヨーロッパ列強に翻弄《ほんろう》されたアフリカの真実

奴隷貿易から植民地へと、ヨーロッパ諸国に翻弄され続けたアフリカ。いまも続く貧困や紛争はどうつくり出されたのでしょうか。

これ大事！

- 15世紀末、大航海時代が本格化
- 労働力にアフリカ人奴隷が使われた
- アフリカは資源の搾取《さくしゅ》と支配を受けた

大航海時代に始まったアフリカとの交流

「アフリカ」と聞いて、奴隷や植民地、貧困などのネガティブなイメージを持つ人もいるかもしれません。実際、アフリカは他の国から翻弄され続けた歴史があります。

アフリカの国々は、昔は七つの国に支配されていた時代がありました。いわゆる「植民地時代」です。この話をするときに重要なポイントとなるのが、アフリカの「奴隷貿易」です。

15世紀は造船技術や航海技術が進歩した時代です。商業が発達していたヨーロッパ諸国は、特にポルトガルとスペインを中心に遠洋航海に乗り出しました。そんな中、ヨーロッパ各国は、**アジアの特産品の一つである香辛料を求めてインドへの航路を開拓**し始めます。

当時の香辛料は東南アジアでしか採れないうえに、ヨーロッパからは輸送距離がありました。香辛料を取引するのにも、当時東南アジアとの交流があったイスラム商人やイタリア商人を経由する必要があり、手数料がとても高くなるため香辛料は高値で取引されていました。さらに、香辛料には殺菌作用があり食べ物を長持ちさせ、風味もよく食欲を増進させる働きもあったことから多くの地域で重宝され、各国にとって価値のある商品でした。

15世紀末になると、ヨーロッパを中心に大航海時代が本格化します。各国は**貿易を有利に**

するために新航路を開拓していきました。このときに、アメリカ大陸や西インド諸島も発見されたのです。

ヨーロッパ各国が新たな貿易を求めてアフリカ大陸西岸を南下したことで、アフリカとヨーロッパで本格的な交流が始まりました。ヨーロッパ商人はアフリカ沿岸を管轄していた領主から土地を借りて、貿易の許可を取りつけます。そして、貿易をするための基地となる建物をつくり始めました。そのときに建設されたのが、**のちに奴隷貿易の拠点となるエルミナ城**です。エルミナ城は、現在のガーナにつくられました。

しばらくヨーロッパは自国の加工品などを、アフリカは象牙や金などを扱う、友好な貿易関係が続いていましたが、16世紀になると状況が一変します。新しく発見されたアメリカ大陸や西インド諸島で砂糖などの大規模な農場経営が行われるようになり、**大量の労働力が必要となってきた**のです。

労働力不足を埋めるための奴隷貿易

西インド諸島では、ヨーロッパ人がもたらした疫病で人口が激減。現地住民だけでは人手が足りなくなったため、**その代わりとして使われるようになったのが「アフリカ人奴隷」**でした。

アフリカ内陸部で捕えられた奴隷は、奴隷同士つながれた状態で何週間も、時には何か月も歩かされて海岸沿いのエルミナ城まで連れていかれました。そのエルミナ城から、商品としての「アフリカ人奴隷」がアメリカ大陸へと運ばれたのです。

アメリカ大陸に向かう船内で奴隷たちは全裸にさせられ、刻印を焼きつけられます。食事も少なく、船内は不衛生だったこともあり、病気が蔓延《まんえん》して1回の航海で多いときには全体の4分の1もの奴隷が亡くなり、そのまま海へと投げ捨てられました。

アメリカ大陸で奴隷として働く前から、こうした苦境を乗り越えなければならなかったのです。

アフリカの奴隷は、ヨーロッパの日用品などと交換されます。そして船に乗った奴隷はアメリカ大陸や西インド諸島で、砂糖やタバコなどと交換されました。

砂糖やタバコは、ヨーロッパでは高値で売れます。**ヨーロッパ各国はこの貿易を繰り返すことで、莫大な利益を手にしました。**つまり、アフリカの奴隷は貿易のための「商品」として扱われていたのです。

アメリカ大陸に渡った奴隷（1515～1865年）

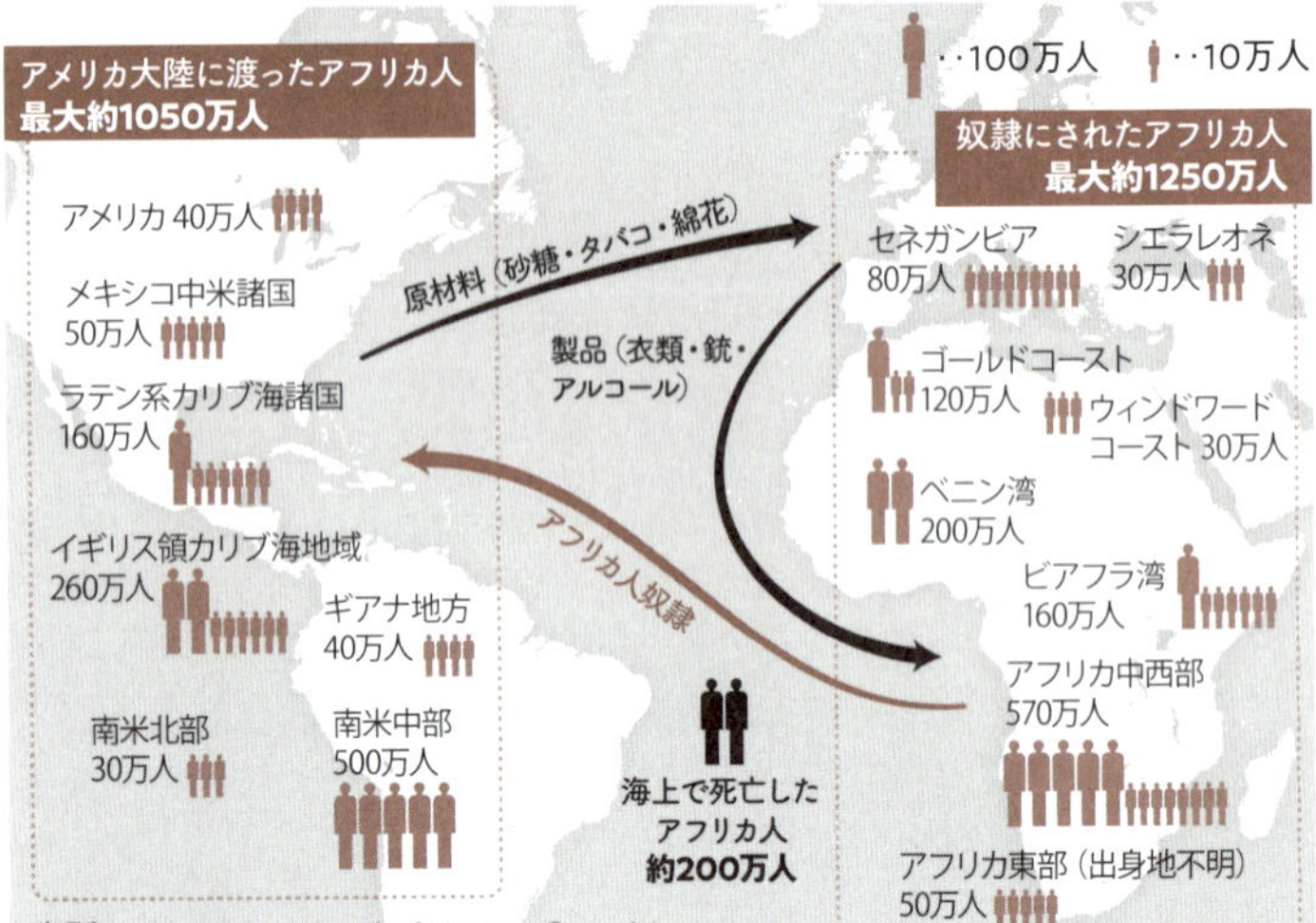

出所：American Journal of Human Genetics

植民地化の始まり

18世紀に入ると、奴隷貿易に反対する声が出てきます。奴隷にも自由を保証する地域が現れたり、奴隷制度の反対運動が行われたりするようになり、各国は奴隷貿易を禁止する法律まで発令し始めました。

ただし、その裏では隠れて奴隷制を継続するいわゆる〝闇《やみ》取引〟も行われていました。そうした状況を把握したイギリスは、奴隷を積んだ船の航海を妨害する条約を結ぶなど奴隷貿易の阻止に努めました。

そういった世界的な動きもあり、奴隷売買は終焉《しゅうえん》に向かいます。

とはいえ、奴隷貿易が終わったのは決し

て人道的な理由だけではありませんでした。**アフリカ人を奴隷として貿易取引することで生まれる「商品的な価値」よりも、アフリカ人を「労働者」として扱う価値が高まっていったのです。**

そのうえ、ヨーロッパで取引されている商品を売るための新たな市場として、アフリカというマーケットそのものも注目され始めていました。その影響で、1880年代以降のアフリカ大陸ではヨーロッパ各国の植民地化が本格的に始まりました。**アフリカは、ヨーロッパ各国に支配される時代に突入していったのです。**

ヨーロッパ各国の都合で〝分割〟される

アフリカは、奴隷の供給地から、ヨーロッパの製品を売ったり、工業の原料を手に入れたりする場所へと変化していきました。資源の確保をめぐっては、植民地の境界が問題となり、ヨーロッパ各国で衝突や対立が起こるほどでした。

ちょうどその頃、世界中で大不況が起きたため戦争をする余裕がなく、話し合いで解決することになりました。

ヨーロッパ列強に分割されたアフリカ（1914年）

それが、1884～85年に行われた「ベルリン会議」です。

ヨーロッパ各国にアメリカ、ロシアなどを含めた14か国で植民地化のルールを決めました。その内容は、アフリカの人たちのことなどをまったく考えず、領有する国々が争わないようにするためのルールでしかありませんでした。**先住民の民族性や文化を考慮しないまま地域を分け、各国に割り振った**のです。

その後、1900年頃にはイタリア、イギリス、フランス、スペイン、ドイツ、ベルギー、ポルトガルのヨーロッパ列強がアフリカの支配権をめぐり争い出しました。そうして、**エチオピアとリベリアを除くアフリカ全土が、ヨーロッパのわずか7か国に支配**されることになります。

この「アフリカ分割」は、アフリカ諸国にさまざまな影響と問題を生み出すことになります。同じ民族なのに二つの国に分けられてしまったり、複数の民族なのに一つの国にされてしまったりしたのです。もともと地域に根づいていた文化や信仰が失われていき、支配していた国の宗教や言語が押しつけられるようになりました。

アフリカ分割によってヨーロッパが大きな利益を得た一方で、**アフリカはますます貧しくなってしまいました。**

地政学
歴史
宗教
経済

その後、第二次世界大戦後にアフリカ各地で独立運動が始まり、「アフリカの年」と呼ばれる１９６０年には17の国がいっせいに独立を果たしました。つい60年ほど前のことです。

ただ、独立する過程では、奪われた広大な土地を買い戻すために、莫大な費用がかかりました。そして、その負債をいまも抱えたままの国も少なくありません。

そのため、**独立したといっても経済的に自立しているとはいえず、過去に支配されていた国に頼っているという状況**です。

また、各国の独立に際しては**アフリカ分割で引かれた境界線がそのまま使われているため、民族紛争や国境紛争が絶え間なく起こる**という問題も続いているのです。

学びのポイント

- 大航海時代にヨーロッパ諸国がアフリカに進出。当初は友好な貿易関係が築かれました。
- アメリカ大陸や西インド諸島で大規模農園が始まりました。この労働力として使われたのがアフリカ人奴隷です。
- 19世紀後半、新たな市場として注目されたアフリカを、ヨーロッパ諸国が分割して植民地にしました。
- アフリカはヨーロッパにとって都合のいい国境で分けられました。これが原因で、現在も民族紛争や国境紛争が起こっています。

エルサレムの「嘆きの壁」に祈りを捧げるユダヤ教徒。

11

ユダヤ人はなぜ迫害されたのか？

約600万人が犠牲になったホロコーストをはじめ、歴史的にさまざまな迫害を受け続けてきたユダヤ人。なぜ彼らは虐《しいた》げられてきたのでしょうか。

これ大事！

- 紀元前13世紀頃にユダヤ教が成立
- ユダヤ教はキリスト教徒に憎まれた
- ユダヤ人は金融業を生業《なりわい》とした

出《しゅつ》エジプトと「モーセの十戒《じっかい》」

「ユダヤ人」と聞いて、何をイメージするでしょうか？　第二次世界大戦下でのユダヤ人大虐殺（ホロコースト）を思い浮かべる方もいるかもしれません。

パレスチナ問題も近年、国際社会で大きな注目を集めています。**中東のパレスチナ地域をめぐり、アラブ人とユダヤ人とのあいだで激しい対立が続いています。**

歴史的に見ても争いと迫害が絶えないユダヤ人。日本人から見ると、なぜ彼らはいつも問題の中心にいるのだろうと不思議に思ってしまいます。しかし、その歴史を紐解いてみると、なぜユダヤ人が迫害されているのかがわかります。

ユダヤ教が成立したのは紀元前13世紀頃のことです。『聖書』の記述が史実を反映しているとするなら、ユダヤ人のルーツとなるヘブライ人は、大国であるエジプトの中で奴隷として虐げられていました。このヘブライ人たちをエジプトから脱出させたのが指導者モーセです。

エジプトからの脱出に成功したモーセは、神との契約を結び、十戒をはじめとするさまざまな掟《おきて》を受け取ります。**ヘブライ人たちはこの神を信仰するようになりました。**これがユダヤ教の始まりとされています。

イスラエル建国までの歴史

紀元前13世紀？	モーセ率いるヘブライ人が、エジプトから東へ逃げ出す（出エジプト）
紀元前12世紀〜	十二部族による部族連合の国の時代
紀元前11世紀後半〜	イスラエル統一王国の時代。王はサウル、ダビデ、ソロモンの3代
紀元前10世紀〜	統一王国が南北に分裂する
紀元前8世紀後半〜	北王国が滅び、南王国だけが残る
紀元前6世紀	南王国が新バビロニアに滅ぼされ、住民が捕囚される（バビロン捕囚）
2世紀前半	ユダヤ人の聖地追放。ディアスポラ（離散）が本格化する
19世紀末	シオニズム運動が始まる
1948年5月14日	イスラエル建国宣言

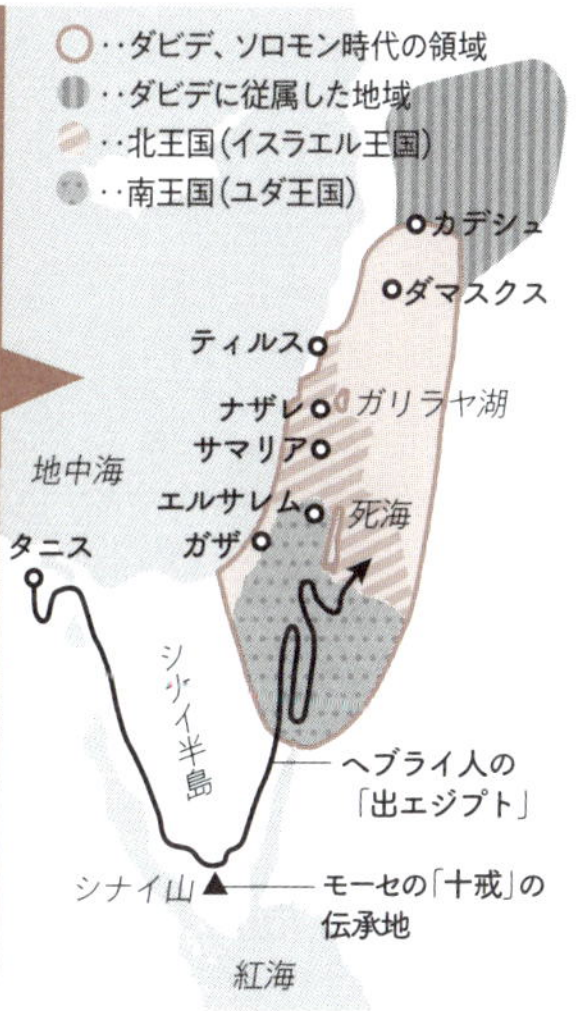

ここからは、ユダヤ教の信仰者を「ユダヤ人」と呼称します。

ユダヤ人に芽生えた選民思想

エジプトでの苦しい生活を乗り越えて自由の身となったユダヤ人たちは、現在のパレスチナの地に紀元前11世紀頃に自分たちの国をつくります。

しかし、その平穏がずっと続いたわけではありません。南北2王国のうち北の王国が紀元前722年頃、超大国アッシリアにより滅ぼされ、南の王国にも危機が迫ります。

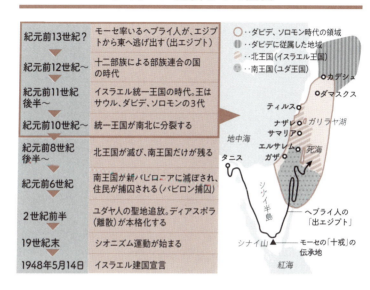

そして紀元前597年と586年、新バビロニアという帝国がユダヤ人の築いた王国を侵略したのです。

ユダヤ人の王国はなすすべもなく敗北すると、新バビロニア帝国の配下として、ふたたびかつてのように虐げられる生活が始まりました。

新バビロニアはユダヤ人の信仰を禁止しましたが、それであきらめるユダヤ人ではありません。どれだけ虐げられても、彼らは神を信じることをやめませんでした。

ユダヤ人は「これは神さまから与えられた試練だ。神さまから試されているのだ」と考えました。**このようにして「選民思想」が形づくられていきました。**

過酷な環境下で、神との契約を守り抜いたユダヤ人だけが救われるという考えに至ったのです。

しかし、土地の習慣に馴染まず、律法だけを守り続けるユダヤ人に他の民族は良い感情を抱きませんでした。**故郷を奪われて、信仰の場であったエルサレムの神殿も破壊されたユダヤ人は、やがて土地を捨て世界中に散っていきます。**

同時に、各地で彼らの考え方をよく思わない人々も増えていきました。ヨーロッパの人々がユダヤ人を迫害した理由の一つが、この選民思想です。

キリスト教との関係

各地で異質な存在として見られていたユダヤ人たちは、神との契約を守り、正しいとされる行いを続けました。ユダヤ教では、救世主が現れてユダヤ人たちを救ってくれると大昔から信じられてきたからです。そんな中で現れたのが、イエス・キリストでした。

1世紀、イエスは数々の奇跡を起こし、人々に癒しを与えました。生活に困窮している人、悩み苦しむ人の中から、「彼こそが救世主なのではないか」と考える人たちが生まれました。彼らは次第に、イエスそのものを神の子として信仰するようになりました。これがキリスト教の始まりです。

ヨーロッパはその後、キリスト教中心の社会となりますが、**キリスト教徒の中にはユダヤ人を迫害する人たちもいました。**その理由として考えられているのはイエスの死因です。

イエスはユダヤの環境で育ったユダヤ人でしたが、戒律を厳守する人たちには疑問を持っていました。「見た目の行動やルールを守ることばかりに気を取られ、心の状態や神との関係を大切にしていないのでは？」「本当に大切な〝神を愛すること〟や〝正義〟を無視している！」と。そして、イエスは「信じるものはみな平等に救われる」と説いたのです。

歴史

キリスト教がユダヤ教と違い、多くの人たちに受け入れられた理由がここにあります。厳しい戒律を守ることで自分たちは救われると説いたユダヤ教と、信じる者は救われると説いたイエス。イエスの考えのほうが万人に受け入れられやすいのは明らかで、イエスを支持する人たちは増加していきました。

ところが、イエスは十字架にかけられ処刑されてしまいます。理由は、イエスが支配国ローマ帝国へ反逆を企てているのではないかと考えられていたからです。しかも、その元凶はユダヤ人の指導者であるとされました。ただし、これが事実かどうかはわかりません。キリスト教側がユダヤ人に責任を押しつけたという考えもできます。それでも、『新約聖書』の福音書にあるこの記述によってキリスト教徒はユダヤ人を恨むようになったのです。

さて、20世紀最大の人道的悲劇の一つとされるのがホロコーストです。これはナチス・ドイツによるユダヤ人に対する組織的な大量虐殺として知られています。

ホロコーストが起きた主な理由は、**長年にわたってヨーロッパに根づいていた反ユダヤ主義と、ナチス・ドイツの極端な人種的な価値観の融合**にあります。ヒトラーとナチスは、第一次世界大戦後のドイツの経済的混乱と社会不安を巧みに利用し、ユダヤ人を「敵」として描き出しました。

彼らは、ユダヤ人を劣った人種とみなし、自分たちの純粋性を守るために排除すべきだと主張しました。この歪《ゆが》んだ考え方が、**最終的に６００万人以上のユダヤ人の命を奪う大量虐殺へと発展した**のです。

独自の行動様式

じつは、現在において「ユダヤ人」という明確な民族は存在しません。現在のイスラエルの法律によれば、**「ユダヤ人の母親から生まれた子、もしくはユダヤ教への改宗者」は全員ユダヤ人**です。新バビロニアでの出来事で住む土地や指導者、信仰の場所を持たなくなったユダヤ人は、戒律を守ることで自分たちの存在価値を維持しようと努めました。

5世紀に西ローマ帝国が崩壊した後、ヨーロッパ各国はキリスト教を信仰するようになります。ユダヤ人はどの国へ行っても差別され続け、職業を自由に選択することすらできなくなりました。

彼らはキリスト教徒がやらない仕事である「金融業」に携わざるを得なくなりました。キリスト教では、利息を取る商売が禁止されていたからです。**当時はお金を使った仕事が卑し**

世界に分布するユダヤ人

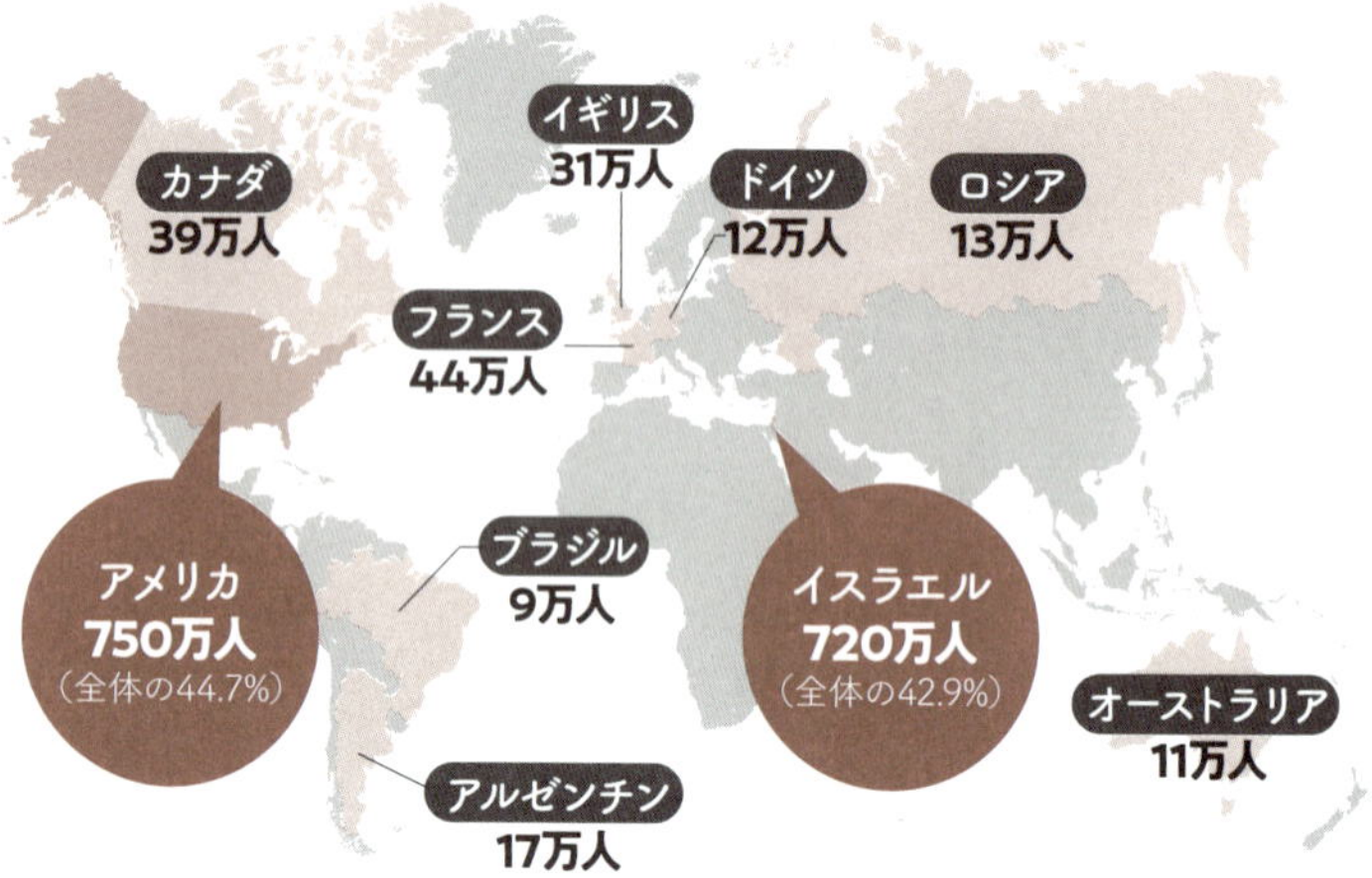

出所：非営利団体　米イスラエル協力事業（AICE）

いものだと考えられていました。

しかし、キリスト教徒に禁止されている金融業でも、生活の中では非常に大切な仕事です。多くの人たちがお金の貸し借りを必要としていたため、ユダヤ人たちに自然とお金が集まるようになりました。

こうして、ユダヤ人は迫害され続けながらもなんとか社会的地位を確保したのです。ユダヤ人にお金持ちが多いと言われる理由も、ここにあります。

資本主義社会が発展してくると、金融業が力を持つようになり、ユダヤ人のネットワークが社会に大きな影響をおよぼすことになりました。

しかし、これも他の人たちに不審がられ

る原因となります。「ユダヤ人たちが社会を裏で操っている」「よからぬことを考えている」など、根も葉もない噂が立ってしまいます。ユダヤ人たちだけの閉ざされたコミュニティが、他の人たちに恐怖感を与えてしまったのです。

国を持たないユダヤ人たちは、自分たちの身を守るために教育を重要視しました。多くの知識を身につけ、社会の中でうまく立ち回わろうとしたのです。

ノーベル賞受賞者や世界的成功者にユダヤ人が多いのは、幼少期からの教育が徹底されているからという面もあります。迫害され続けた過去が、知識という武器を彼らに与えたのかもしれません。

学びのポイント

- 大昔からユダヤ人は支配される立場にありました。過酷な環境から生まれたのがユダヤ人の「選民思想」です。
- ユダヤ人はイエスが処刑された元凶であると考えられました。このことがヨーロッパの反ユダヤ主義につながっています。
- ユダヤ人はキリスト教徒が避けていた金融業を生業としました。このため、ユダヤ人のもとにお金が集まるようになりました。
- 土地を持たないユダヤ人は自分たちを守るために、幼少期からの教育も大事にしました。

西洋使節団の一員としてオランダを訪れた福沢諭吉(右から2番目)。

12

日本人として知っておきたい「脱亜論」の正体

明治維新によって新時代を迎え近代化が進む日本で、「脱亜論」という過激な社説が新聞に掲載されました。賛否を呼んだ「脱亜論」が伝えたかったこととは。

これ大事！

- 「脱亜論」の筆者は福沢諭吉との説も
- 中国や朝鮮との〝溝〟が深まっていた
- アジアの古い体制の打破を求めた

賛否が分かれた「脱亜論」という名の社説

明治維新で近代化を遂げた日本で1885（明治18）年、「脱亜論」という社説が発表されました。この社説では、日本はアジアの体制から脱し、西洋諸国と歩むべきだと述べられています。

そこには、次のようなことが書かれていました（現代語訳・一部抜粋）。

〈日本は、大陸や半島との関係を絶ち、先進国とともに進まなければならない。ただ隣国だからという理由だけで、特別な感情を持って接してはならない。この2国に対しても、国際的な常識に従い、国際法に則って接すればよい。悪友の悪事を見逃す者は、ともに悪名を逃れ得ない。私は気持ちにおいては「東アジア」の悪友と絶交するものである〉

この過激な文章から、中国や韓国からは「脱亜論は差別だ」と言われることもあります。しかしいったいなぜ、このようなメッセージ性の強い社説が出されたのでしょうか？

「脱亜論」は3月16日に『時事新報』に載せられた、誰が書いたのか正確にはわかっていない社説のことです。社説とは、その新聞社の意見を世間に伝えるものをいいますが、その内容は、現代でも賛否が分かれる過激なものでした。

「脱亜論」が生まれた背景

当時の日本は、明治維新から20年も経っていない時代で、近代化を進めている真っ最中です。そうした中、「脱亜論」の筆者は「西洋文明がアジアに入ってくるのはもはや止めることはできない」「害だからと抵抗するより積極的に普及するべきだ」と論じました。

また、日本の隣国である中国と朝鮮の危機を訴えます。「古い体制から抜け出せないせいで、このままでは西洋の植民地になってしまう」とまで指摘したのです。

明治の日本にとって「西洋の強国にどう対処するか？」というのは最大のテーマでした。そのテーマに協力してくれない隣国を批判したうえで、筆者は次のように結論づけます。「**東アジアと付き合うのではなく、西洋文明の一員として歩むべきだ**」。

このあたりが、賛否両論に分かれるポイントでしょう。

もともと当時の日本では「アジアで協力して、西洋に対抗しよう」という意見が盛んでした。そのため、日本は中国・朝鮮といった隣国にも協力を呼び掛けています。ところが、かたくなにいままでの体制にこだわり続ける中国と朝鮮は、日本の言うことに耳を貸しませんでした。

日本の外交が次第に行き詰まっていくなか、国内では政府への批判が高まっていきました。主な原因は、薩摩や長州といった「特定の地方出身者」が政権を独占していたことです。武力による反乱や政治運動が激化しますが、政府は弾圧によって反対派を押さえつけ、近代化にいっそう力を入れていくことを決めます。

これによって近代化は進み、日本は瞬く間に西洋化していきました。しかし、アジアの古い体制を維持しようとする中国や朝鮮との溝は深まる一方です。そんな状況で書かれたのが、この「脱亜論」だったのです。

ところで、この手厳しい文章を書いた人物は誰なのでしょうか？　**筆者は、慶應義塾を開き、『学問のすゝめ』の著者としても知られる「福沢諭吉」という説が有力**です。

福沢諭吉は19歳のときに初めて蘭学に触れ、西洋のさまざまな知識を吸収しました。やがて蘭学の先生として有名になると、学者仲間の協力で幕府の「西洋使節団」に入り込みます。西洋を自分の目で確かめにいったのです。

福沢諭吉は、ヨーロッパでの文明の進歩や、アメリカの平等な社会、香港でのイギリス文化に衝撃を受け、西洋文明の発展と残酷さを実感しました。これを機に、**日本の近代化の必要性を強く感じ、日本人の意識改革に力を注ぐようになった**のです。

🌐 欧米列強の影響力

福沢諭吉が本当に伝えたかったことを理解するためには、当時の世界情勢の全体像をもう少し知る必要があります。脱亜論では「中国と朝鮮の植民地化」を予言していましたが、実際はどのような状況だったのでしょうか?

じつは、すでに江戸時代には西洋のアジア支配が進んでいました。18世紀になると、今度はイギリスが東南アジアに進出します。まずインドの支配を固めると、19世紀には中国に到達し、香港を支配下に治めました。さらに、インドと香港を船で安全に行き来できるように、船の通り道にあたる「ペナン」「マラッカ」「シンガポール」といった地域も支配します。

こうした**植民地化に拍車をかけたのは、ヨーロッパで起きた「産業革命」**です。産業革命でモノが大量生産できるようになると、その原材料の仕入れ先と商品の売り先がさらに必要になりました。そこで西洋の国は、植民地を取り合うようになったのです。アジアでいえば、**日本をはじめとするほんの数か国を除いて、ほとんどの国がヨーロッパの支配下に置かれたほどです。**

こうした西洋の進出を前に、アジアの大国である中国も歯が立ちません。それを象徴する

欧米列強のアジア進出（19世紀半ば頃）

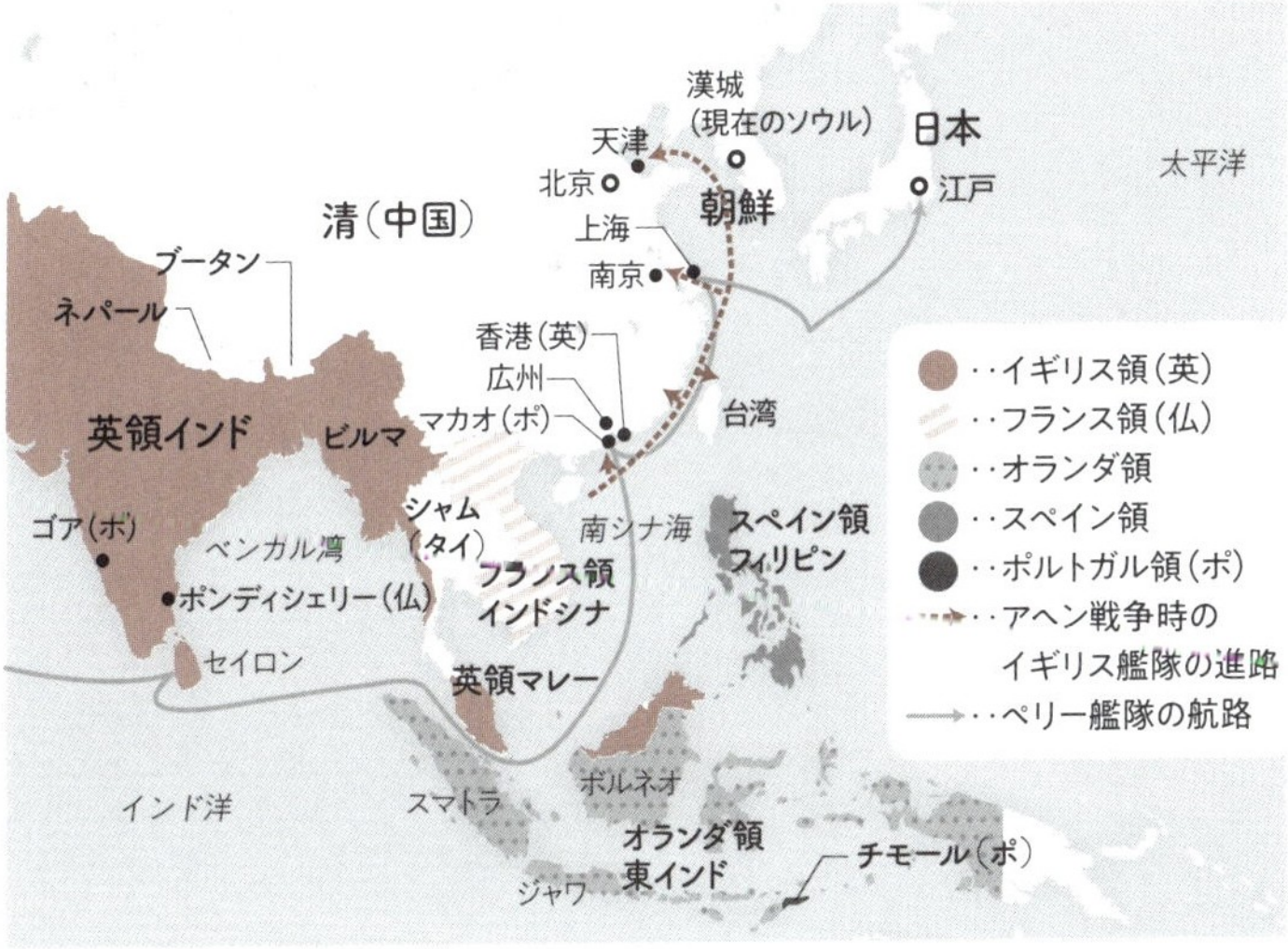

のが、**1840年に中国とイギリスのあいだで起きた「アヘン戦争」**です。

当時、イギリスは自らの国の利益のために「アヘン」という麻薬を中国で売りさばいていました。中国ではアヘン中毒者が蔓《まん》延《えん》して社会問題となります。この状況をまずいと思った中国は、アヘンを没収して処分しました。ところが、イギリスは言いがかりをつけて戦争を始めたのです。

戦いの結果はイギリスの圧勝に終わり、この戦争以降、中国は西洋の言いなりとなります。

これが、明治以前のアジア情勢です。では、西洋がアジアを呑み込んでいく中、日本はどのような状況だったのでしょうか？

江戸時代の日本は鎖国政策を取り、中国のようにアジアの習慣を維持しながら西洋との交流を制限していました。ただ、西洋の中でもオランダとだけは貿易をしており、そこから海外の情報はしっかり仕入れています。当時のアジアの状況を知った日本は「西洋の文明を学ぶ必要がある」という危機感を強めました。**福沢諭吉も学んだ「蘭学」**が、**まさにそれ**です。

しかし、日本全体としては儒学にもとづく古い体制を維持しようという方針だったので、相変わらず鎖国は続きました。**そこへやって来たのが「黒船」**です。

植民地競争に出遅れていたアメリカは、挽回するために中国を狙っていて、その拠点として日本を利用したいと考えていました。軍事力を背景に「開国」を迫るペリーに対し、アヘン戦争での欧米の脅威を知る幕府は、開国を断ることができません。

アメリカの有無を言わせぬ交渉に屈し、ついに日本は開国を決断します。開国によって日本は急激な変化の時代に入っていきます。

西洋に抱いた危機感

開国した日本は、新しい国のあり方を探り出します。「まずは相手を知るべきだ」と、幕府は開国から十数年のあいだに、7回にわたって西洋へと使節団を派遣します。福沢諭吉が行動力を発揮して潜り込んだ、あの使節団です。そこには幕府や地方の藩から数百人あまりが参加し、持ち帰られた情報は明治の近代化に活用されました。

一つ問題だったのが、**幕府は古い体制を維持していく方針だった**ことです。このすれ違いの結果、幕府の権威を守るために弾圧が始まり、今度はその報復として幕府の要人が暗殺される事件が起きました。

こうして日本は、幕末の動乱へと突入していきます。内戦状態に陥った日本ですが、この混乱があったからこそ内側から古い体制が壊れていったのです。

その後、明治維新を迎えると、日本は西洋の進んだ文明をどんどん吸収し、庶民の生活も大きく変化します。その裏で、西洋を理解すればするほど「その強大な力にはとても対抗できない」という密《ひそ》かな危機感も強まります。

「国を変えよう」と立ち上がった人々

そこで日本では「古い付き合いのある、中国や朝鮮と連携しなければ」と、アジアとの協

19世紀末の朝鮮をめぐる情勢

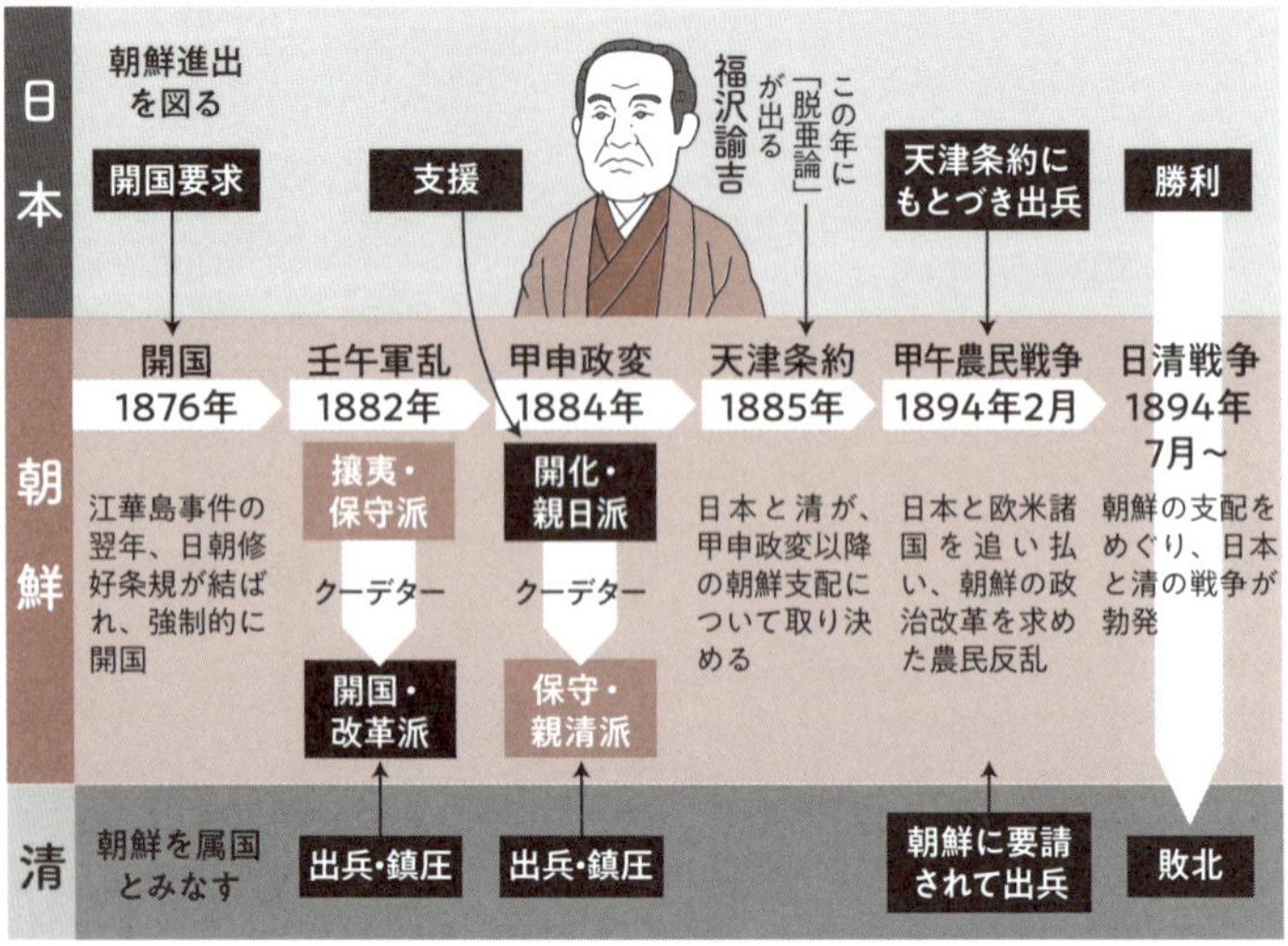

力が主張されるようになるのです。ところが、**中国と朝鮮は近代化を拒み、儒教にもとづくアジアの古い体制を維持しようとしました。**なんとか国を変えようと立ち上がる人も現れるものの、古い勢力があまりに強くてなかなか前に進みません。

朝鮮で立ち上がった人たちは福沢諭吉を頼り、「留学生」として慶應義塾を訪れることもありました。このとき、福沢諭吉は留学生たちを歓迎し、惜しみなく協力します。「日本を変えた維新が朝鮮でも起こる！」と期待したのかもしれません。

そうして、その後朝鮮へ戻った留学生たちは、政権交代を目指して「クーデター」を起こします。ところが、そこへ中国の邪魔が入り、計画はことごとく失敗に終わります。留学生たちはおろか家族や親戚の子どもまで容赦なく処刑されてしまったのです。これが1884（明治17）年の甲申《こうしん》政変です。

「脱亜論」が発表されたのは、この事件の翌年のことです。「植民地化の脅威にさらされ続けるのに、なぜ過去にしがみつくのか？」という福沢諭吉の嘆きと、殺された教え子への想いが、「脱亜論」の厳しさに出たのかもしれません。

「脱亜論」で福沢諭吉が本当に伝えたかったことはなんでしょうか？　それは「西洋化することで、アジアを抜け出して他国を見下したい」ということではなく、「国が生き残るためには時代錯誤から抜け出そう」という思いだったのではないでしょうか。

学びのポイント

- 「脱亜論」では、日本は東アジアではなく西洋文明の一員として歩むべきだとしました。過激な内容が賛否の渦を巻き起こします。
- 明治以前のアジアでは、日本を除く多くの国が西洋の国々にどんどん植民地化されていきました。アジアの大国である中国も、歯が立ちませんでした。
- 「脱亜論」の筆者といわれる福沢諭吉は西洋使節団の一員として世界を見て、日本の近代化の必要性を強く感じていました。
- 現代日本もまた、時代に適応するために、福沢諭吉のように考え、行動することが求められています。

13

厚木飛行場に降り立った、連合国軍最高司令官マッカーサー。

第二次世界大戦の敗戦で、日本はどう変わったか？

第二次世界大戦に敗れた日本は、アメリカのＧＨＱのもとで、非軍事化・民主化が進められました。

これ大事！

- ＧＨＱは非軍事化と民主化を進めた
- 新憲法がつくられ、国民主権が確立
- 冷戦下、日本は共産主義の防波堤に

GHQの占領政策

日本は第二次世界大戦で敗れました。このときに戦勝国からいろいろな条件をつけられています。私たちの生活は、その条件に合わせてつくられたといっても過言ではありません。世界大戦の終結後、日本をこれからどう占領していくのか、その条件を調整していたのが「GHQ」と呼ばれる組織です。日本語での正式名称は「連合国軍最高司令官総司令部」といいます。GHQは日本国民に直接指示を出す「直接統治」ではなく、**日本のトップに対して指示を出す「間接統治」を行いました。**「間接統治」であれば、表向きは日本政府が指示を出しているように見えるので混乱が起きにくく、GHQが表立って批判を受ける心配が少ないため都合がよかったのです。

では、GHQはどのような政策で日本を占領・支配していったのでしょうか。GHQには大きく二つの目標がありました。それは「非軍事化」と「民主化」です。

「非軍事化」というのは文字どおり、**日本から軍隊をなくし、二度と戦争をできないようにするというもの**です。GHQは軍事関係施設や軍需工場を破壊するとともに、陸軍、海軍を解散させました。しかし、GHQはそれだけでは不十分と考えました。直接争うのは陸軍や

アメリカの日本占領政策とは？

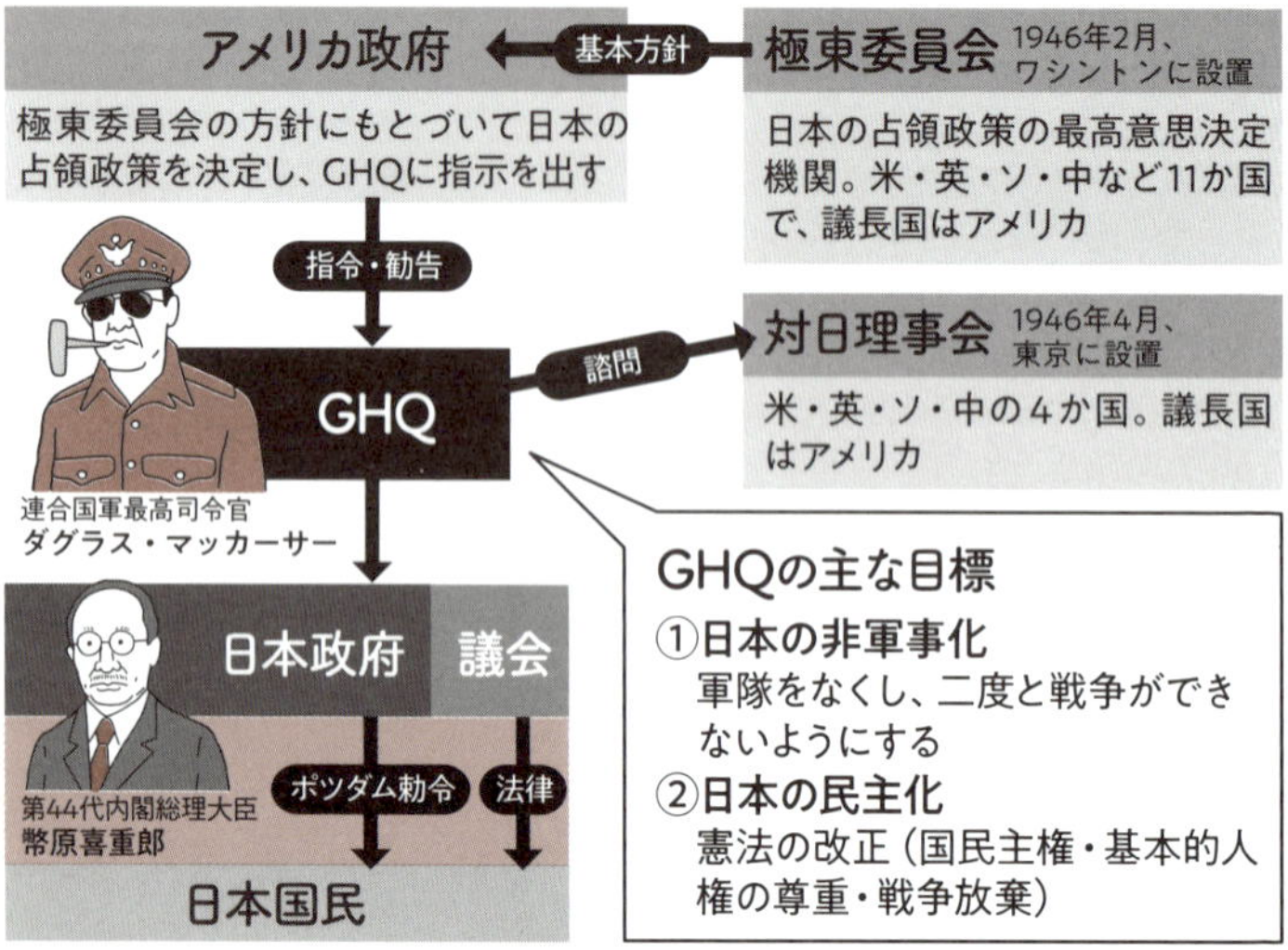

海軍といった軍隊ですが、その軍隊を支える構造に問題があると目をつけたのです。

たとえば、**「財閥解体」もその一環として行われました。**財閥は非常に大きな力を持った企業グループのことで、莫大な資金と多岐にわたる企業を経営し、戦闘機なども製造していました。あまりにも強大な財力を持っていたため、政府の決定にまで影響をおよぼしていたのです。

ＧＨＱは日本の民主化のため、体制面だけでなく精神面の改革も行いました。その一環として着手したのが「国家神道の解体」です。

国家神道は「日本は神の国」という考え方で、天皇を現人神《あらひとがみ》とみなしていました。

GHQは昭和天皇に「人間宣言」をさせ、天皇の神格化を否定しました。これは、「神の国だから戦争に負けない」という考えを払拭《ふっしょく》し、特攻隊のような極端な戦意を抑制するためでもありました。

GHQの民主化政策

GHQの占領政策のもう一つの目的が「民主化」です。

民主化のためにGHQが指示したのは「憲法改正」でした。戦前の日本の憲法は「大日本帝国憲法」です。この憲法は天皇の権力が非常に強く、事情があれば国民の権利を無視することもできてしまいました。

実際、大日本帝国憲法下での言論統制は、他国に比べて厳しいものでした。そこでGHQは、日本に完全な民主主義をつくるために憲法を改正するよう指示したのです。この憲法改正には、重要なポイントが三つありました。

一つ目は、「国民主権」です。それまで天皇は「現人神」であり、かつ「天皇主権」であったため、天皇が非常に強い力を持っていました。しかし、これは国民が「自分たちのリーダーは自分たちで決める」という民主主義の基本原則から外れていました。このためＧＨＱは、天皇に集まっている権力をなくすように指示したのです。こうして、日本の政治は国民によって選ばれたリーダーが、国民の意見をもとにして行う体制になりました。

二つ目は「基本的人権の尊重」です。基本的人権とは、人間が人間らしく生きるために必要な権利のこと。表現の自由や教育を受ける権利といったさまざまな権利が含まれています。これらの権利は「大日本帝国憲法」でもある程度は保証されていましたが、「法律の範囲内において」という条件つきのものでした。そのため、戦争時のような緊急事態において、国はいくらでも基本的人権を侵害できる状態にありました。そこで初めて、基本的人権は「侵すことのできない永久の権利」として保障されるようになったのです。

三つ目が「戦争放棄」です。この条項は、国が戦争を起こすことや、武力で脅したり使ったりして国際的な問題を解決することを永久にやめると定めています。また、陸・海・空軍などの軍隊を持たず、国として戦う権利も認めないとしています。

この条項は、第二次世界大戦の悲惨な経験から生まれ、日本が再び戦争をする国にならないようにする役割を果たしてきました。ただし、その意味や使い方については、**自衛隊が存在することや他国を守るために戦うことができるかなど、いろいろな議論がいまも続いています。**

共産主義と資本主義の「冷戦」

しかし、ほどなくしてアメリカの政策方針が大きく変わります。その理由は、第一次世界大戦後に起こった「冷戦」です。アメリカとソ連がそれぞれ他の国を自分たちの仲間にして影響力を強めていきました。

資本主義陣営のアメリカは「マーシャル・プラン」を計画します。マーシャル・プランは、戦争で荒廃した西ヨーロッパを復興するために多額の資金援助をするというものです。その援助により、**西ヨーロッパの国々を資本主義陣営の仲間に引き込んでいきます。**

共産主義陣営も負けじと、**もともと影響力のあった東ヨーロッパの国々を仲間に引き込みました。**また、共産主義陣営は**中国、朝鮮半島、日本が存在する東アジアに目をつけました。**

当時の中国では、中国共産党と中国国民党が内戦を行っていました（72ページ）。そこでソ連は、毛沢東率いる中国共産党側を支援します。そして、中国共産党が勝利すると「中華人民共和国」が建国されました。共産主義陣営には、中国という大きな仲間が加わったのです。

この流れは、アメリカにとってよくありません。そこで目をつけたのが日本です。

アメリカは日本を資本主義陣営の仲間にしようと考えました。狙いは、**日本を東アジアに**

「東西冷戦」の構図

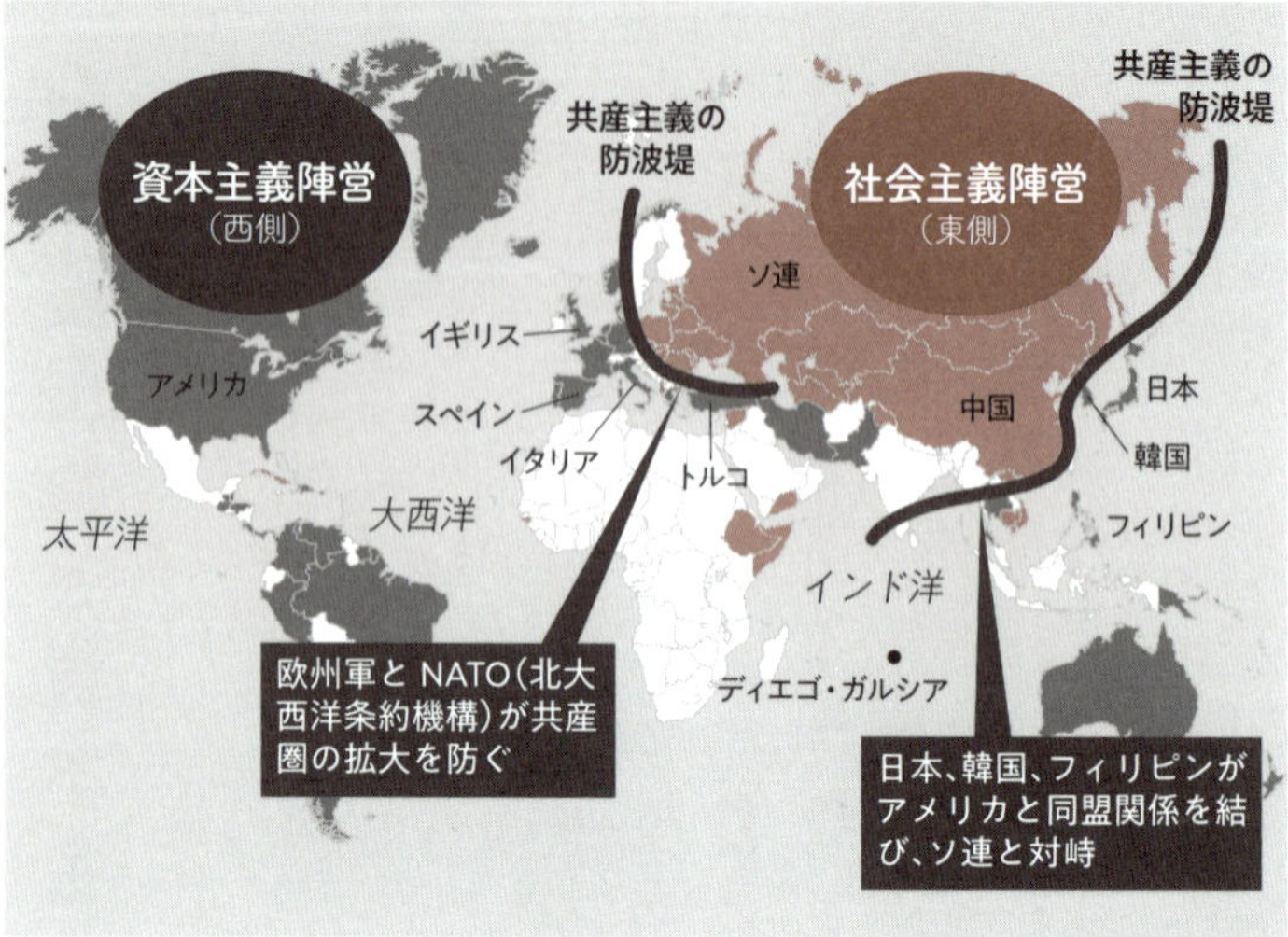

おける**「共産主義の防波堤」とすること**です。このアメリカの方針転換こそが、戦後の日本の行く末を決める転換点となりました。

アメリカによる財政金融引き締め

第二次世界大戦後の日本は、過去に類を見ないほど経済が混乱していました。その大きな原因の一つが「お金の増やしすぎ」です。

戦争に負けた日本は、戦争中にいろいろな国や人から借りていたお金を返す当てがなくなり、多くの借金が残ってしまいました。

そこで、その借金を返すためにお金を発行している日本銀行にたくさんお金を発行してもらうことにしました。しかし、**生産能力が低下している中で、大量にお金を発行したため、強烈なインフレが起きてしまった**のです。

加えて「復興金融金庫」という組織もつくられました。「復興金融金庫」は、戦後の復興のために重要な鉄鋼業や石炭業の企業を中心に、たくさんお金を貸し出しました。これにより、さらに市場に出回るお金が増え、インフレが加速していったのです。

ここでアメリカは、財政金融引き締め政策を実施します。すると日本のインフレは終息し、円の相場も安定しました。こうして**日本は国際市場に復帰できるようになり、大きな経済成長へとつなげられた**のです。

しかし、急すぎる改革には当然、反動のダメージもありました。インフレから一転して今度はデフレが発生してしまったのです。出回るお金が減ったことで資金不足になり、失業や倒産が相次いだことによって一時的に不安定な社会情勢にもなりました。

地政学
歴史
宗教
経済

「日米安保」に込められた思惑

「財閥解体」に関しても方針転換がありました。

そもそも財閥解体は、財閥が強大な権力を握り戦争に加担したとしてＧＨＱが解体を指示したものでした。しかし、アメリカは日本を資本主義陣営の同盟国に、そして共産主義の防波堤にしようとしています。加えて朝鮮戦争が起きたことで、多くの物資が必要となりました。

こういった状況が重なったことで、**「財閥解体」を行うよりもむしろ財閥の権力をある程度残したうえで、日本経済の発展や共産主義との戦いに利用するという選択肢を選んだ**のです。

実際、日本は朝鮮戦争において、物資の支援や前線基地として文字どおり「共産主義の防波堤」として大きな役割を果たしました。

アメリカはこの戦争で日本の戦略的価値を再確認し、日本を資本主義陣営の一員としてすぐにでも国際復帰させたいと考えるようになります。そして１９５１年、「サンフランシスコ平和会議」において日本は48か国と講和条約を結び、ついに主権を回復。アメリカ率いるＧＨＱからの占領も終了しました。

ただし、講和条約と同時にアメリカと結ばれた条約がありました。それが「日米安全保障条約」です。これによりアメリカ軍の日本駐留は継続されることになりました。この駐留はもちろん「同盟国としてアメリカが日本を守る」という意味合いもありますが、それと同時に「東アジアの共産主義に対抗するために」という思惑もあったのです。

国際復帰を果たした日本は急速に経済成長を遂げ、GDP（国内総生産）ではアメリカに次いで世界第2位にまで上り詰めました。すべてはアメリカが見込んだとおり、資本主義陣営の同盟国として、共産主義の防波堤として大きな役割を果たしたといえるのかもしれません。

学びのポイント

- GHQは「直接統治」ではなく「間接統治」を採用しました。政府を表に出すことで占領下の混乱を抑える狙いがありました。
- 「非軍事化」のため財閥や国家神道にもメスが入りました。これがいまの日本の経済や価値観にも影響をおよぼしています。
- 新しい憲法では「戦争放棄」も定められました。しかし、いまも自衛隊や集団自衛権について議論が行われています。
- 冷戦中、日本は資本主義の防波堤に組み込まれました。これが、経済成長と国際社会への復帰に大きな影響を与えました。

14

トルコに対するデモでクルドの旗を振るクルド人たち。

「クルド人」とはいったい何者か？

最近、日本でも報じられることが増えた「クルド人」。
世界に3000万人もいながら
彼らはなぜ自分たちの「国」を持てないのでしょうか。

これ大事！

- クルド人は世界に離散して「国を持たない最大民族」となった
- 「クルディスタン」は五つの国にまたがっている
- クルド人は各地で迫害の対象に

イスラム世界最高の英雄

中東には「クルディスタン」という地域があり、クルド人が多く住んでいます。しかし、世界地図で探してみてもクルディスタンという国名はありません。それもそのはず、**国のような名称ですが、正式な国ではありません。**昔からクルド人が住んでいる地域がそう呼ばれているのです。

クルディスタンの範囲は、トルコ・シリア・イラク・イラン・アルメニアと、多くの国にまたがっています。そして、その人口も3000万人にのぼるとされていることから、**「国を持たない最大民族」とも呼ばれています。**しかし、彼らはなぜ国を持たないのでしょうか。そもそもクルド人とは何者なのでしょうか。

高校時代に世界史の授業を受けていれば、有名なクルド人について習っているはずです。その人物は「イスラム世界最高の英雄」とも呼ばれ、1187年、ヨーロッパの手にあったイスラム教第三の聖地エルサレムをイスラム教徒のもとに奪還しました。彼は敵に対しても公正・寛大に振る舞ったとされていて、さまざまな逸話や美談から映画やドラマの主役にもなりました。

彼の名はサラディン。知られていないようでいて、じつは歴史に名を刻んでいるクルド人です。では、彼らが誕生したのはいつ頃でしょうか？

諸説ある起源

トルコ南東には、ヴァン湖という大きな湖があります。その広さはなんと琵琶湖の約5・5倍です。水面は標高1640メートルにあり、一帯は険しい山岳地帯です。

クルディスタンという地域はそのヴァン湖の周辺、トルコ南東の高原地帯からシリア東部、イラク北部やイラン北西部にまたがる地域です。**クルド人のほとんどは厳しい山岳地帯に住み、大昔から農牧を生業としています。**

じつは、**クルド人の起源は諸説あり、「これだ」と断定することはできない**ようです。アラビア語で書かれた古典文献に登場するのはだいたい7～8世紀頃で、7世紀前半はイスラム教の教祖であるムハンマドがアラビア半島を統一した時代です。

アラビア語で書かれた文献にはクルド人がたびたび登場します。しかし、そのイメージはけっしていいものではありません。

「クルド人」はどこに住んでいるのか？

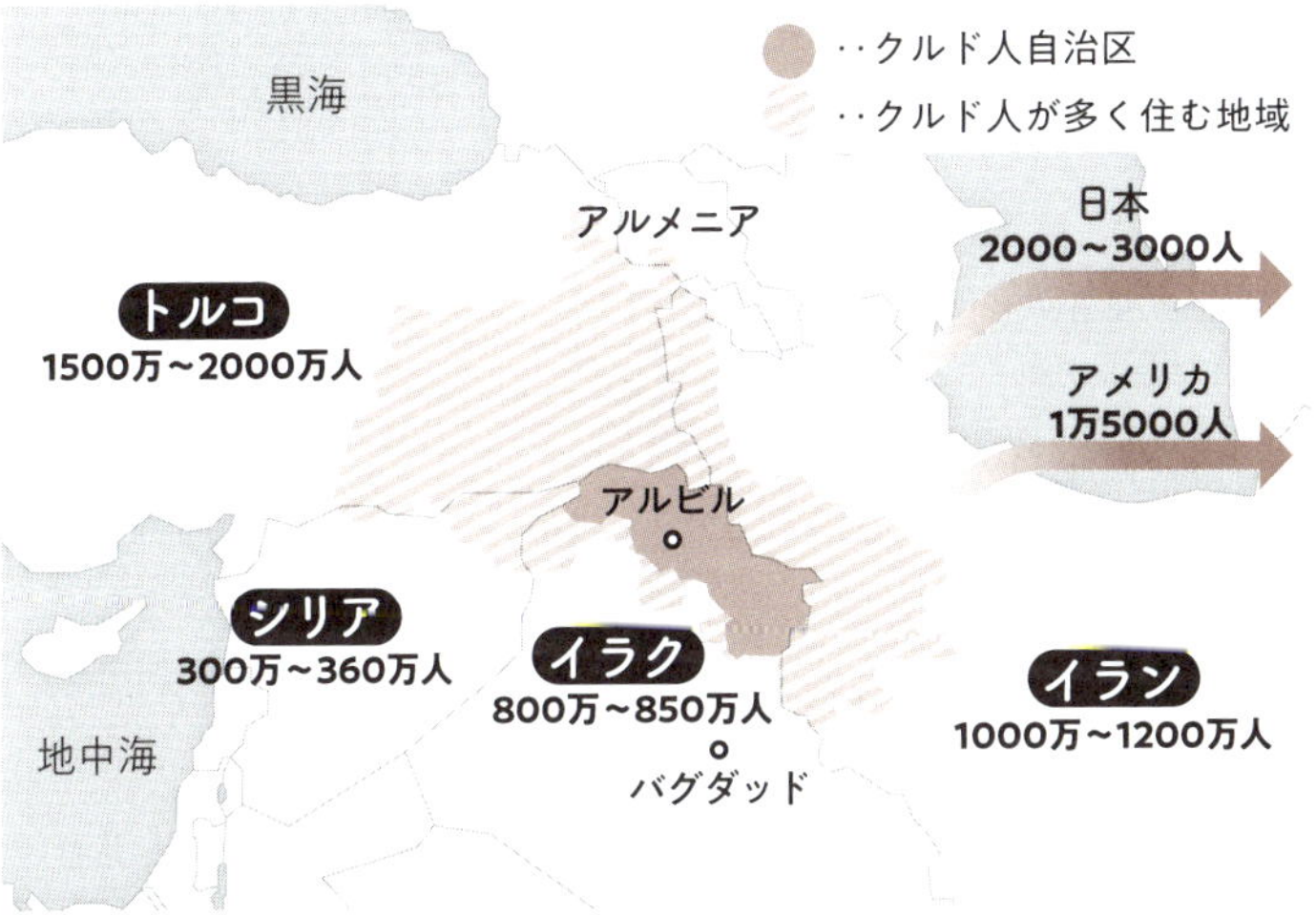

出所：英BBC、クルド・パリ研究所の推計などをもとに作成

たとえば、イスラム教の聖典である『クルアーン』には「激しい力を持った民」という記述があり、これがクルドのことを指しているのではないかと考える学者もいます。アラブ人からすると、クルド人は自分たちとは違う存在だと見ていたのでしょう。

分断されたクルド人居住地

クルド人が暮らす「クルディスタン」は、**歴史的にオスマン帝国とイラン王朝の支配領域の狭間に位置する地域**でした。16世紀初頭、オスマン帝国と当時のイランの王朝は、コーカサスから東アナトリア、クルディスタンおよびイラクをめぐって争っていました。とはいえ、初期の頃はいまと違い、明確な国境は存在しなかったはずです。おそらくクルド人たちも、比較的自由に境界を飛び越えて生活を送っていたと考えられます。

しかし、これがずっと続くことはありませんでした。「国と国の境目はきっちりと分けるべきだ」という価値観が、世界中に少しずつ浸透していきます。

17世紀以降、線での国境が引かれるようになり、国は領域内の国民の管理を求められるようになります。**オスマン帝国とイランの王朝の狭間に暮らすクルド人は、いまのような「国境」で分断されてしまった**のです。この出来事こそ、クルド人が国を持つことのできない大元の原因でしょう。クルド人は二つの大国の勝手な取り決めによって、無理やり住む場所を決められてしまいました。広範囲の山岳地域が、そのままクルディスタンとして独立することは難しくなったのです。

オスマン帝国で起きていたこと

分断された後のクルド人はどうなったのでしょうか。じつはこの後が重要で、いまに至るクルド人問題の発端となる出来事が起こりました。

時は第一次世界大戦後、場所はオスマン帝国、いまのトルコです。ここでクルド人に独立のチャンスが訪れました。

クルド人に何があったのかを見ていく前に、オスマン帝国に何が起こったのかを知っておく必要があります。

1918年にオスマン帝国が第一次世界大戦に敗れたことで、1920年には事実上の帝国解体ともいえる「セーヴル条約」が結ばれました。この条約の締結を拒否しようと立ち上がったのが「ムスタファ・ケマル」を中心とする組織です。

ムスタファ・ケマルはオスマン帝国軍の将軍でした。ケマルたちは新政府を立ち上げると、頼りない皇帝に代わり、国を守るために戦い始めます。

自分のことしか考えない皇帝と、国を想うケマルたち。もちろん、国民に支持されたのはケマルたちです。

ケマルたちは、トルコに攻め込んできたギリシャ軍を打ち破ります。すると、それを見た諸外国は「皇帝よりケマルと話をするべきだ」と考えました。

ケマルはこの交渉を有利に進めてセーヴル条約を破棄し、1923年に「ローザンヌ条約」

を締結します。**これにより、現在のトルコの国土保持に成功した**というわけです。

実現しなかった独立の夢

ここまでが、オスマン帝国の崩壊からトルコ共和国建国までのあらましです。これを、クルド人視点で見てみるとどうなるでしょうか？

まずオスマン帝国の皇帝が連合軍と結んだ「セーヴル条約」では、オスマン帝国領はアナトリアのごく一部が残されるだけとなりました。注目したいのが、クルディスタンについてです。

この条約では、オスマン帝国支配下にあったクルド地域のごく一部ではありますが、その自治が認められました。しかも、**クルディスタンは1年以内に住民の過半数が希望すれば、トルコから独立できる**というものでした。

もしセーヴル条約が守られていれば、クルディスタンは独立していたかもしれません。しかし、ムスタファ・ケマルが立ち上がり、国を守るために戦った結果、セーヴル条約は守られることなく破棄され、**ローザンヌ条約が締結されたことで、クルドの独立は無効になってしまった**のです。こうして、クルド人にとって念願だった独立は、果たされることがありま

セーヴル条約で決められた「トルコ分割案」

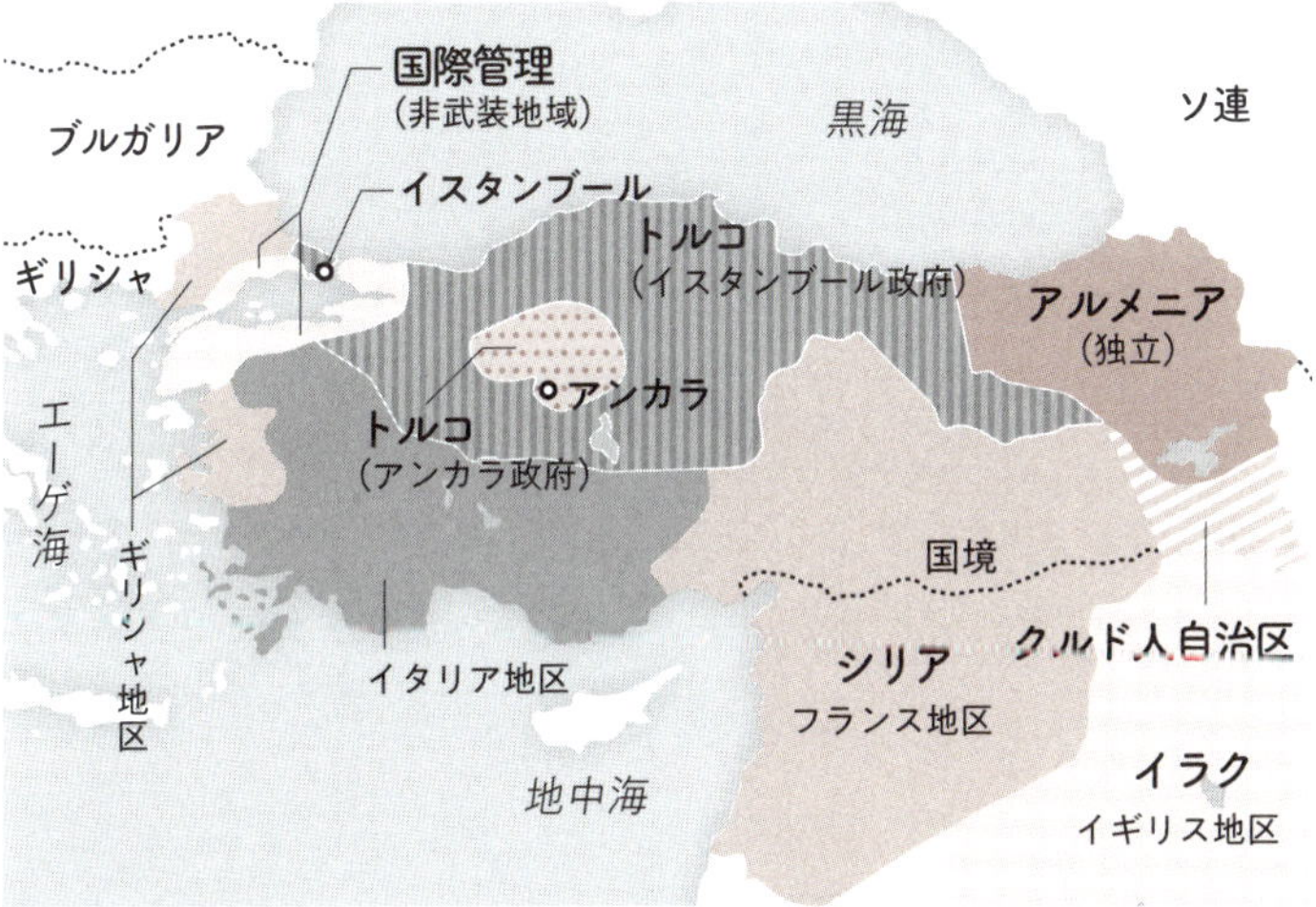

出所：『中東現代史Ⅰ』（山川出版社）の地図をもとに作成

せんでした。

さて、トルコは同時にクルド人に対して「トルコ化」を推し進めました。

たとえば、クルド語の教育や出版・放送は禁止、法廷や役所などの公的な場でのクルド語も禁止。クルド語が由来の地名がトルコ語の地名に変えられました。挙句の果てにはクルド人は「母国語を忘れた山岳トルコ人」というレッテルさえ貼られてしまいます。

トルコは、自国にクルド人が存在している跡を消し去ろうとしました。なぜなら、**トルコは西洋のように国民が一つにまとまった力強い国を目指していたから**です。「イギリス人の国イギリス」「フランス人の国フランス」のようなイメージで……。そのためには、クルド人の存在や歴史は、トルコという新しい国づくりをする状況においては都合の悪いものだったのです。

迫害されるトルコのクルド人たち

クルド人は、トルコ・シリア・イラク・イラン・アルメニアを中心に世界各地で暮らしています。それぞれの国でクルド人は問題を抱えていますが、やはりいちばんトラブルが起こっているのはトルコです。

世界各国にいるクルド人の半数は、トルコに住んでいるといわれています。先ほど述べたとおり、トルコは近代化を進める中でクルド人に同化を迫ってきました。それに反発するクルド人の中からクルディスタン労働者党（ＰＫＫ）が生まれています。**この組織は、トルコにとって最大の脅威であり続けています。**

トルコ政府とＰＫＫは、１９８４年から30年以上にわたって戦闘を続けてきました。犠牲者の数は戦闘に巻き込まれた一般人を含め、なんと4万人以上とされています。トルコ政府とＰＫＫの和平にはまだまだ時間がかかることでしょう。

これは、私たちにとっても他人事ではありません。争いから逃れるためにと、難民となっているクルド人がたくさん存在しているからです。

埼玉県南部の蕨《わらび》市や川口市一帯には、約2000人ものクルド人が暮らしているといわれています。在日クルド人が多く住むこの地域を、**彼らの故郷「クルディスタン」にかけて「ワラビスタン」と呼ぶ人もいます。**

クルド人問題は、もはや中東だけの問題ではありません。私たちの暮らす日本では、事実上の移民政策が進められつつあります。だからこそ、私たちの住む日本がどうなるのか、どうするべきなのかを考えていかなければなりません。

学びのポイント

- クルド人は広範な地域にまたがる民族ですが、一方で、国を持たないために各地でトラブルが絶えません。
- クルディスタンは複数の国に分断されました。このことがクルド人独立を困難なものにしています。
- トルコはクルド人の痕跡を消そうとしました。これは、国民国家を目指すトルコにとって都合が悪かったからです。
- いま、日本では事実上の移民政策が行われています。だからこそ、クルド人問題は避けては通れない問題なのです。

ロスチャイルド家のフランスの分家が建てたパリの邸宅。

15

ロスチャイルド家——その歴史と影響力の秘密

莫大な資産を築き、かつては世界経済を動かすほどの絶大な影響力を誇っていたといわれる「ロスチャイルド家」。ゲットーから始まる華麗なる一族の歴史を紹介します。

これ大事！

- 一族の基礎を築いたマイヤーはゲットー生まれ
- 5人の息子たちは各国で成功を収めた
- 19世紀はまさに栄光の時代

フランクフルトのゲットーで

「ロスチャイルド家」と聞くと、「華麗なる一族」というイメージを抱くかもしれません。公表されてはいませんが、その総資産は莫大なものだといわれています。そのうえ、世界を股にかけるネットワークで、この世の中を牛耳っているとさえいわれます。ロスチャイルド家は、世界情勢や経済を学ぶうえでも欠かすことのできない存在です。

18世紀後半の神聖ローマ帝国、いまのドイツ・フランクフルトに「ゲットー」と呼ばれるユダヤ人強制居住区がありました。そこに住んでいたのが、マイヤー・アムシェル・ロスチャイルドという名の青年です。

この時代、ユダヤ人は差別の対象とされており、一般的なユダヤ人は住む場所さえ自由に選ぶことができませんでした。そんな劣悪な環境の中から、ロスチャイルド家の物語はスタートします。

マイヤーが始めたのは「古銭商」でした。彼は小さい頃から歴史や語学の勉強をしていたこともあり、他の人がなんとも思わない古いお金に価値があると気がつきます。安い値段で大量の古銭を買っては、豊富な知識と巧みな言葉でそれを売り込んでいきました。

マイヤーのすぐれた商才はドイツ貴族の目にも留まりました。名門貴族ヴィルヘルムはマイヤーの能力を買って、お金の管理を任せます。強制居住区で細々と暮らしていた1人の青年が、努力と行動力で社会的に認められるようになった瞬間でした。

物語はここで終わりません。マイヤーに5人の息子が生まれました。上からアムシェル、ザロモン、ネイサン、カール、ジェームズです。**マイヤーはこの5人に商売を手伝わせながら金融知識を教え、彼らをヨーロッパ各地で働かせました。**

フランクフルトの本家は長男のアムシュルが引き継ぎ、次男のザロモンはウィーン、三男ネイサンはロンドン、四男カールはナポリ、五男ジェームズはパリでそれぞれ金融業を営みます。

彼らが赴《おもむ》いた都市は、当時世界を代表する都市です。つまり、**ヨーロッパ全土を舞台に莫大な利益を上げる構想を考えた**のです。

ナポレオン戦争で大儲け

5人兄弟の中で特に成果を出し、「金融王」と呼ばれたのが三男のネイサンです。

ロスチャイルド家の年表

1744年	マイヤーがフランクフルトに生まれる
1760年代	マイヤーがフランクフルトで金融業を始める
1769年	マイヤーが宮廷ユダヤ人に任命される
1790年代	マイヤーの5人の息子が家業に加わり始める
1798年	三男ネイサンがイギリスに移住
1811年	ネイサンがN・M・ロスチャイルド&サンズを創業
1812年	マイヤー死去
1815年	ワーテルローの戦いにおける情報網活用で巨額の利益を得る
1822年	ロスチャイルド家全員に、オーストリア帝国から男爵位が授与される
1854年	クリミア戦争でロシアと戦うイギリス・フランス・トルコを金銭面で支援
1875年	イギリスのスエズ運河株買収に資金提供
1917年	ロスチャイルド家の支援を受けてバルフォア宣言が発表される
1929年	ロンドン地下鉄の拡張計画に融資

マイヤー

当時のドイツは綿製品の品薄状態が深刻化しており、それに目をつけたネイサンはイギリスのマンチェスターにすぐさま飛び立ちました。マンチェスターは繊維産業都市で、大量の綿製品が手に入る場所だったからです。

ネイサンは、綿製品を安値で大量に買いつけ、それをドイツに戻って高値で売りさばきました。彼はこの綿製品の取引で巨万の富を獲得。その資金をもとに、次は金融業に手を広げます。

その後、**ネイサンは金融都市であるロンドンに移って「N・Mロスチャイルド&サンズ」を設立**しました。N・Mロスチャイルド&サンズは現在も存在する投資銀行で、世界40か国以上に事業所がある世界的大企業です。

さて、当時はナポレオン率いるフランスがヨーロッパ中で圧倒的な力を持っていた時代です。結局、ナポレオンはイギリスに敗れてヨーロッパを手中に収めることはできませんでしたが、じつはこの裏で動いていたのがロスチャイルド家だったといわれています。

ヨーロッパ大陸のほとんどを征服する勢力を持つナポレオン軍は唯一対抗していたイギリスを苦しめようと考えます。

1806年、ナポレオンは「大陸封鎖令」を出すことにしました。大陸封鎖令とは、ヨーロッパ各国に対して出されたもので、「イギリスとの貿易をいっさい禁止しなさい」というものです。

この政策によって、ヨーロッパ各国のコーヒーや砂糖・たばこ・綿製品の価格が暴騰《ぼうとう》しました。なぜなら、それらの製品のほとんどがイギリスとその植民地で生産されていたからです。

大陸封鎖令に多くの人たちが不満の声を上げる中、ロスチャイルド家だけはこれを大きなチャンスととらえました。**ヨーロッパ中に張りめぐらせていた独自のネットワークを駆使すれば、物資を大量に仕入れることも、売りさばくこともできる**と考えたからです。イギリスにいる三男のネイサンが中心となり、他の兄弟と連携をとりながら物資を売りさばくことで、結果的に莫大な利益を得ることに成功します。

ロスチャイルド家はそのお金を使い、フランスの敵国に軍資金を送ったりもしていました。ナポレオンの気づかないところでロスチャイルド家が暗躍していたのです。これはナポレオン戦争の終結である「ワーテルローの戦い」まで続きます。ワーテルローの戦いは、フランスがイギリスに敗北した歴史的な出来事です。

このとき、ネイサンは独自のネットワークからイギリスが勝利したことを国内で誰よりも早く知ります。普通なら「イギリスが勝てばイギリス国債は上がる」と予想して買うところですが、**あえてネイサンは国債を大量に売りに出しました。**すると、「あのネイサンが売ったのだから、イギリスは負けたに違いない！」と、他の投資家たちはイギリス国債を一気に売りに出したのです。

ネイサンは、**混乱によって国債の価格が安くなったところを見計らい、今度はイギリス国債を大量に買い戻しました。**少し経ってからイギリス勝利の報道が広まると、イギリス国債の価格は急騰します。

他の投資家が損をする中で、ネイサンは独り勝ちをして莫大な利益を得ました。この逸話

ヨーロッパに散らばった5人の息子たち

は「ネイサンの逆売り」として現代まで語り継がれています。

栄光の時代

19世紀はまさに、ロスチャイルド家栄光の時代でした。

マイヤーから分かれた5家は、ヨーロッパの主要都市で莫大な金額を稼ぎ、次第にヨーロッパにある銀行そのものまで支配するほどの大きな影響力を持つようになりました。

長男アムシェルはフランクフルトの本店を守り、次男ザロモンはウィーンでハプスブルク家から多大な信頼を得ます。三男ネイサンは先ほどの大活躍がありますし、四男カールもナポリで金融業者として存在感を示しました。五男のジェームズもパリを本拠地として鉄道事業に着手すると、これが大成功し「鉄道王」と呼ばれるようになりました。

こうして、5人それぞれが成功を収め、お互いに助け合うことで、他を寄せつけない圧倒的な金融業者として成り上がったのです。

帝国主義の弊害

ロスチャイルド家の強みは、国境を越えて利益を出せるところにありました。しかし、19世紀末から始まる「帝国主義」が悪影響をおよぼします。

帝国主義では、自分の国の領土拡大を目指して、他の国を侵略します。ヨーロッパの国々が帝国主義国家として自分たちの植民地を求めるようになると、自国の利益を何よりも重視し、そのためには戦争もいとわないようになりました。

しかし、ロスチャイルド家が最も重視していたのは家族のつながりでした。ロスチャイルド家は世界中にありますから、その分家同士が対立する構造が生まれてしまったのです。

結局、第二次世界大戦が終わる頃にはロンドン家とパリ家しか残っていませんでした。戦後のロスチャイルド家の復興は、ロンドン家とパリ家を中心に行われます。

世界に与える影響力

ロスチャイルド家は世界大戦の影響で力を失いました。しかし、それは〝最盛期の19世紀に比べると〟という話です。**現在もロスチャイルド家の影響力は絶大で、多くの事業を展開しています。**たとえば、**ロスチャイルド家は有名な金融関連グループを三つ営んでいます。**

一つ目が、スイスに本拠地を置く金融グループ「エドモン・ドゥ・ロスチャイルド・グループ」です。傘下にある企業は、世界中の富裕層向けに金融サービスを行ったり、フランスを中心にワイナリーを営んだりしています。ちなみに、高級ワインには「ロートシルト」という名称がついていますが、これはロスチャイルドという意味です。

二つ目が、「ロスチャイルド&カンパニー」です。ロンドン家とパリ家が共同所有する金融持株会社で、投資銀行業務やプライベート・バンキングなどを行っています。世界40か国で約3600人の金融プロフェッショナルを擁《よう》す世界最大級の独立系金融グループです。

三つ目が、「RITキャピタル・パートナーズ」です。ロンドンに本拠地があり、世界中の会社に投資をしています。RITという名称の投資信託がありますが、それはこのRITキャピタル・パートナーズが運営している商品なのです。

ロスチャイルド家にまつわる噂話はたくさんあります。たとえば、「ロスチャイルド家が世界の中央銀行に影響をおよぼしている」「世界的大企業のバックにはロスチャイルド家がいる」、さらには「ロスチャイルド家は世界の富の80％を所有している」というものまであります。

いずれも、本当のところはわかりません。それでもロスチャイルド家の物語は今後も、多くの人たちの関心を集め続けることでしょう。

学びのポイント

- マイヤーは小さい頃から歴史などを学んでいました。だからこそ、他の人が気にも留めない「モノの価値」に気がついたのです。
- マイヤーは5人の息子をヨーロッパ各国に配置しました。彼らが連携することで、ロスチャイルド家は莫大な利益を得ることに成功しました。
- ロスチャイルド家は国よりも家族のつながりを重視しました。しかし、帝国主義によって分家同士の関係に亀裂が生じました。
- ロスチャイルド家はかつての絶大な影響力は失いましたが、現代も金融を中心に世界に多大な影響をおよぼしています。

16

ロックフェラー家――アメリカで最も裕福な家族の物語

スタンダード・オイルやシティグループなど、名だたる米企業の創始者となったロックフェラー家。アメリカの政治・経済に多大な影響を与えた一族の歴史とは。

これ大事！

- 「スタンダード・オイル」が大成功
- アメリカのGDP約1%の財産を獲得
- 教会に収入の10分の1の寄付を続けた

ジョン・D・ロックフェラーが建設したロックフェラー・センター。

ジョン・D・ロックフェラー誕生

現在、最もポピュラーに使われているエネルギーといえば「石油」でしょう。石油は、19世紀後半にその利用方法が理解されるようになると、次々と油田が開発され、世界の主要エネルギーになりました。

当時のアメリカで、この石油にいち早く目を付け、石油事業で財をなした1人の若者がいました。**のちに「石油王」と呼ばれ、1代で世界有数の大富豪となったその男の名前は、「ジョン・D・ロックフェラー」**といいます。

世界最大の財閥と評されるロックフェラー家の繁栄は、のちにアメリカ一の大富豪となるこの「石油王」の成り上がりから始まったのです。

ジョン・D・ロックフェラーは、1839年にニューヨーク州の小さな村で生まれました。その家庭環境は少し変わったものだったといわれています。

「植物の医者」を自称し、怪しげな健康食品や薬を売って生計を立てていた父親ビルは、家庭を顧みないだらしない男でした。頻繁《ひんぱん》に家を空け、放浪癖のある父親のおかげで、一家は常に貧しい生活を送ります。

しかし、父親としては頼りない男でしたが、セールスマンとして商品を売るその姿はジョンに大きな影響を与えました。

一方、ジョンの母親は敬虔《けいけん》なクリスチャンでした。母親はジョンに『聖書』を基本とした多くの教えを与えます。こうした教育が影響し、**ジョンは生涯を通して奉仕活動や慈善寄付を積極的に行うようになった**のです。

また、家を頻繁に空けることの多かった父親の代わりに、母親が子どもたちの世話からお金の管理までを行っていました。ジョンは彼女から「倹約」というとても大切なことを学びました。

常日頃から儲けることを考えていた父親と、キリスト教の教えを大切にし、倹約しながら辛抱強く生きた母親。まったく反対の考えを持つ2人のあいだで育ったジョンはその後、**ビジネスと奉仕の両面で世界に多大な影響をおよぼす大成功者へと成り上がります。**

アメリカの石油王に

1855年、アメリカの先住民族が薬のために使っていた「黒色の液体」について、ある

ロックフェラー家の年表

ジョン・D・ロックフェラー

1862年	ジョン・D・ロックフェラーが、オハイオ州クリーブランドにクラーク&ロックフェラー・アンドリウス製油所を設立
1870年	スタンダード・オイル（オハイオ・スタンダード・オイル）設立。これが近代産業としての石油事業の始まりとされている
1872年	この年までにクリーブランドの大半の製油所を合併、アメリカの全精製能力の4分の1を手中に収める
1873年	東海岸の精製事業の中心地ニューヨークに買収の手を伸ばすとともに、南部の有力販売会社も傘下に収める。販売シェアを米国全体の3分の1にまで拡大
1881年	原油採掘を開始する
1882年	各地のグループ会社がスタンダード・オイル・トラストを結成。全米石油業の90%、世界原油の62%を支配する
1888年	スタンダード・オイル・トラストが、イギリスにアングロ・アメリカン石油を設立
1890年	反トラスト法が制定され、独占に対する法的規制が強化される
1892年	オハイオ州最高裁が、スタンダード・オイル・トラストを独占と認定し、解散を命令。同トラストは「スタンダード・オイル連合」に変容する
1911年	反トラスト法により、スタンダード・オイル連合が解散し、33社に分裂する

発見がなされました。

この**黒色の液体とは、採掘されたばかりの「石油」のこと**で、これを精製してランプ用の油に利用したところよく燃えることがわかったのです。

石油の正しい利用方法が発見されると、アメリカ各地で油田の発掘調査が盛んに行われるようになりました。数年後にはペンシルベニア州で、世界で初めて石油を人工的に掘り当てることに成功します。

国内が石油フィーバーに湧く中、その将来的な価値にいち早く気がつき、ビジネスを始めようとしたのがジョン・D・ロックフェラーです。

ジョンが興味を持ったのは、石油の探査

や掘削ではなく石油精製でした。

探査や掘削は当たれば大きな利益を得られますが、そのぶんリスクも大きくなります。一方、精製会社は石油が集まる場所なので、小さいリスクで大きな利益を得られるというわけです。

ジョンは1865年に自身の石油精製会社を設立すると、70年に「スタンダード・オイル」へと名称を変えました。

この**スタンダード・オイルの躍進こそ、ジョンが「石油王」と呼ばれたゆえんであり、ロックフェラー家を語るうえで最も重大な出来事**なのです。

ところが、スタンダード・オイルは同業他社、ひいてはアメリカ政府にとって恐怖の存在でした。

スタンダード・オイルは事業が軌道に乗り高品質のサービスが提供できるようになると、それより劣った会社を吸収することで勢力を拡大させていきました。また、石油の卸売業者や販売代理店などの仲介業者を排除することで、市場に流通する石油価格までもコントロールしようとします。

このように、競合他社を蹴落とし買収を繰り返すうちに、設立からわずか十数年で**アメリ**

カ石油産業の約90％を支配するほどの影響力を持つようになったのです。

こうした状況を危険視したアメリカ政府は、スタンダード・オイルの解体に乗り出しました。

これは簡単にはいかず裁判にまでもつれ込みますが、結局、最高裁判所の判決によりスタンダード・オイルは30社以上の子会社に分割されることになりました。

しかし、スタンダード・オイルが解体されたかといって、その力が失われたかというとまったくそういうわけではありません。

会社が分裂したことでスタンダード・オイル自体の規模は小さくなりましたが、子会社はスタンダード・オイルの力を受け継ぎます。

子会社の株価が急騰し、ジョンの資産は5倍以上にも膨れ上がりました。ジョンは最も多いとき、**アメリカのＧＤＰ（国内総生産）の約１％という桁違いの財産を手に入れた**といわれています。

現在でも世界的石油会社に「エクソンモービル」「シェブロン」といった会社がありますが、これらはスタンダード・オイルが分裂してできた会社です。

このように、いまなお存在感を示し続けているジョン・Ｄ・ロックフェラーは、アメリカ産業史においてまさに「石油王」と呼ばれるにふさわしい人物なのです。

そして世界一の「慈善家」になった

ジョンは「石油王」とは別に**「慈善家」という一面も持ち合わせていました。**ここからはジョンのもう一つの顔について見ていきましょう。

彼は幼い頃、母親からいくつかの約束を守るように教えられていました。なかでも**「収入の10分の1を教会に寄付すること」**は、ジョンが実業家として成功し、どれだけ莫大な利益を手に入れてもやり続けました。収入の10分の1というと漠然とした数字に思えますが、アメリカ随一の富豪である彼の寄付額は相当なものだったといわれています。

ジョンの慈善活動が社会にどのような影響をもたらしたのか、三つの事例を紹介します。

まず、**1890年のシカゴ大学の創設**です。ジョンの土地や莫大な額の資金提供がなされたこの大学は、現在世界で最も評価の高い教育機関の一つに数えられています。ノーベル賞受賞者を多数輩出しており、化学・物理・経済などさまざまな分野で世界最先端の研究が行われています。

次は、**1901年のロックフェラー医学研究所の設立**です。ロックフェラー医学研究所はアメリカで最初の生物医学研究施設で、感染症や公衆衛生の研究を行う目的で設立されまし

ロックフェラー家の慈善活動

1890年 シカゴ大学の創設

莫大な資金を資金を投入して、1890年に設立。これまで関係者からのノーベル賞受賞者は100人以上にのぼる。ジョンは生涯に20を超える総合大学を支援した

ノーベル賞受賞者の経済学者ミルトン・フリードマンなども卒業生

1901年 ロックフェラー医学研究所の創設

感染症や公衆衛生の研究を行う目的でニューヨークに設立。1965年に教育の機能も受け持つことになり、ロックフェラー大学と名称を変えた。これまで関係者から20人以上を超えるノーベル賞受賞者を輩出している

野口英世は、同研究所で1904年から研究に従事した

1913年 ロックフェラー財団の創設

人類の福祉の増進、教育を目的に設立。多くの大学、研究所に寄付を行っており、世界で最も影響力のあるNGO（非政府組織）の一つに数えられている。

他にも、ロックフェラー・センターの建設（世界恐慌中に着工し、多くの人に職を提供）、数多くの教会の建設、国立公園の設立の支援なども行っている

た。日本の野口英世もこの研究所で黄熱病や梅毒の研究をしていました。現在はロックフェラー大学と名称を変え、生物・医学分野で数々の優秀な研究者を輩出しています。

最後は、**1913年のロックフェラー財団の創設**です。ロックフェラー財団は「人類の福祉の増進と教育」を目的として創設された団体で、「世界で最も影響力のあるNGO」の一つに数えられています。ジョンはこの団体に累計1億8200万ドルの資金を提供しました。たとえば、ハーバード大学など、ロックフェラー財団から寄付を受けている組織も数多くあります。

多額の資産を保有し、ビジネスの第一線

を退いたジョンは、晩年、慈善活動に多くの時間とお金を費やしました。**子どもの頃から母親から教えられた奉仕の心を、ジョンはアメリカ産業の頂点に立ってからも忠実に守り続けた**のです。

こうした聖人としての一面と、ビジネスでの悪魔のような一面を持ち合わせたジョンへの見方はさまざまあります。しかし、社会に多大な影響をおよぼした「石油王」の功績はアメリカ国民の心に刻まれ、いまでも伝説として語り継がれています。

１９３７年、ジョンは97歳でこの世を去りました。その資産は一族が相続し、**「ロックフェラー家」はアメリカで最も裕福な一族と**なったのです。

学びのポイント

- ジョンは石油王の一面と慈善家の一面を持ち合わせています。これはジョンの幼少期の家庭環境が大きく影響しています。
- ジョンが興味を持ったのは、原油の探査ではなく石油精製でした。石油精製は小さなリスクで莫大な利益を得られると考えたのです。
- スタンダード・オイルはアメリカ石油産業の約90％を支配しました。しかし、独占状態を危険視したアメリカは解体に乗り出しました。
- ジョンは晩年、慈善活動に多くの時間を費やしました。これは幼い頃に母親から教えられた奉仕の心を守り続けたからです。

第3章

「宗教」の影響力とは何か？

世界には、じつに多様な宗教が存在しています。
アブラハムの宗教と呼ばれるユダヤ教、キリスト教、イスラム教、
日本人にも馴染み深い仏教や神道、
そしてインドを中心に信仰されているヒンドゥー教……。
主要宗教の歴史や変遷、その「教え」を紹介します！

17

ユダヤ教はいったいどんな宗教なのか？

ユダヤ教、キリスト教、イスラム教はいずれも共通の〝祖先〟を持っています。その中でも、「ユダヤ教」は最も古い宗教です。

『聖書』の律法（トーラー）を読むユダヤ教徒。

これ大事！

- 三つの宗教は共通の祖先から生まれた
- ユダヤ人は「ラビ」に学ぶ
- 『タルムード』は最も重視する書物

「アブラハムの宗教」

ユダヤ教、キリスト教、イスラム教は**共通の祖先から生まれた宗教**です。その祖先の名前はアブラハム。『旧約聖書』に出てくる預言者《よげんしゃ》です。アブラハムは神の言葉を預かり、人々を導きました。このアブラハムの息子イサクの子孫こそ、ユダヤ人です。また、息子のイシュマエルはアラブ人の祖といわれています。

前章（113ページ）では、ユダヤ教とキリスト教のつながりについて触れました。キリスト教はユダヤ教から派生した宗教であり、**信じる神は一緒**です。ユダヤ教では神の名をみだりに唱えてはいけないのですが、この神は「ヤハウェ」と呼ばれます。

イスラム教についても、同じことがいえます。イスラム教の創始者ムハンマドも同じ神から言葉を預かりました。ムハンマドもまたアブラハムと同じ預言者というわけです。

ちなみに、**イスラム教では神のことを「アッラー」と呼びます**が、これは呼び方が違うだけです。

この三つの宗教は信じる神こそ一緒ですが、重視する聖典が異なります。ユダヤ教の聖典は『聖書』です。**『聖書』はキリスト教にとっての『旧約聖書』のこと**で、ユダヤ人はその中

「アブラハムの宗教」とは?

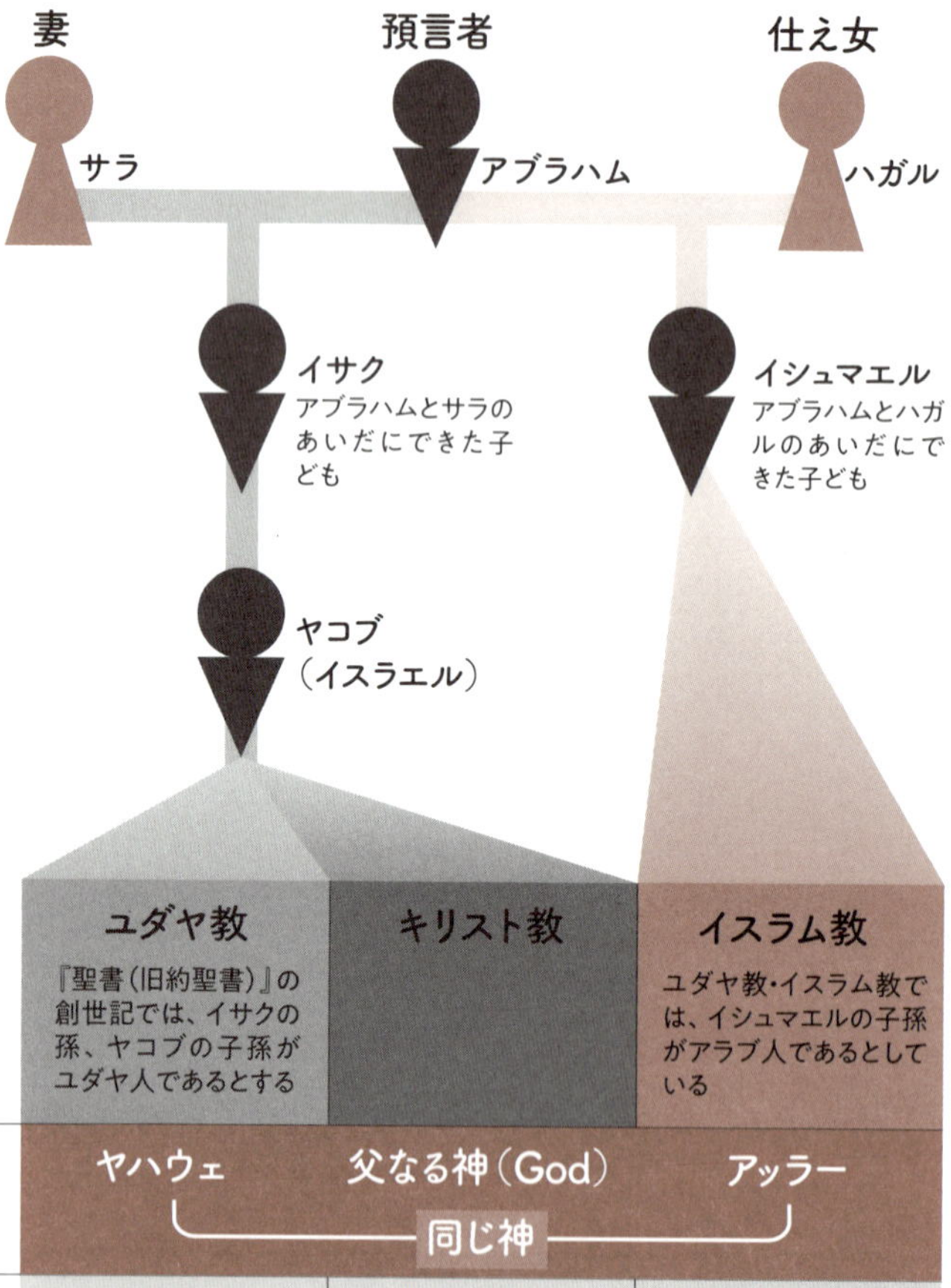

	ユダヤ教	キリスト教	イスラム教
	『聖書(旧約聖書)』の創世記では、イサクの孫、ヤコブの子孫がユダヤ人であるとする		ユダヤ教・イスラム教では、イシュマエルの子孫がアラブ人であるとしている
神	ヤハウェ	父なる神(God)	アッラー
	同じ神	同じ神	同じ神
書物	聖書(旧約聖書)	新約聖書、旧約聖書	クルアーン(聖書も重要視)
イエスは?	預言者とは認めない	預言者、神の子、または神	預言者の一人

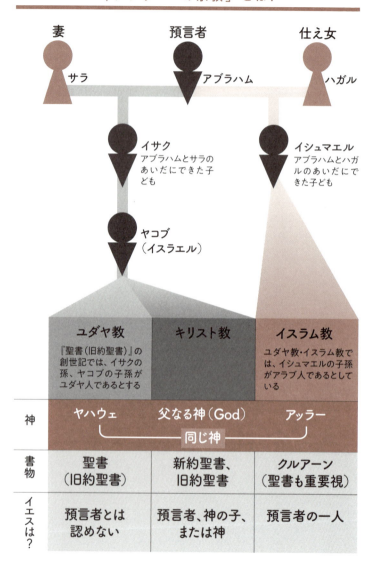

に記された「ヤハウェ」との契約である律法（トーラー）を守って生きています。

キリスト教の聖典には、『旧約聖書』と『新約聖書』があります。『新約聖書』に書かれているのは救世主イエスの教えです。キリスト教徒が重視するのが、このイエスの教えなのです。

イスラム教の聖典は**『旧約聖書』と『新約聖書』に加えて『クルアーン』があります。**『クルアーン』はムハンマドが「アッラー」から預かった言葉で、イスラム教徒が最も大切にしている教えです。

そもそもイスラム教では、「最初に神は『旧約聖書』を与えたが人々が守らなかった。そのため『新約聖書』を与えた。それでも人々は教えを守らないので、最後に『クルアーン』を与えた」と考えられています。イスラム教にとって『クルアーン』は、最も新しくて信用できる教えなのです。

学問を愛する民族「ユダヤ人」

ここからは、ユダヤ教について詳しく見ていきましょう。

ユダヤ人は幼少期から、多くの本を読みます。『聖書』をはじめとしてユダヤ教に関する本をいくつも読むことで、ユダヤ人のアイデンティティを確立していくのです。ユダヤ教徒にとって、神を信じるのは当たり前のことであり、そのうえで神の教義をどうやって実践していくかを重要視します。

教義を正しく守り、行動していくために大切な役割を果たすのが「ラビ」です。ラビはユダヤ教社会の中での指導者、つまり先生のような存在です。ユダヤ人は『聖書』を読み、その意味を「ラビ」の指導を受けながら勉強します。

ユダヤ人の教育熱の高さは、故郷を失って世界中に散ったこと（113ページ）と関係しており、『聖書』をはじめとした学習が大きな意味を持っています。国土を持たず、自分たちを守るための武器も持たないユダヤ人は、**教育の力でユダヤ教の存在や文化を守ろうとした**わけです。

ユダヤ教の格言の中にこんなものがあります。「5歳で『聖書』、10歳で『ミシュナ』、13歳で『ミツヴァ』に従い、15歳で『タルムード』を学び、18歳で結婚」。

「ミシュナ」とは、西暦200年頃につくられたユダヤ教の口伝律法集のことです。口伝律法集は、大昔から代々口から口へ伝えられてきた教えを一つの書物としてまとめたもの。初めから文字で伝えられてきた教えが『聖書』だとすると、それを補うように口で伝えられて

世界の宗教

◉主な宗教分布

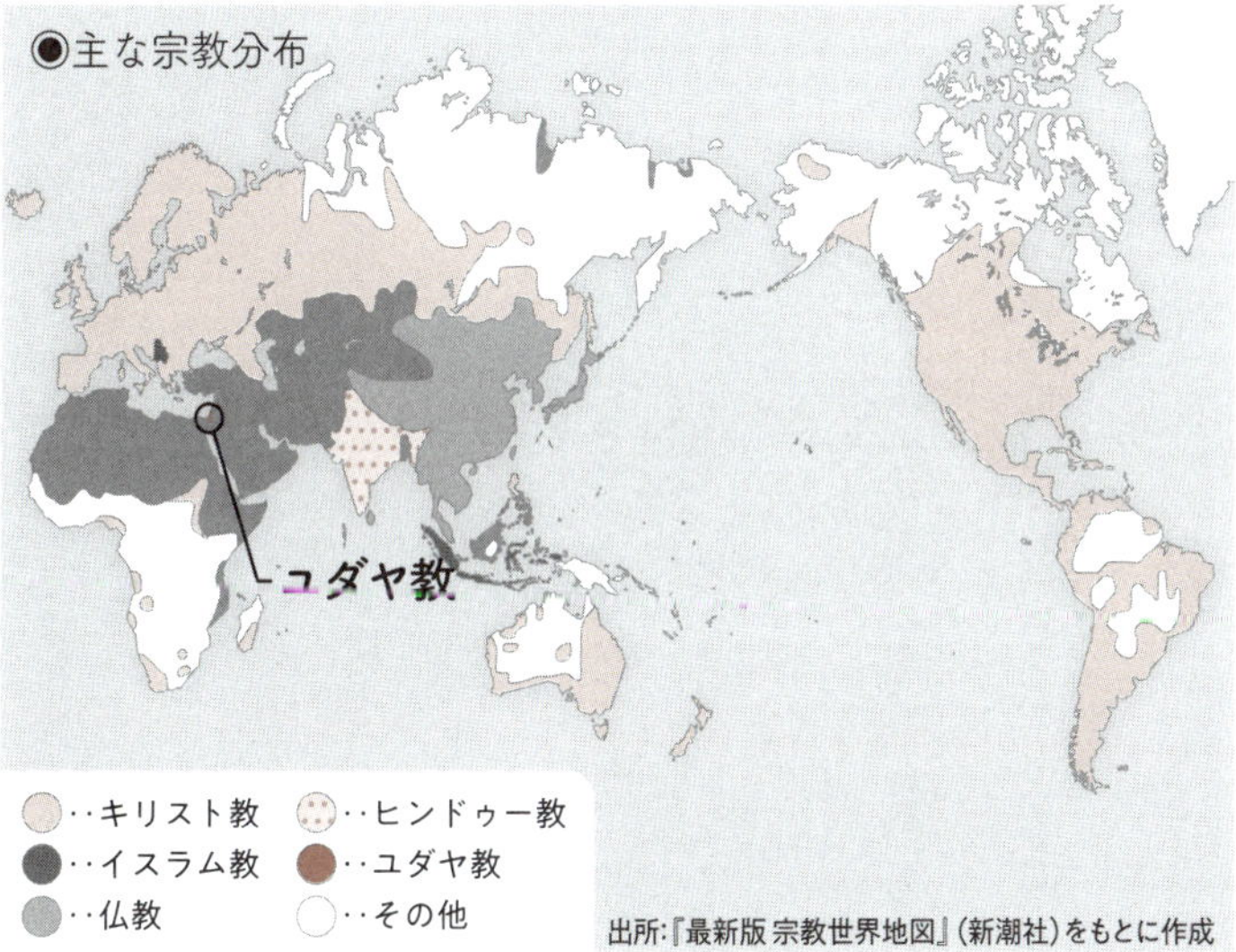

出所:『最新版 宗教世界地図』(新潮社)をもとに作成

◉宗教人口の推移

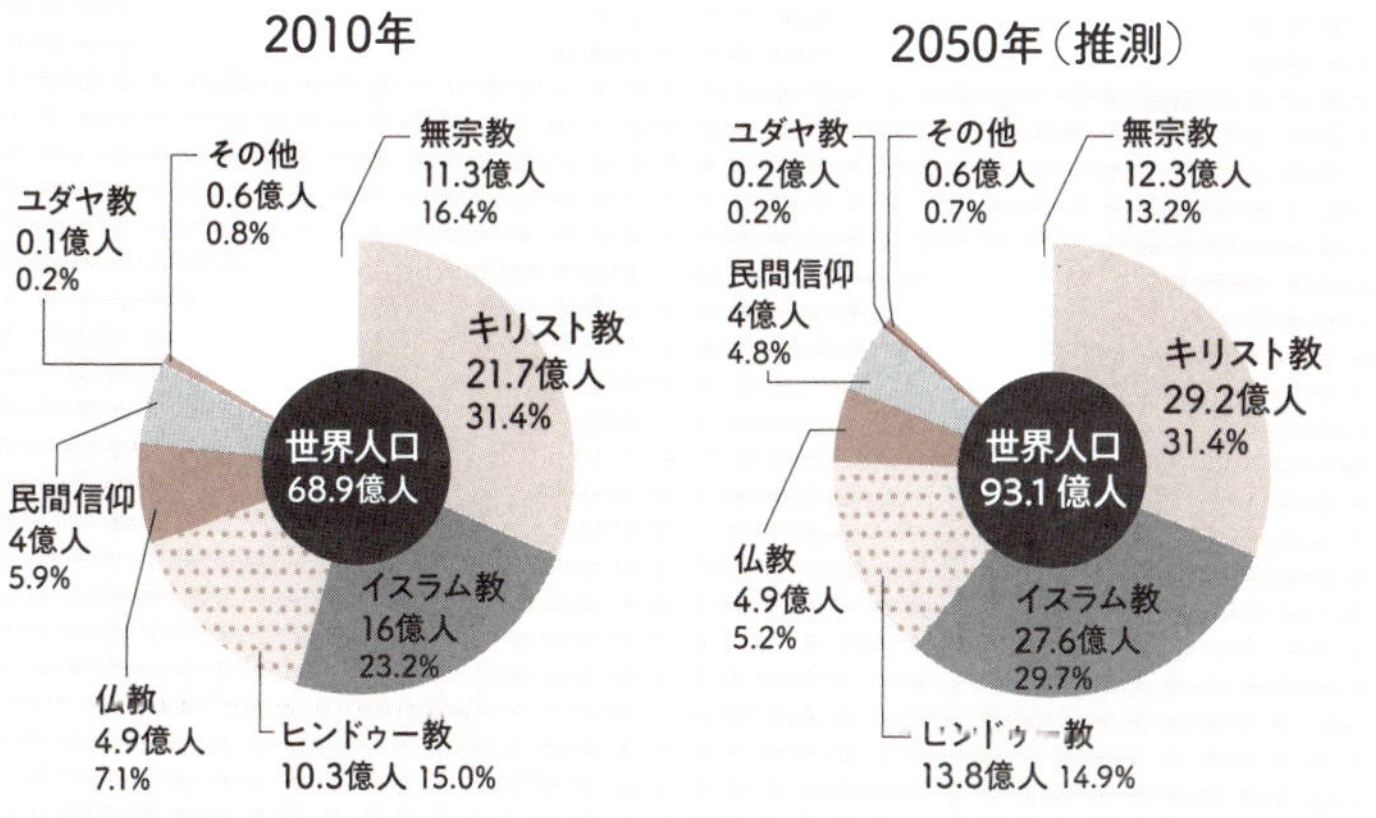

出所:Pew Research Center「The Future of World Religions: Population Growth Projections, 2010-2050」

きた教えをまとめたのが『ミシュナ』なのです。

『ミシュナ』には、「神とユダヤ人との関係」や「ユダヤ人とはどうあるべきなのか」という宗教的な教えから、社会一般のルールまで、幅広く記されています。つまり、ユダヤの社会を維持するためのマニュアルのようなものなのです。

次に**『ミツヴァ』とは、簡単に言うと「戒律」のこと**です。5歳から『聖書』の勉強、10歳から『ミシュナ』の勉強をして、13歳からは実際にユダヤ教の戒律をもとにラビの教えに従って行動しなさい、ということです。『聖書』そして『ミシュナ』が読めるようになり、ラビに従って行動することは、いわば学問の基礎にあたります。

そしていよいよ、15歳で『タルムード』を学ぶことになるのです。

偉大なる研究『タルムード』

『タルムード』は応用編です。『タルムード』を学ぶことで、ユダヤ人はすぐれた感性を持ち合わせるようになるのです。

『タルムード』はヘブライ語で〝偉大なる研究〟という意味を持ち、ユダヤ人が学問をする

にあたって最も重要視する書物です。その内容は、『聖書』や『ミシュナ』、ユダヤ教にまつわるその他の聖典の解釈をめぐる、数万人のラビたちの討論をまとめたもの。ユダヤ人5000年の生活規範が約250万字という膨大な文字数で論じられ、編集にも数百年かかったまさに「ユダヤ教の集大成」とも呼ぶべき聖典なのです。

ユダヤ人たちは、この『タルムード』をただ読むだけではなく、書かれているラビたちの討論を読んで、一つひとつの問題をあらゆる視点や角度で見ようとします。自分の頭で考えて、何が正しい答えなのかを見つけ出すことが要求されるのです。

前述したとおり、『タルムード』の内容のほぼ全編が、ラビたちの討論や対話の内容をまとめたものです。

たとえば、1人のラビが『聖書』に書かれている内容を引用して「『聖書』にはこういうことが書かれている。これはつまり、こういうことである！」と主張したとします。すると別のラビが、「いや、この内容の意味はこういうことでしょう」と反論するのです。

『聖書』や『ミシュナ』の言葉一つひとつに絶対的な正解を導くのではなく、**最後の答えを『タルムード』の読者に考えさせることが肝**なのです。

私たちのイメージしている宗教とはずいぶん違うと思いませんか？

ユダヤ教は「神の教えはこうである。つまりこういうことなのだ！」という絶対的な教えではありません。宗教家たちが聖典の意味についての考えを発表するということは他の宗教でもありますが、『タルムード』のように歴代の宗教家たちの討論を一つにまとめた例は他にありません。

『タルムード』の中に、次のような話があります。

あるラビが言いました。「バビロニアの学者は豪華な衣装を着ていますね。なぜでしょうか？」。別のラビが答えます。「彼らがたいした学者ではないからでしょう。彼らは服で人を威圧しようとしているんです」。すると、近くのラビがこれを聞いて反論しました。「いや違いますよ。彼らは移民ですよね。よそ者なんて最初は実力じゃなくて、外見で判断されるので身なりに気をつかっているんですよ」。

人は自分の町では評判で評価されるが、外の町では外見で評価されるということを論じているわけです。

他にも、ラビたちのこんな会話が載っています。

あるラビが尋ねます。「人間は、口は一つなのに、耳は二つあるのはなぜでしょうか？」。もう1人が答えます。「それは、話すより倍聞かなければいけないからです」。

こんなことも聞きます。「人間の目は、白い部分と黒い部分がありますが、どうして黒い部分から見るのでしょうか?」。もう1人が答えます。「それは、世界は暗い面から見たほうがいいからです。人間が明るい面ばかり見て楽観的にならないことを、神が戒めているのです」。

ほかにも「女はアダムの肋骨からつくられたとはどういう意味なのか?」「神は人類をなぜ最後につくったのか?」など、聖書についても論じられています。

ユダヤ人は15歳から『タルムード』を学び、自分で考えることを習慣化します。いろいろな立場の人の意見を聞いて、常に好奇心を持って新しいことを学んでいくのです。

学びのポイント

- アブラハムが預言者であることは、ユダヤ教、キリスト教、イスラム教の共通認識です。そのため、これら三つは「アブラハムの宗教」と呼ばれます。
- ユダヤ人は自分たちの土地を持てなかったため、教育の力でユダヤ教の存在や文化を守ろうとしました。
- ユダヤ教の指導者を「ラビ」と言います。ユダヤ人は、ラビから指導を受けてユダヤ教を勉強します。
- 『タルムード』は、ラビたちの討論や対話をまとめたものです。ユダヤ人は『タルムード』を考えながら読み、思考力を鍛えます。

レオナルド・ダ・ヴィンチの有名な絵画「最後の晩餐」。

18

キリスト教の成り立ちといま

イエスによって創始された「キリスト教」は、なぜユダヤ教に変わる新たな宗教として世界に浸透していったのでしょうか。

これ大事！

- イエスの教えの中心は「アガペー」
- イエスは弟子の裏切りで処刑された
- イエスの復活で信仰はさらに深まった

キリスト教の誕生

イエスは現在のイスラエルにあたる、パレスチナ地方のナザレという地域に住むマリアとヨセフの子どもとして生まれました。イエスを身ごもるとき、マリアはヨセフの身体と交わったのではなく、大天使ガブリエルからの受胎告知（子どもができたという知らせ）を受けるかたちで妊娠したとされています。

イエスが生まれた当時、パレスチナ地方はローマ帝国の支配を受けていました。そこでは、**ユダヤ教が盛んに信仰**されていました。

ユダヤ教では「律法」という宗教上の決まりを守ることが重視されていました。「決まりを守る」というと聞こえはいいのですが、当時のユダヤ教は逆に「決まりさえ守ればよい」という風潮で、「ユダヤ人だけが選ばれた人種で偉い」「道徳的な行いをしても神から救われるかどうかには関係ない」と考える人も少なくありませんでした。

イエスは、ユダヤ教のあり方に疑問を抱いていました。そこでイエスは、**洗礼者ヨハネから洗礼を受けたのちに、ユダヤ教に代わる新たな教えを布教する存在**となっていくのです。

「洗礼」というのは水による浄化で、これまでの罪深い生活を捨てて正しい信仰生活に入るとい

イエスが説いた「神の愛」

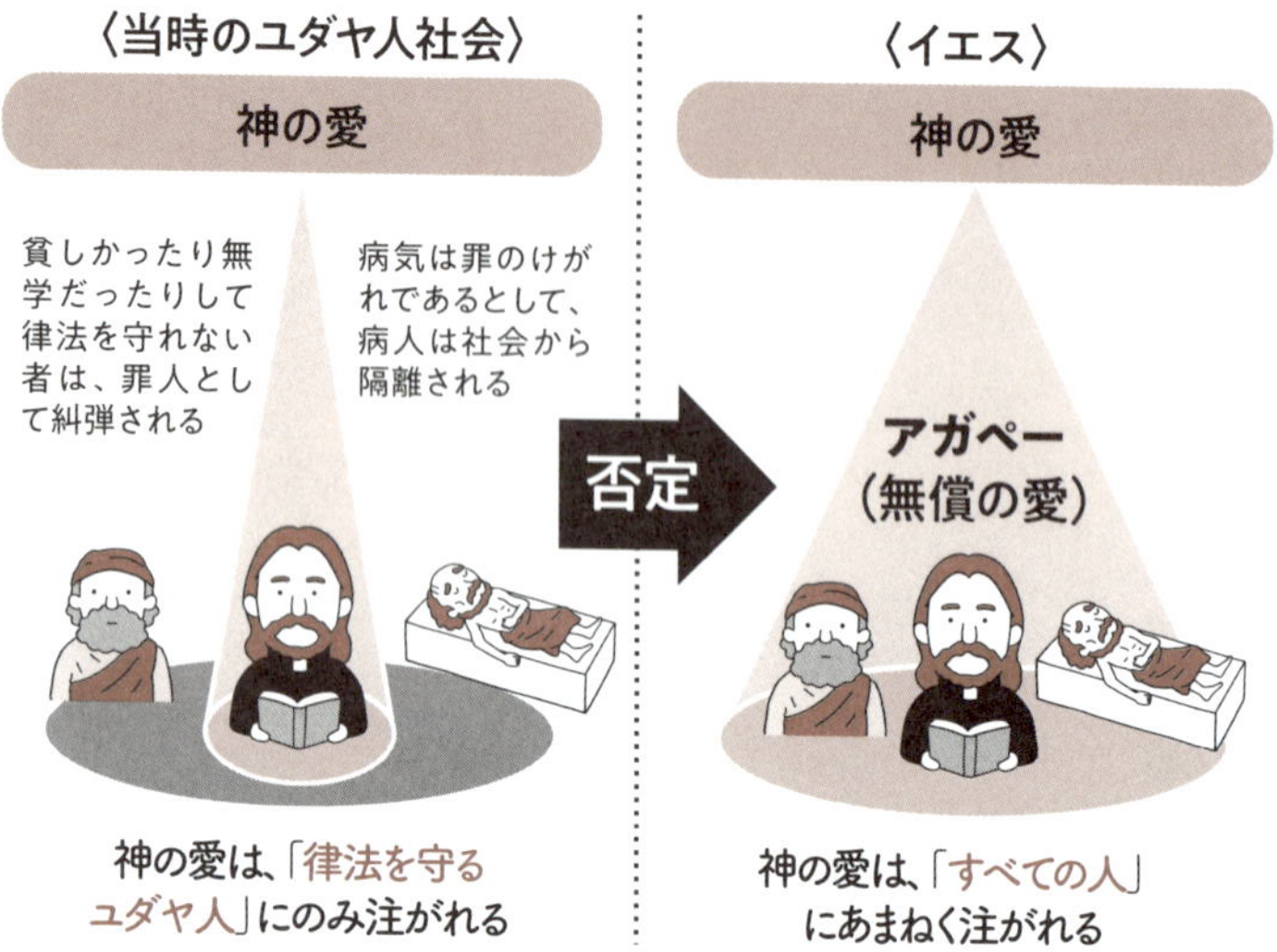
〈当時のユダヤ人社会〉
神の愛
貧しかったり無学だったりして律法を守れない者は、罪人として糾弾される
病気は罪のけがれであるとして、病人は社会から隔離される
神の愛は、「律法を守るユダヤ人」にのみ注がれる
否定
〈イエス〉
神の愛
アガペー（無償の愛）
神の愛は、「すべての人」にあまねく注がれる

う、いわゆる再生の儀式のことをいいます。

イエスがユダヤ教に代わって布教していく教えの中心となったのが、「**神の愛（アガペー）**」です。アガペーとは、罪人を含めたすべての人へ平等に注がれる愛のこと。それは、神から人々に対する無償の愛でもありました。

「無償の愛」とは、神が人類に対して愛を与えても神は何かの利益を得るわけではなく、そもそもそういった利益を求めていないという意味です。これは、当時のユダヤ教の「律法を守るユダヤ人だけが救済される」という考えとは対照的です。**この考えがのちに体系化され、キリスト教となっていきます。**

「荒野の誘惑」

洗礼を受け、神の愛アガペーを民衆に説いていこうとするイエスの前に、最初の苦難が立ちはだかります。これが、**「荒野の誘惑」と呼ばれるもの**です。荒野の誘惑とは簡単にいうと、聖霊に導かれて荒野に出たイエスが、サタン（悪魔）から誘惑を受け、その誘惑をすべてはねのけるという話です。

イエスは、荒野に出てから40日間昼も夜も断食をしていました。さすがにイエスでも、40日間何も食べずにいたのはこたえたのか、空腹を覚えてきました。

そこに、サタンがやってきてこう言います。「おまえが神の子なら、ここにある石がパンになるように命じたらどうだ」。

するとイエスは、「『人はパンだけで生きるのではない、神の口から出る一つひとつの言葉で生きる』と書いてある」と答え、その誘惑を退けます。ここでの**「書いてある」は『聖書』に書いてある」という意味**で、イエスの神に対する忠誠を表しています。

その後もサタンは「お前が神の子ならここから飛び降りてみたらどうだ」などさまざまな言葉で惑わそうとしますが、イエスは屈しません。

最後にサタンは、「ひれ伏して私を拝むならば、世の中とその繁栄のすべてをイエスに与えよう」とまで言いました。

しかしイエスは「退け、サタン。『あなたの神である主を拝み、ただ主に仕えよ』と書いてある」と答えます。こうして、サタンを退けたことで、天使たちがイエスに仕えるようになりました。

このエピソードから、主である神が絶対であり、サタンの誘いなどには決して乗らないというイエスの強い意志を感じることができます。こうしてサタンを振り払い、天使たちを仕えさせるようになったイエスは、**本格的に神の愛アガペーの教えを布教するために各地を回るようになります。**

このイエスの布教の最中には多くのエピソードがあり、そのほとんどでイエスが奇跡を起こす様子が語られています。もう治らないといわれた重い病気の人を救ったり、死者を復活させたり、水をワインに変えたり、湖の上を歩いたり……。まさに伝説的な話ばかりです。

さまざまな奇跡を起こしながら、その思想を布教していく中で、イエスを信じる者や弟子たちがどんどんと増えていきます。

そうして増えた弟子の中で、**教えを広めることを命じられたリーダーのような12人を「十二**

使徒」といいます。

イエスの処刑

ある晩、イエスがその十二使徒と夕食を食べていたときに突然、イエスは「この中に裏切り者がいる」と切り出しました。

イエスに忠誠を誓っている12人は慌てふためきながら、いったい誰が裏切り者なのかをイエスに順番に聞いていきます。そして、十二使徒の最後の1人ユダが「裏切り者は私ですか？」と聞くと、イエスは「それはあなたが言ったことだ」と答えました。ユダが敵にイエスを売り渡したことはすべてお見通しだったのです。**これが有名な「最後の晩餐《ばんさん》」のエピソード**です。レオナルド・ダ・ヴィンチが描いた絵画（182ページ）で知っている人も多いでしょう。

最後の晩餐の翌日、イエスは十字架にかけられ、はりつけの刑に処されてしまいます。しかし、このときのイエスは自分の死を恐れていない様子でした。

そもそも、ユダの裏切りにも気づいていながらユダをどうにかしようとするわけでもなく、みすみす敵に売り渡されたわけですから、何か不自然に感じますよね。しかし、じつはそれらはすべて、イエスにとって必要不可欠なものだったのです。

キリスト教には、「原罪《げんざい》」という思想があります。原罪というのは、初めての人間アダムとイブがエデンの園で禁断の果実を食べてしまったときから「神に対する根源的な罪」を背負ってしまっているという意味です。

神がアダムとイブに「果実を食べてはいけない」と言ったにもかかわらず、2人は果実を食べてしまった。それは神への重大な裏切りであり、彼らの2人の子孫、つまりすべての人間が2人と同じように神に対して罪を背負っているということです。

原罪は非常に重いもので、普通の人間に償《つぐな》えるものではありません。そこで、神の子であるイエスは自分自身が十字架にはりつけられて犠牲となることで、**他のすべての人間の原罪を許してもらおうと考えた**のです。**これを「贖罪《しょくざい》」といいます。**

つまり、イエスはわざとユダに裏切りをさせ、敵につかまり、十字架にはりつけられたのです。これはすべての人類を救うための考えでした。ここにもイエスの人々を救おうとする神の無差別で平等な愛（アガペー）が表れています。

当時のイエスの信者や使徒たちは、イエスがそのような思いで十字架にはりつけられたと

古代キリスト教の教会分布

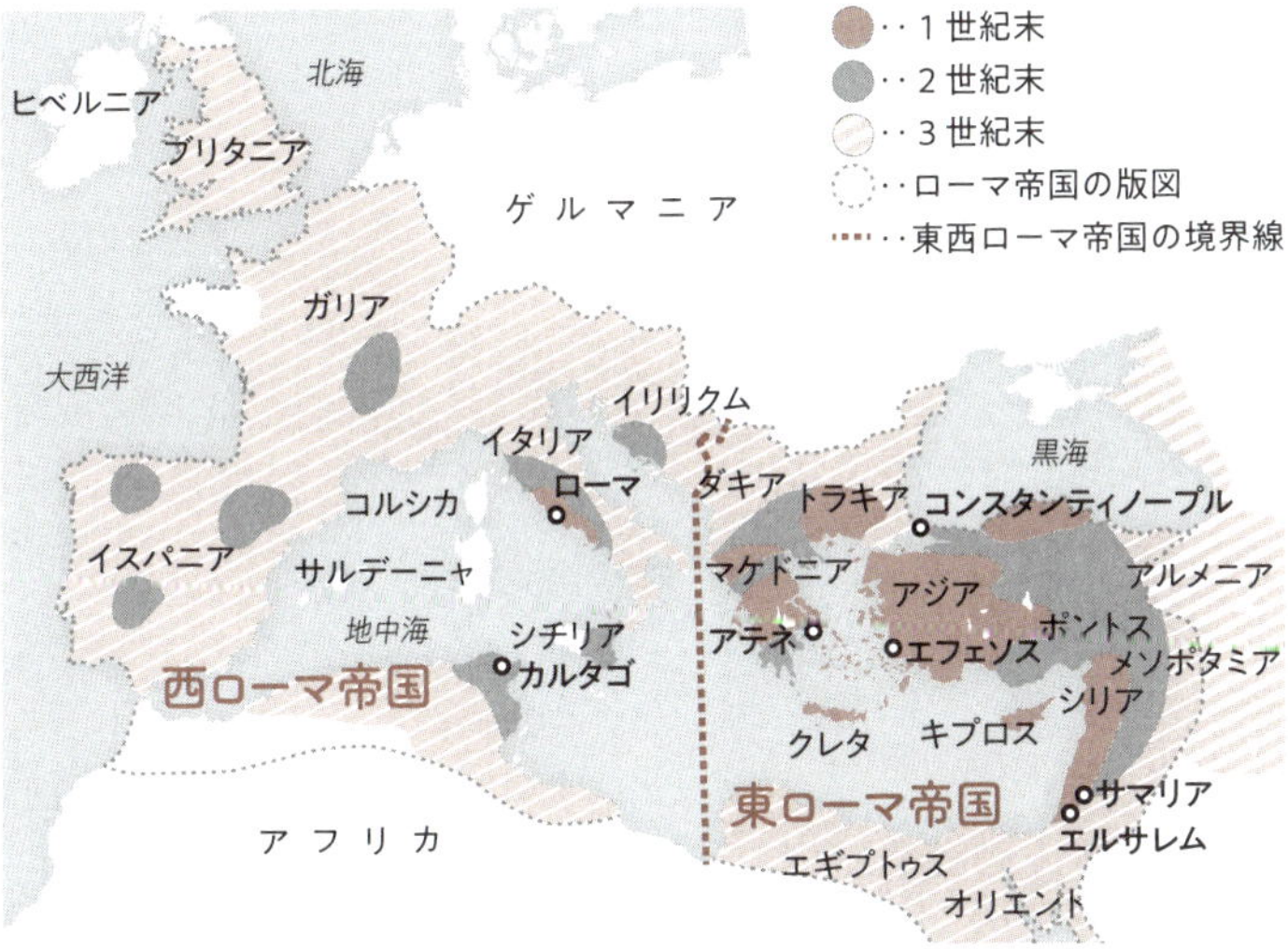

はつゆ知らず、イエスの死を前に悲しみに暮れます。ところが、処刑された日から3日経つと、なんとイエスが復活します。イエスは弟子たちの前にも姿を現しました。弟子たちは驚き、**これ以降〝イエスは神の子である〟という信仰がより強くなった**といわれています。

　復活を遂げたイエスは、自分は本当に生きているというさまざまな証拠を見せると、40日後には山に登り、天へと昇っていきました。これをイエスの「昇天」といいます。このとき、白い衣を着た神の使いが現れ、「イエスはまたお出《い》でになる」と言ったとされています。この、イエスがふたたび地上に戻ってくることを「再臨」といい、**キリ**

スト教ではイエスの再臨をいまでも信じています。

イエスの教えは、彼の死後も使徒たちによって広められ、ローマ帝国内外へと急速に広がっていきました。

キリスト教は迫害や困難を乗り越えて次第に影響力を増し、やがてローマ帝国の国教となるまでに成長します。

その後、キリスト教は欧州全土に広がり、**宣教師たちの努力によって世界中に伝播**していきます。植民地時代には、ヨーロッパ諸国の拡大とともにキリスト教も新大陸や遠隔地に伝えられ、さらに信者を増やしていきました。

現代では、キリスト教は約23億人の信者を持つ世界最大の宗教となっています。

学びのポイント

- ユダヤ教本来の選民思想は、ユダヤ人は他民族、他国を救済へと導く民に選ばれたとするものでした。
- イエスが生まれた頃のユダヤ教では、自分たちだけが救われると考えられていました。一方で、イエスは「信じるものは救われる」と説きました。
- イエスは弟子の裏切りによって十字架刑に処されましたが、処刑によって人類の原罪を引き受けようとしました。
- イエスの死後、弟子たちが彼の教えを世界に広めました。現在、キリスト教は信者数約23億人の世界最大の宗教です。

19

バチカンでミサを行う第266代ローマ教皇フランシスコ。

キリスト教の三大教派は何がどう違うのか？

カトリック、プロテスタント、正教会をキリスト教の三大教派（宗派）といいます。同じキリスト教でも、何がどう違うのでしょうか。

これ大事！

- 「カトリック」の頂点はローマ教皇
- 「プロテスタント」は『聖書』の言葉が大事
- 「正教会」はローマ教皇を認めない

ローマ帝国公認の宗教に

教会で結婚式を挙げ、神の前で愛を誓った人も多いと思いますが、その結婚式を執り行ってくれたのは「神父さん」でしたか？　それとも「牧師さん」でしょうか？　なぜこのように呼び名が違うのかというと、**同じキリスト教の中でも「教派」が違うから**です。

日本の仏教でも「〜宗」というようにいろいろな宗派がありますが、キリスト教も同じように、考え方の違いからたくさんの教派に分かれています。キリスト教を開いた「イエス・キリスト」を崇《あが》めている点は同じですが、なぜこのように違いができたのでしょうか。

弟子たちの活動によって、キリスト教はみるみるローマ帝国中に信者を増やしました。しかし、これを脅威と感じたローマ帝国によって、３００年にわたって迫害を受けてしまいます。それでもキリスト教徒はめげず、結束して信仰を守り続けました。

そんなあるとき、キリスト教に寛容な**皇帝コンスタンティヌス帝が現れ、迫害をやめてキリスト教を公認**します。すると信者はさらに増え、ついにはローマ帝国公式の宗教にまでなりました。当時はローマ帝国が混乱していたため、「誰でも救われる」という教えに希望を感じた人がたくさんいたのです。

三大教派の誕生

ところが、結局ローマ帝国は混乱によって東西に分裂し、さらに西側はすぐに滅んでしまいます。**西側の教会はこれを機に独立して動き始め、東西の教会は別々に発展する**ことになりました。

そのうち、**東に分かれたほうを「正教会（東方正教会）」といいます。**正教会は東のローマ帝国に保護され、東ヨーロッパを中心に発展しました。いまのギリシャやロシアをはじめ、トルコやイスラエルでも盛んに信仰されます。

しかし、イスラム教の勢力が盛んになると対立が増え、戦争や迫害に何度もさらされるようになりました。さらに西側の教会とも対立を深め、ついに11世紀には決別し、異なる教会組織として分裂してしまうのです。

その**西側の教会は、いわゆる「カトリック教会」として発展**しました。正教会のような権力の保護を受けられなかったカトリックは、政治的な権力と財力を必要とします。そこでまず、**権威ある存在としてローマ教皇を頂点とした、ピラミッド型のしっかりした組織をつくりました。**さらに西欧にできた新しい国の王に恩を売り、その見返りとして独自の領地を手に入れると、次第に権力や財力を蓄えていきます。

カトリックは神への信仰を「善行」によって表すことが大切だと考え、ボランティアや寄付を勧めました。やがてそれがエスカレートすると、「信仰の証しとしてたくさん寄付をしましょう」と多額の金を要求するようになります。さらには**「贖宥状《しょくゆうじょう》」というお金さえ払えば発行される、罪を犯しても許される〝チケット〟まで登場**。宗教を使った金儲けに走り始めたのです。

これに対して「そんなのおかしい」と抗議を始めたのが、**宗教改革者のルター**（１４８３～１５４６年）です。

ルターはもともと熱心なカトリック教徒でしたが、ローマ教皇が寄付によって贅沢な暮らしをしたり、聖職者が汚職をしたりするのが許せませんでした。

そこで、寄付のような善行ではなく「神に対する信仰心が何より大事だ」という主張を広めます。つまり、寄付やボランティアなどの行動ではなく、自分が心から信じているかどうかを重視したのです。

当時は文字を読める人が少なかったことから、信者は『聖書』を知らず、教会の言いなりになっていたことも問題だとルターは考えました。そこで、信仰と『聖書』を拠り所に「一

キリスト教分裂の歴史

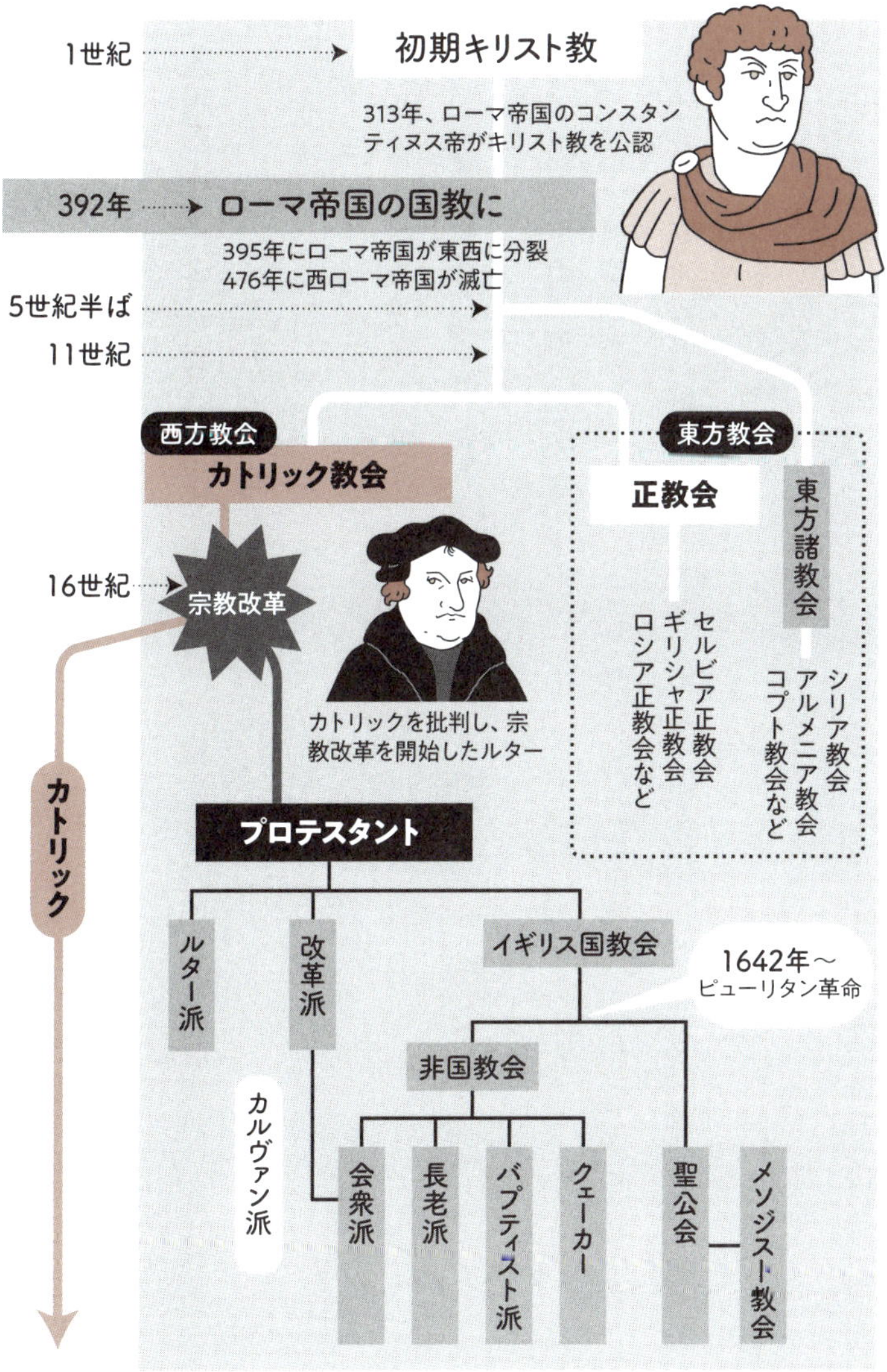
1世紀
初期キリスト教
313年、ローマ帝国のコンスタンティヌス帝がキリスト教を公認
392年
ローマ帝国の国教に
395年にローマ帝国が東西に分裂
476年に西ローマ帝国が滅亡
5世紀半ば
11世紀
西方教会
カトリック教会
東方教会
正教会
東方諸教会
16世紀
宗教改革
セルビア正教会
ギリシャ正教会
ロシア正教会など
シリア教会
アルメニア教会
コプト教会など
カトリックを批判し、宗教改革を開始したルター
カトリック
プロテスタント
ルター派
改革派
イギリス国教会
1642年～
ピューリタン革命
非国教会
カルヴァン派
会衆派
長老派
バプティスト派
クェーカー
聖公会
メソジスト教会

人ひとりが神と向き合おう」と呼びかけ、支持を集めるようになります。ちょうど印刷技術が発展して、『聖書』がたくさんの人の手に届くようになったことも追い風となりました。

この宗教改革によって新たに誕生したのが、「抗議する者」という意味を持つ「プロテスタント」です。こうしてキリスト教は東西に分かれた後、西側のキリスト教がさらに分裂し、カトリック・プロテスタント・正教会という三大教派ができました。

カトリックでは「ローマ教皇」がトップ

キリスト教の宗派は他にもありますが、この三大教派の信者が大半を占めています。どの教派も、**イエスが救世主であること、そして復活したことを信じている点では同じ**です。しかし、それぞれ歩んできた歴史が違うため、教えの解釈や信仰のかたちには大きな違いがあります。

どのような違いがあるのか、まずは信者数が最も多いカトリックから見ていきましょう。

カトリック信者は世界に約14億人いて、**「どんな罪人も善行を積めば救われる」という教え**

キリスト教三大教派の違い

	カトリック	プロテスタント	正教会
信徒数	約14億人	約5億人	約3億人
分布	**ヨーロッパ西部に多い**(イタリア、フランス、スペイン、南ドイツなど)	**ヨーロッパ北部に多い**(イギリス、オランダ、北ドイツ、北欧諸国、アメリカなど)	**ヨーロッパ東部に多い**(ロシア、ギリシャ、東欧諸国など)
指導者	最高指導者：**ローマ教皇** 聖職者：神父・司祭	最高指導者：**唯一の指導者は不在** 聖職者：牧師	最高指導者：**総主教(国・地域ごと)** 聖職者：神父・司祭(一般信者と近い関係)
聖地	ヴァチカンのサン・ピエトロ大聖堂(聖ペトロの墓所)	なし(聖書をよりどころとする)	アトス山など
教理の違い	**教会中心主義。**どんな罪人も善行を積むことで救われると説く	**聖書中心主義。**どんな罪人も信仰によって救われると説く	聖書と聖伝がよりどころ。初期キリスト教の伝統を重んじ、**神秘主義的な傾向が強い**
教会の特徴	ステンドグラスや聖像、宗教画で美しく飾られていて、建物も大きく豪華	シンプルで、装飾がほとんどない	イコンと呼ばれるイエスやマリアなどの聖像画が飾られる
組織の特徴	**ローマ教皇を頂点としたピラミッド型組織**	**統一した組織を持たないため、数多くの教派が生まれた**	**国ごとの教会がゆるやかに連携した組織**

が特徴です。教会はステンドグラスや聖像、宗教画で美しく飾られていて、建物も大きく豪華です。

カトリックは**「神の代理人」であるローマ教皇を通して神を信仰**し、イエス・キリストの母であるマリアも「聖母マリア」として信仰しています。ローマ教皇をトップとするピラミッド型の組織がつくられているのも特徴です。

現場の聖職者は**「神父」または「司祭」と呼ばれ、基本的には男性しかなれず、神に身を捧げるという意味から生涯独身を貫きます。**主な役目は結婚式を執り行ったり、人の悩みを聞いたり、独自の儀式である「ミサ」を行うことです。

このミサとは、イエスが処刑される前に弟子と夕食を取った「最後の晩餐」を再現し、神に感謝する儀式。信者はミサの中でパンを授かり、それを通じて神の恵みを受け取ることができるとされています。

カトリックには他にもルールに厳しいところがあり、**同性愛や離婚が禁止されるなど、主に男女の仲に関することは厳格**です。ただ近年では、時代の変化に合わせて柔軟に対応する姿勢も見られるようになりました。一般的なキリスト教のイメージは、このカトリックのものが多いでしょう。

『聖書』の言葉を大切にするプロテスタント

2番目に信者が多いのが「プロテスタント」です。信者は世界に約5億人いて、**「どんな罪人も信仰によって救われる」と教えています。**

プロテスタントの教会はカトリックとは打って変わってシンプルで、装飾がほとんどありません。これは自分で『聖書』を読んで神について「考える」ために、余計な飾りつけをやめたからです。プロテスタントは**『聖書』の言葉を大切にし、「神そのもの」を信仰**します。そのため、イエスだけは特別ですが、ローマ教皇は信者の1人に過ぎず、イエスを産んだマリアも普通の人間として扱われます。

聖職者は「牧師」と呼ばれますが、これはプロテスタント独自のものです。牧師はあくまで信者の代表ですので、**結婚もでき、男性だけではなく女性もなれます。**聖職者というより、どちらかというと教師のような存在といえるでしょう。

カトリックのようなミサはありませんが、ミサに相当する別の儀式が存在します。日曜日に教会で行われるのは「礼拝《れいはい》」と呼ばれ、参加は比較的自由です。プロテスタントでは**離婚も許されるなど、カトリックより自由な風潮**といえるでしょう。むしろ、自由すぎるせいか考え方の違いが多く生まれ、プロテスタントの中でもさらに細かい派閥に分かれています。

イエス以外のトップはないと主張する正教会

最後に「正教会」を見ていきましょう。信者数は約3億人と他の二つより少ないものの、日本にも教会があります。

カトリックとは教義や習慣に多くの違いがありますが、いちばん大きな違いは、**キリスト教世界のトップとされているローマ教皇を認めないこと**です。「イエス以外のトップはない」とするのが正教会の立場で、教会の指導者に上下関係はなく、基本的に対等だと考えています。「イエスのもとに集った弟子たち」というかたちをそのまま教会の組織に反映しており、最も伝統を受け継いでいる宗派といえるでしょう。

聖職者は「神父」、または「司祭」とも呼ばれますが、カトリックほど権威ある存在ではなく、一般の信者と近しい関係です。カトリックよりさらに伝統を重んじ、なおかつプロテスタントのような個人の自由をある程度認めているのが特徴です。

このように、各教派は共通点を持ちながらも、個性ある独自の発展を遂げています。

960年ぶりのトップ会談

長いあいだ交流を絶っていたそれぞれの教派ですが、近年になって和解に向けた動きが見られるようになりました。

2016年には、**ローマ教皇とロシア正教会のトップが、およそ960年ぶりの会談を開いています。**会議では、世界平和についての問題や、同じキリスト教同士の悩みを話し合うなど、両者が歩み寄る姿勢を見せました。

この歴史的な会談を契機に、キリスト教世界全体での協力がさらに進展することが期待されています。

学びのポイント

- カトリックはローマ教皇を頂点とするピラミッド構造です。これは、政治的な権力と財力を必要としていたからです。
- カトリックでは金儲けのための贖宥状が横行していました。これらに抗議して誕生したのがプロテスタントです。
- プロテスタントの教会はカトリックとは違いシンプルです。「神について考える」ことに装飾は不必要なものだからです。
- 正教会の考えではイエス以外にトップはいません。このため教会の指導者に上下関係はなく基本的に対等です。

20

アメリカには『聖書』の絶対性を重要視する福音派が存在する。

アメリカ人とユダヤ人の知られざる関係

アメリカがイスラエルを支持しているのは、両国が歴史的・宗教的に強く結びついているから。なかでも強く支持しているのが「福音派《ふくいんは》」です。

これ大事！

- アメリカにはユダヤ人支持層が多い
- 福音派は『聖書』の絶対性を重視する
- 福音派の影響力はアメリカ政治にも

ユダヤの友人

アメリカのキリスト教徒の中には、ユダヤ人を支持する人々が多く存在します。アメリカはどうしてユダヤ支持層が厚いのでしょうか。そして、いったいどのような人たちが支持しているのでしょうか。その謎を解き明かしていきましょう。

アメリカはユダヤ人に対して好意的な態度で接しています。**アメリカでは「イスラエルの保護者」「ユダヤ人の友人」という考え方が根づいているから**です。

このような考え方が生まれたのはなぜなのか。そこには、ユダヤの選民思想（116ページ）と共通点があり、アメリカをつくったキリスト教徒ピューリタンの歴史が深く関わっています。

ピューリタンはキリスト教のプロテスタントという教派の、カルヴァンという神学者を支持する教徒のことです。

16世紀前半、イギリスで誕生したイギリス国教会は、プロテスタントであるにもかかわらず、カトリック的な制度を採用していました。たとえば、イギリス国教会で採用された「主教制度」は、カトリックでいうところの「ローマ教皇」の役割を「イギリス国王」が担う制度です。

プロテスタントはローマ教皇が強い権限を持つカトリックを否定して生まれた宗派ですから、イギリスの主教制度に否定的でした。こうした「カトリック」なのか「プロテスタント」なのかはっきりしないシステムを、生粋のプロテスタントだったピューリタンたちは批判しました。

17世紀に入ると、イギリスの国王ジェームズ1世は主教制度を利用して、王としての権力を強めていきます。これに反発した一部のピューリタンたちは、信仰の自由を求めて国を去ります。

太西洋を渡りアメリカという国をつくったのは、こうしたピューリタンの人たちなのです。

アメリカの作家ハーマン・メルヴィルは、「我々アメリカ人は特別な選ばれた民であり、現代のイスラエルといってよい。我々は世界における自由の擁護者である」と書いています。信仰の自由を求めてイギリスを脱出したピューリタンたちの〝約束の地〟がアメリカというわけです。

アメリカは19世紀以降、自分たちを**「ユダヤ人を保護し救うために神に選ばれた代理人」と考えるようになります。**

アメリカにおける「複音派」の分布

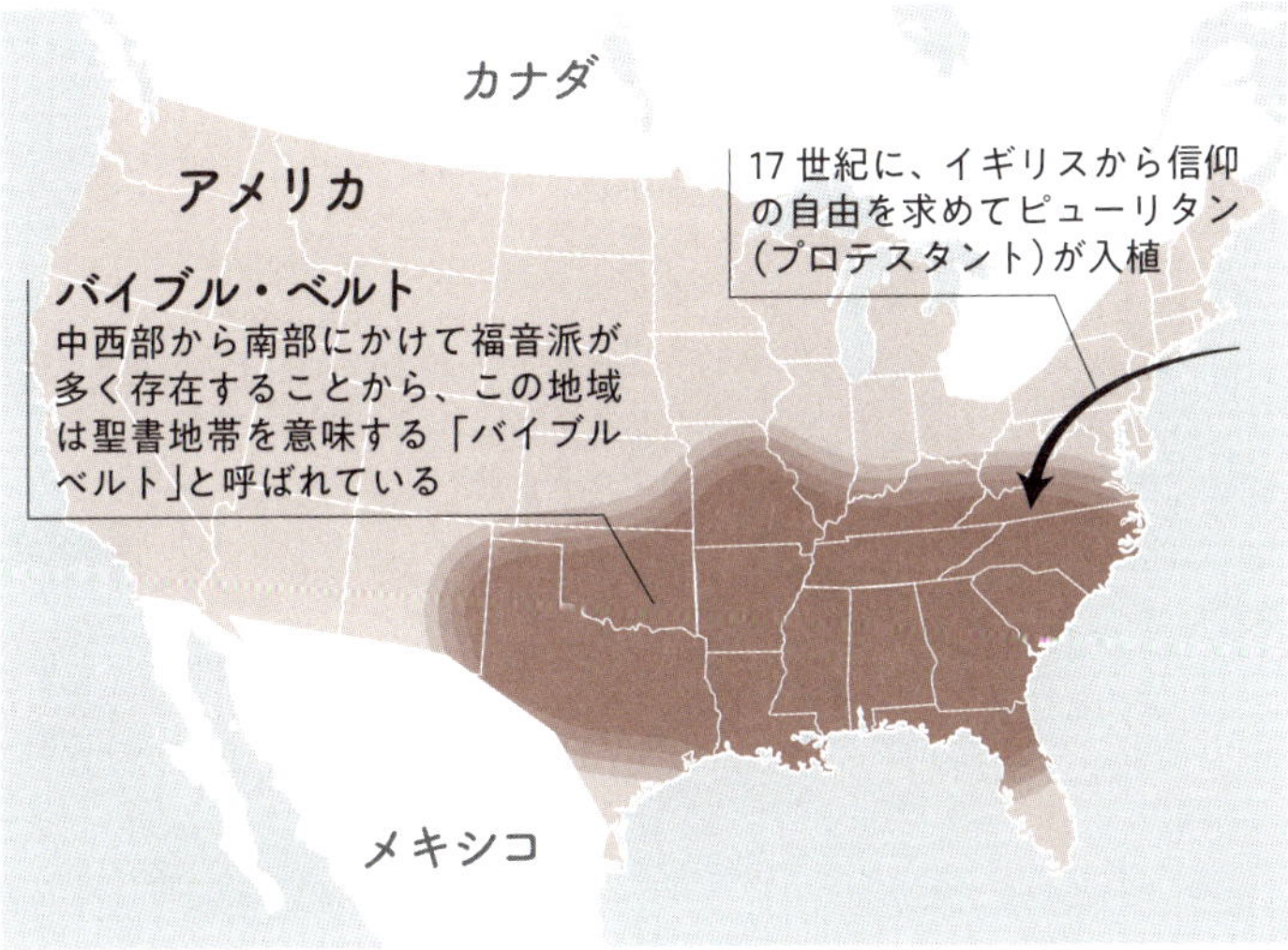
カナダ
アメリカ
17世紀に、イギリスから信仰の自由を求めてピューリタン（プロテスタント）が入植
バイブル・ベルト
中西部から南部にかけて福音派が多く存在することから、この地域は聖書地帯を意味する「バイブルベルト」と呼ばれている
メキシコ

「福音派」の影響力

ユダヤ人の保護や、友人であるという考え方を強く持っているのが、**アメリカの人口の約4分の1を占める「福音派」という宗教勢力**です。

この福音派は同じ考えを持った集まりというだけで、「福音派」という名称の宗派が正式にあるわけではありません。福音派では伝統的な宗教観を大切にし、**〝『聖書』の絶対性〟を重要視**しています。

現在、彼らはアメリカ国内の政治において強い影響力を持っています。ただし、1960年頃までは政治活動に関心は抱いていませんでした。彼らが政治活動を始め

アメリカの宗教人口の割合

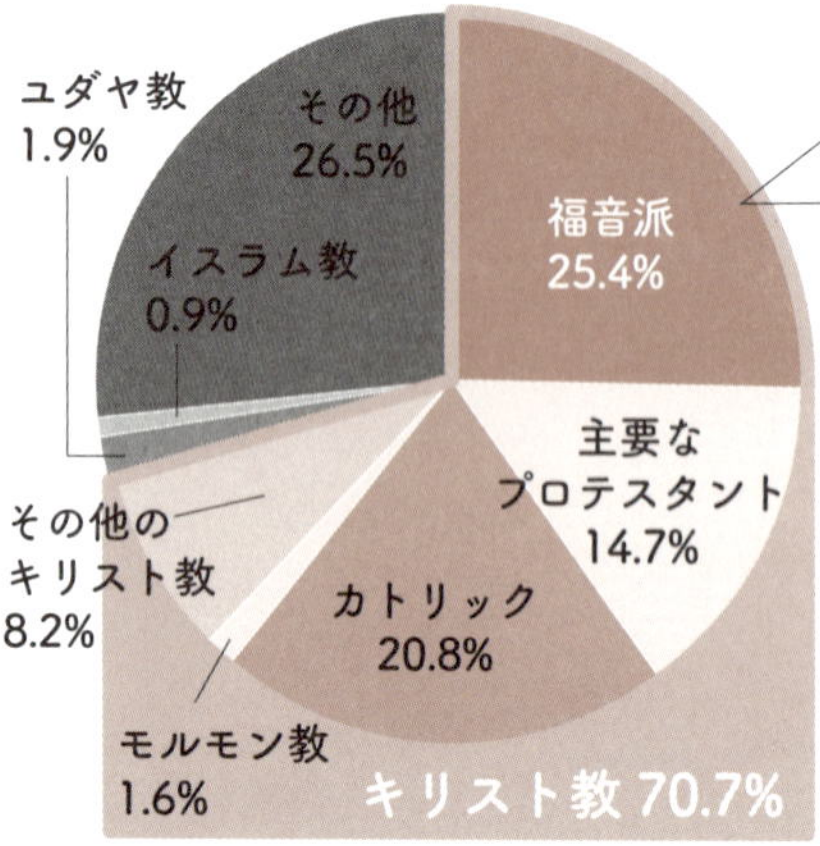

出所：Pew Research Center

◉福音派の特徴

- 聖書を絶対視し、キリスト再臨と世界の終末を信じる
- 8割が白人
- キリスト再臨のためにイスラエルを擁護
- 人工妊娠中絶や同性婚の禁止を主張

るきっかけになったのが、**権力や一般的な道徳を否定する文化の活発化**です。

この時代、若者を中心として社会のあり方や性的な抑圧に反対する「ヒッピー」などの文化が生まれていました。それに続くように「学校での祈りの禁止」や「人口中絶を認める」という判決が出されたのです。福音派はこうした風潮を、「モラルを低下させる」と問題視しました。

アメリカの第39代大統領ジミー・カーターは、この福音派の勢力を取り込んで当選しましたが、実際の政策は政教分離にのっとったものでした。

これに失望した福音派の支持を得たのがロナルド・レーガンです。レーガンは、福音派の宗教団体代表ジェリー・ファルウェルの協力を得て第40代大統領となります。

こうして**福音派と共和党の結びつきが強まり、政治的影響力を持った福音派は国内外のさまざまな問題に対して主張を広げていく**のです。

福音派の主張の一つが、**ユダヤを支持し、友好的な態度をとる「親イスラエル活動」**でした。彼らは、『聖書』を絶対的に信用しています。ユダヤ人が神と契約したことや、約束の地を与えられたことは、『旧約聖書』に書かれていることです。つまり、「神が約束の地、カナン（パレスチナ）を与えると言ったのだから、むしろ神はそれを望んでいるはずだ」と思っているのです。

福音派とユダヤ人の関係は、「お互いの利益のために利用し合う」というかたちに近いものです。福音派の終末論では「ユダヤ教徒が聖地に集まったとき、イエスが降臨する」「そのとき、災難が起こってユダヤ人の一部はキリスト教に改宗する。改宗しないユダヤ人の多くは死ぬ」とされています。一方のユダヤ教徒たちも「祖国再建のために福音派を利用しよう」と考えて思います。つまり、「聖書を信じているもの同士の同盟関係」のようなものといえるでしょう。

🌐 親ユダヤの影響力

「ユダヤ人が故郷であるイスラエルに帰る権利」を支持するキリスト教徒を、**キリスト教シオニスト**と呼びます。彼らはその考えにもとづき、ユダヤ人をイスラエルに帰すための具体的な活動を行ってきました。

具体的には、「ユダヤ人の支持を集めるための宣伝や議会や政府に対する政治活動」「イスラエルにユダヤ人が移り住むことを促す活動」「エルサレムにおけるユダヤ人の主権を支持する活動」などです。

キリスト教シオニストの活動は国際的に強い影響力を持ち、いまではアメリカの政治を左右するほどになっています。そして国際的な争いは、「パレスチナ問題」として現在進行形で引き継がれているのです。

2018年には、エルサレムをめぐる問題に大きな動きがありました。トランプ大統領（当時）によるテルアビブからエルサレムへのアメリカ大使館移転です。通常、大使館があるのは国の首都ですから、**この行動が意味するのは「アメリカは、イスラエルの首都をエルサレムと認める」ということ**です。

この行動によってよろこぶのは誰でしょうか？

それは、ユダヤ人が約束の地に戻ることを強く支持するシオニストたちです。

このとき、トランプ大統領は中間選挙を控えていました。つまり、票を稼ぐ必要があったのです。エルサレムを首都と認める「大使館の移転」に、シオニストであるアメリカ最大の宗教勢力「福音派」を取り込む意図があったのかもしれません。

こうしたアメリカの行動によって、イスラエルとアラブ諸国との対立はどんどん深まっています。

そしてこの問題は、現在でも解決することなく残されているのです。

学びのポイント

- ピューリタンは信仰の自由を求めてアメリカに渡りました。これをきっかけに、彼らは選民思想を持つようになります。
- アメリカの人口の4分の1を占める福音派は、アメリカの政治において強い影響力を持っています。
- 福音派は共和党との結びつきを強めました。彼らは親イスラエル活動を積極的に展開しています。
- トランプがアメリカ大使館をエルサレムに移転したのは、福音派の支持を得る狙いがあったと考えられています。

21

イスラム教はいったいどんな宗教なのか？

ムハンマドによって創始された「イスラム教」は、中東のみならず世界中に信者を持つ宗教です。その歴史と教えについて見ていきましょう。

多くの巡礼者が訪れる聖地メッカのカーバ神殿。

これ大事！

- ムハンマドは最後の預言者
- アラビア半島でイスラム教は生まれた
- スンニ派とシーア派は対立している

預言者ムハンマドの誕生

テレビや新聞などでは、たびたびイスラム過激派によるテロや紛争が報じられています。そのため、「イスラム教」と聞いて「偏った思想の宗教なのかな？」「危険な宗教じゃないの？」などと思ってしまう人もいるかもしれません。

しかしこれは、**一部の〝過激派〟による物騒な出来事によって植えつけられたイメージに**すぎません。

イスラム教徒（通称「ムスリム」）は世界に約20億人もいるといわれ、キリスト教に次いで世界で2番目に信者の多い宗教です。世界人口の4分の1近くを占めるこのイスラム教とは、いったいどのような宗教なのでしょうか。

はるか昔から、一神教の世界では「預言者」がたびたび登場します。預言者というのは、その名のとおり「神の言葉を預かる者」。未来を予言する人ではなく、あくまで「預かる人」です。**イスラム教の開祖ムハンマドも、その預言者の1人**でした。

ムハンマドは570年頃にアラビア（現在のサウジアラビア）にあるメッカに生まれました。

当時のメッカは伝統的な信仰の宗教都市として発展し、世界各地の人たちが訪れる活気あふれる街でした。

ムハンマドはこの土地で、名家の商人の家に生まれました。イエス・キリストのように生まれながらにして奇跡的な伝説を残している人ではなく、むしろ、誕生前に父親を、幼い頃に母親を亡くし、それからは羊飼いなどをして何とか生計を立てていた苦労人です。

大人になったムハンマドは、商人として成功している裕福な女性と結婚します。生活に余裕ができたため、山の洞窟で瞑想《めいそう》に耽《ふけ》ることが彼の習慣になりました。

平凡な日常に変化が起きたのは、40歳の頃です。

いつものように洞窟で瞑想をしていると、ムハンマドは突然金縛りに襲われました。そして、誰もいないはずの洞窟で、「誦《よ》め……」という声が聞こえたのです。

誦めとは、「声に出して読め」ということです。しかし、読み書きのできなかったハンマドは「誦めません」と答えます。

ムハンマドがそう答えるたびに、どこからか「誦め」という言葉が聞こえてきます。ムハンマドは怖くなり、洞窟から逃げ出しました。

洞窟で聞こえた声の主は、大天使ガブリエルでした。ガブリエルは、**唯一神アッラーが示した言葉をムハンマドに「誦め」と伝えていた**のです。これを境に、神からの言葉が次々とムハンマドに伝えられるようになります。

ムハンマドは自身に課せられた宿命を理解し、神の言葉を多くの人々に伝えていくことを決心しました。

広がるイスラム教

ムハンマドは、さっそく神の言葉を人々に伝えようとします。まずは一族、そしてメッカの人々に教えを説き始めたもののうまくいかず、メッカの大商人から迫害を受けてしまいます。**もともとメッカでは多神教が信じられてきた**ため、急に現れたよくわからない預言者の言葉を素直に受け入れることはできなかったのです。

ムハンマドは「アッラー以外に神はいない」とまで言って激しい反発に遭い、何年ものあいだ命を狙われ続けます。

そこで、ムハンマドはメッカを逃れ、別の土地で布教活動をして信者を増やそうとしました。この活動はうまくいきました。

そしてムハンマドの賛同者が徐々に増えると、「イスラム共同体」という組織が形成されま

イスラム世界の広がり（8世紀中頃まで）

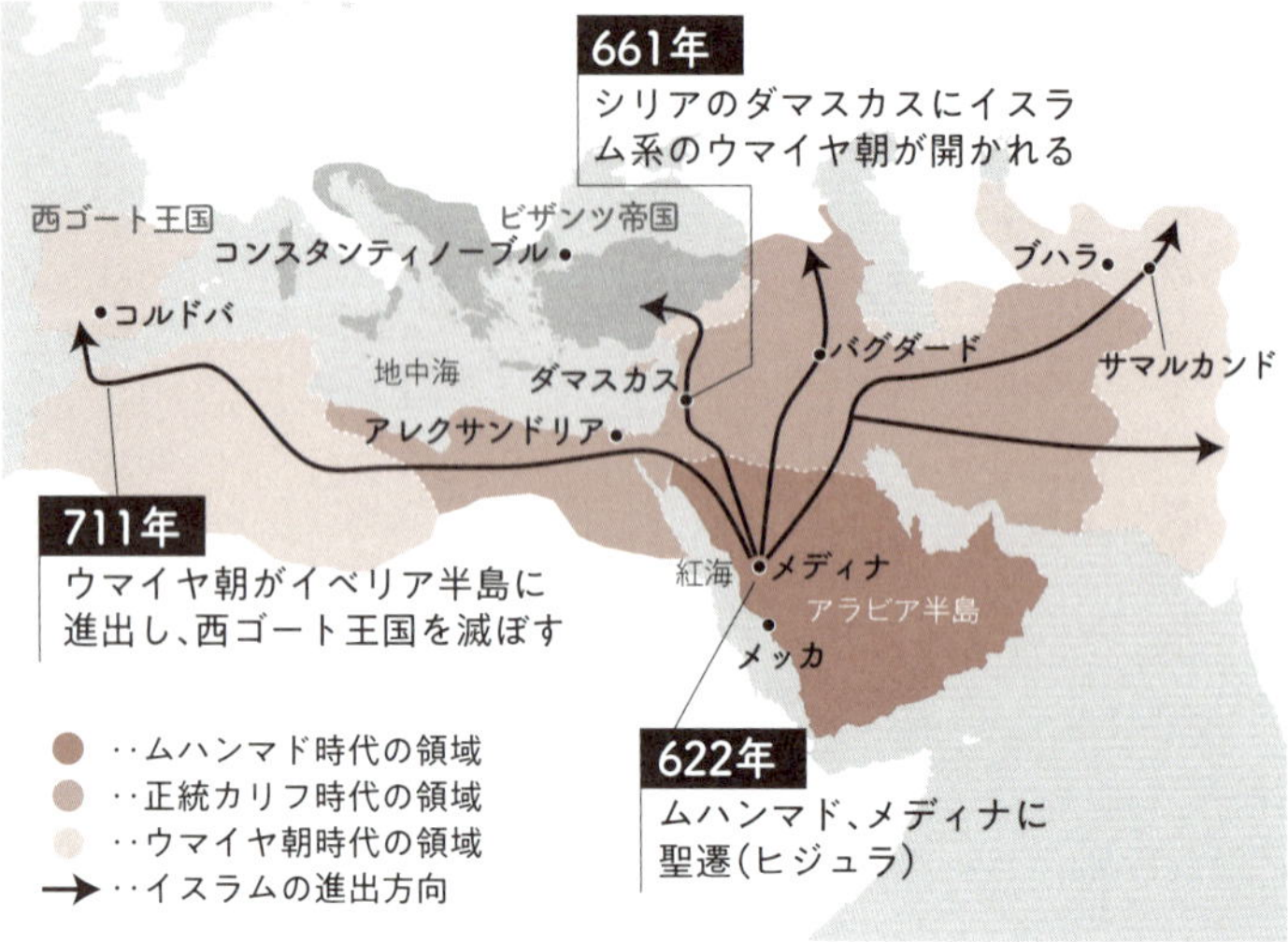

す。**イスラムはアラビア語で「神を拠り所にする」という意味**です。言い換えれば、神と人間が主従関係を結ぶことであり、ムハンマドはこうした人々を集めて共同体をつくったのです。

当時は、部族間や血筋による貧富の差が激しく、多くの人々が差別されている時代でした。そのため、「神の下ではみな平等」というイスラム教の教えは単純明快で、数多くの人たちに受け入れられました。イスラム共同体の影響力は、次第に大きくなっていきます。

生まれ故郷であるメッカから命がけで脱出した数年後、彼はまたイスラム共同体を引き連れて戻ってきます。しかし、そこにはもはやムハンマドの命を狙おうとする人々はいませんでした。イスラム教の力は、一つの都市だけでは抑え切れないほど強まっていたのです。

メッカの有力者たちは、抵抗することなくムハンマド率いるイスラム共同体の侵入を許します。その後、ムハンマドたちはメッカの聖地であるカーバ神殿にたどり着きました。

もともと多神教信仰の中心だったカーバ神殿には、さまざまな神の偶像が建てられていました。ムハンマドたちは到着するなり、その像を片っ端から破壊していきます。そして**カーバ神殿を、唯一神を信仰の対象とするイスラム教の聖地としました。**

メッカでの出来事以来、ムスリムの勢力は一気に拡大し、ついにアラビア半島全体に影響力をおよぼすようになりました。ムハンマドは晩年までイスラム教の布教活動を続け、彼が死ぬ間際にはアラビア半島のほとんどがイスラム教へと改宗していました。

ムハンマドは610年から32年の死までの22年間、預言者かつ政治指導者として活動し、神からの啓示を受けました。これらの啓示は人々に記憶され、ムハンマドの死後、第3代カリフのウスマーンの時代に集められ、編纂《へんさん》されました。

この編纂された啓示が『クルアーン』となり、イスラム教の聖典として現在も重要な役割を果たしています。

ムスリムは、ユダヤ教徒やキリスト教徒たちを同じ神を信じる者と見ていますが、この『クルアーン』に書かれていることこそが完全なる神の教えとして最重要視しています。

後継者問題をめぐって生まれた二つの派閥

ムハンマドの時代、イスラム世界はその圧倒的な影響力によって一つにまとまっていました。しかし彼の死後、この状況に変化が訪れます。

「ムハンマドの後継者として誰がいちばんふさわしいか」をめぐって二つの派閥に分かれたのです。それが**「スンニ派」と「シーア派」**です。

スンニ派では、「ムハンマドの後継者にはその時々の実力を持った人がなるべきだ」と主張されています。

ちなみに、イスラム世界には、ムスリムが守らなければいけない絶対的な掟《おきて》が存在します。それがイスラム法（シャリーア）と呼ばれるものです。イスラム法とは、『クルアーン』とムハンマドの言葉や行い（スンニ）をもとにした法律で、ムスリムが多数を占める国や地域ではこれにもとづいて政策が行われています。

日本では、「政教分離」といって政治と宗教が切り離して考えることが一般的になっていますが、イスラム世界の多くでは政治と宗教が一緒（政教一致）になって考えられています。「何が良いか・悪いか」の問題ではなく、イスラム世界にとっての常識が政教一致ですから、このことを知っておかなければイスラム世界を理解することはできません。

スンニ派では、『クルアーン』とスンニの意味を学者たちが類推しながら解釈し、イスラム法をつくります。だからこそ、『『クルアーン』やスンニを正しく理解し、多くの人の話に耳を傾けながら、**ムスリムをまとめあげられる人物が後継者にふさわしい**」と考えられています。

一方、シーア派では、「**ムハンマドの父方の従弟であるアリーとその子孫が後継者にふさわしい**」と主張されています。後継者にムハンマドの「血統」を重要視したのです。

アリーはムハンマドの従弟であり、5歳の頃にムハンマドとその妻の養子として引き取られました。その後、ムハンマドの愛娘と結婚して子どもをもうけます。ムハンマドがイスラム教を布教し始めた頃、彼の妻に次いで2番目に改宗したのがアリーだといわれています。アリーは情にあふれ、人望の厚い、カリスマ性を持つ人物でした。

シーア派の主張では、そもそも人間は不完全な存在であり、その人間たちが『クルアーン』やスンニを解釈しようとすれば必ず間違いが起こるとされています。だからこそ**絶対的なリー**

中東各国の支配的派閥

ダーが必要であり、そのリーダーには「ムハンマドの血を引いた者」がなるべきだと考えたのです。スンニ派と違い、『クルアーン』やスンニを解釈することはリーダーでないとできません。そのため、シーア派では「歴代のリーダーの教え」も重要な行動指針ととらえられます。

中東問題を複雑化する派閥対立

現在、**全世界のムスリムの約９割がスンニ派で、１割がシーア派です**。「スンニ派がこれほど多数を占めるのであれば対立は起こらないのでは？」と思う人もいるかもしれませんが、中東に限ればスンニ派とシーア派の人口は拮抗《きっこう》しています。

このスンニ派とシーア派の対立も、現在の中東問題を複雑にしている原因でもあります。たとえば、サウジアラビアはスンニ派が中心的な国。対してイランはシーア派が中心的な国です。この両国は長年、仲が良くありませんでした。

中東問題と聞くとパレスチナ問題が頭に浮かびますが、こうした宗派での争いもあります。

それぞれの派閥が政治的なグループをつくり、国内や国外にその派閥にもとづいた方針を打ち出すことで、そこに新たな火種が生まれるのです。

学びのポイント

- ムハンマドは洞窟での瞑想中に神から言葉を預かりました。預言者であると悟ったムハンマドは布教活動を始めたのです。
- ムハンマドは最初、メッカの大商人から激しい反発にあいます。これはメッカがさまざまな神を信じる多神教の街だったからです。
- イスラム教の教えは多くの人たちに受け入れられました。当時は差別や貧困が激しく、人々は救いを求めていたからです。
- 中東ではスンニ派とシーア派の対立もあります。この対立がパレスチナ問題を複雑化させる原因でもあります。

22

国家神道では、伊勢神宮が全国の神社の頂点に立つ本宗とされた。

神道《しんとう》が日本人の生活に深く根ざした理由

「神道」は日本人の暮らしの中から生まれた宗教。時代とともに〝信仰のかたち〟を変えながら現在も日本人の生活習慣に深く根ざしています。

これ大事！

- 神道は古代から続く日本の民族宗教
- 神道では八百万《やおよろず》の神を崇める
- 日本の習慣と神道には密接な関係がある

神道の始まり

「あなたは神道の信者ですか？」と聞かれたら、多くの日本人は「いいえ」と答えると思います。

しかし、お正月や七五三、受験の合格祈願などで神社に行くことがあるでしょう。神社というのは神道の施設です。信仰していないのにわざわざ神社に足を運ぶのは少し不思議ではないでしょうか。

「神道」とはいったいなんなのか、まずはその歴史から振り返ってみましょう。

神道は、**古代から続く日本の「民族宗教」**ともいうことができます。その原点は遠い昔、紀元前にまでさかのぼります。

当時の日本人は、動物や植物だけでなく、岩や滝などのような生命のない自然も、神聖なものとして信仰していました。たとえ目に見えなくても、「神」という存在を信じてきたのです。

ほかにも、偉人や先祖も神として祀られました。たくさんの神がいるという意味で、**神道の神々は「八百万の神」と呼ばれます。**

神道の「八百万の神」

日本神話に登場する神

日本最古の歴史書『古事記』『日本書紀』などに記された日本神話に登場する神々が神社に祀られている。天照大御神（あまてらすおおみかみ）や、大国主神（おおくにぬしのかみ）がその代表

自然に宿る神

山や岩、樹木など、自然そのものに神が宿るとして祀ることがある。富士山も神の宿る山（神体山）である

民間信仰で生まれた民俗神

人々のあいだで自然発生的に生まれた神。五穀豊穣をつかさどる稲荷神や、外部から集落を守る道祖神、七福神の「えびす」などがこれにあたる

人を神格化した人物神

神道では、歴史にその名を刻む偉人たちが神として崇められることもある。日光東照宮の主祭神・徳川家康や天満宮系の菅原道真などがその代表例だ

その昔、日本では神とつながれるとされた占い師や、神聖な儀式を行う人たちが重宝されていました。春は豊作を、夏は雨風の被害をおさめることを、秋は収穫を……。農耕で生活するために神に祈っていたからです。この**大事な祈りの場が、現代でいうところの「お祭り」**なのです。

いまでも多くの人は神社に行き、地域のお祭りに参加したり、見物したりします。神への祈りの儀式は、現在に至るまで脈々と受け継がれているのです。

神道は、私たちの日常生活と密接な関係を持っています。しかし、神道にはそれをつくり出した教祖もいませんし、キリスト教の『聖書』やイスラム教の『クルアーン』のような聖典もありません。

こうした背景から、**「神道は宗教ではない」とさえ言われることがあります。**

紆《う》余《よ》曲《きょく》折《せつ》の歴史

では、いつから神道が宗教と考えられるようになったのでしょうか？

そこには、西暦538年に日本に入ってきた「仏教」が深く関わっています。**仏教に対応**

する概念として初めて、「神道」と名づけられたからです。

その後、神道はさまざまに展開していくことになります。

当時は中国から膨大な量の書物が日本に渡ってきたことから、仏教だけではなく「道教《どうきょう》」の影響も受けているといわれます。奈良時代からは「**神仏習合**《しんぶつしゅうごう》」といって**「神と仏はどちらも日本人の信仰の対象である」という考えが主流**となり、日本では神社もお寺も同じように共存していたという歴史があります。

大きな転換期が訪れたのは、**200年以上にわたる鎖国が終わった19世紀後半**です。欧米の文化や価値観に触れる中で、日本の政治家たちが「日本にも精神的な規範が必要だ」と考えたのです。

そこで注目したのが、日本人の日常生活に深く浸透している神道でした。

神道の考えを広めるために、「神社とお寺は別のものだ」と整理し始めたのです。そのうえで、国が神社を管理しやすいように統合するなどして国家の支配下に置くことにしました。

これがいわゆる「国家神道」の始まりです。

明治時代になると、日本は国の強化のため海外へ進出します。

北米や南米、ハワイ、中国大陸、東南アジアなどにも日本人が住み始めると、各地に神社

神道の歴史と変遷

縄文時代
山や樹木、滝、聖なる場所を祀る

弥生時代

稲作・農耕が浸透し、これらに関わる神を祀るようになる。また、特定の場所が聖域として認識される

飛鳥時代
律令神祇制度が整備され、神道が確立。7 世紀半ばには、出雲大社が創建されたともいわれている

奈良時代
神道と仏教を融合した神仏習合が始まる。712 年には『古事記』、720 年には『日本書紀』が完成

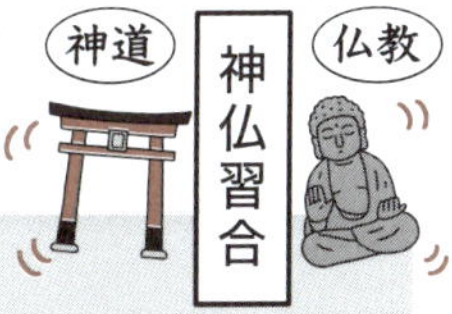

平安・鎌倉時代
神々は、仏・菩薩が人々を救うために仮の姿で現れたとする「本地垂迹（ほんじすいじゃく）説」によって神仏習合が頂点を迎える

室町・戦国時代
神本仏迹（しんぽんぶつじゃく）説が吉田兼倶の唯一神道によって強化される。これが江戸時代の国学の隆盛、明治初期の神仏分離のもとになる

江戸時代（前期）
儒家神道が盛んになる

江戸時代（後期）
国学が隆盛し、国学を取り入れた復古神道が誕生する

明治時代
1868（明治元）年に神仏分離令が発令される。明治初期に国家神道が成立

昭和時代
1945（昭和 20）年に神道指令により国家神道が廃止される。翌年に神社本庁が誕生

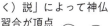

がつくられました。これらは「海外神社」と呼ばれ、世界各地に約1600か所もあったといわれています。それくらい、神々や神社が日本人にとって心の拠り所として大切な存在だったのです。

しかし、しばらくするとまたもや大きな転機が訪れます。日本が1945（昭和20）年に第二次世界大戦で敗北したのです。**この大戦での敗北がきっかけとなり、「国家神道」は解体されることになりました。**

アメリカのGHQ（連合国最高司令官総司令部）は、**当時の日本人をここまで勇敢に戦わせた理由が国家神道にあるとし、その脅威を取り除こうと考えた**のです。

日常生活と神道

こうした歴史的背景もあり、現代の日本人の宗教観は複雑で多様化しています。とはいえ、**多くの日本人は、気づかないうちに神道と密接した人生を送っています。**

そもそも日本人の多くは、生まれる前から神社と関わっています。両親は子どもが無事に生まれてくることを祈って神社に「安産祈願」に行ったりするからです。そして、無事に生まれたあとも「お宮参り」といって子どもが無事に生まれたことを神に報告し、その子どもの健康をお祈りするために神社に行きます。

しばらくすると、「七五三」があります。

医療がいまほど発達していない時代には「7歳までは神の子」という言葉がありました。昔は子どもの死亡率がとても高く、7歳まではいつ神のもとへ帰ってしまうかわからないと考えられていたからです。

そうした事情もあり、節目節目でこれからも健康でいられることを神にお祈りしていたのです。

成長して学生になれば、受験がうまくいくように神社で「合格祈願」をします。大人になれば恋愛をするなどし、やがては結婚することにもなるでしょう。そのときには生涯を誓い合う「結婚式」を行います。結婚式でも「神前式」という神道スタイルがあることをご存じの方も多いのではないでしょうか。

人生がさらに進めば、この世とのお別れが待っています。そのときに必要な儀式がお葬式です。

お葬式でも「神葬祭」というものがあります。

神道では人は亡くなると神々の世界へ帰って子孫を見守る守護神になると考えられています。つまり、神道では人間は死ぬと神になると考えられているのです。その手助けをするのが神道のお葬式ということです。

このように、私たちは人生の中で神や神社と深く関わっており、知らず知らずのうちに神道の考えで一生を過ごしています。

生活が農耕中心ではなくなっても、**日本人は特に人生の大事な場面に関わるときによく神社にお参りに行きます。**

それはきっと、昔から神にすがるような思いで生きてきた日本人のＤＮＡが、いまも受け継がれているということなのかもしれません。

学びのポイント

- 神道には教祖もいませんし、聖典もありません。そのため「神道は宗教ではない」と言われることもあります。
- 日本には神社と寺が共存していた歴史があります。これは神も仏も日本人の信仰対象だと考えられたからです。
- 明治時代、政府は日本独自の精神的規範が必要だと考えました。そこで政府は、神道と仏教を切り離して、「国家神道」をつくったのです。
- 日本人は気づかないうちに神道と密接した人生を送っています。信仰は日本の習慣レベルに根づいているのです。

23

仏教の教えと宗派の違いを知る

古代インドで〝お釈迦さま〟が創始し、弟子たちによって世界中に広められた「仏教」。日本で数多くの宗派が生まれたのはなぜでしょうか。

ブッダの生誕地ルンビニーを訪れた若い僧侶。

これ大事！

- 仏教の開祖はお釈迦さま
- 飛鳥時代に日本に仏教が到来した
- 日本の代表的な仏教は「日本八宗」

仏教の始まり

仏教は、日本人にとってとても馴染み深い宗教です。熱心に信仰しているわけではなくても、家に仏壇があってお寺で葬儀をするという家庭も多いのではないでしょうか。

現在の仏教にはさまざまな宗派が存在していますが、もとをたどれば同じ仏教です。それなのに、どうしてこれほど多くの宗派に分かれることになったのでしょう。

仏教の始まりは、約2500年前にさかのぼります。**開祖は、日本で「お釈迦さま」として親しまれているゴータマ・シッダールタ**です。

古代インドの釈迦族の王子として生まれたゴータマ・シッダールタは、とても裕福な家庭で育ちました。結婚して子どもにも恵まれたシッダールタでしたが、やがてある悩みにとらわれるようになります。その悩みとは、**「どんな人間でも年を取ると弱り、病気によって苦しみ、死んでしまうことから逃げられない」**というものでした。

シッダールダは、「なぜ人は必ず死んでしまうのに、苦しみながらも生きなければならないのだろう」と考えました。そして、人生の意味を知るべく、出家を決意したのです。

シッダールタは、人生の意味や世界の真理を知るために、約6年にもおよぶ過酷な修行に励みました。しかし、命を削るような苦行に一生懸命励んでも、ただ心身を衰弱させるばかりです。過酷な修行には意味がないことに気づいたシッダールダは、35歳のとき、菩提樹《ぼだいじゅ》という木の下で静かに瞑想しました。そしてこのとき、悟《さと》りを開いたのです。悟りとは、**心の迷いが解け、永遠の真理を会得すること**をいいます。

シッダールタは80歳で亡くなるまで、自分の経験や知恵を多くの人々に説き続けました。このとき説いた内容は「自分がどのように悟りを開いたのか?」「どのような修行をすれば人々は同じ境地に至れるのか?」といったものです。この**「人々を悟りの境地に導く」という思いが、仏教の根本的な目的として後世まで引き継がれる**ことになります。

仏教伝来と分派

シッダールタの死後、多くの弟子たちによって仏教は広まっていきました。布教のために寺院が建設され、**それまで弟子から弟子へ口伝えで受け継がれてきた教えも「経典」に記される**ようになります。仏教はインドにとどまらず、さまざまな国に伝えられるようになりました。

仏教の伝播

チベットのラサ

チベット仏教

大乗仏教がチベットに伝わり、土着の宗教と融合して独自に発達

大乗仏教

出家者のみならず、在俗の人も悟りへと導く。朝鮮・中国・日本に広まったことから北伝仏教とも呼ばれる

奈良・東大寺の盧舎那仏

パガン遺跡

上座部仏教

初期仏教に近く、出家修行を重視する。東南アジアに広まったことから「南伝仏教」とも呼ばれる

→‥大乗仏教の伝播
⇢‥上座部仏教の伝播
→‥チベット仏教の伝播
‥上座部仏教が広まった地域

中国から朝鮮半島を経て仏教が日本にやってきたのは、飛鳥時代の538年のことだったといわれています。当時の日本のトップは、国民をまとめるのに仏教を利用しました。**仏教の教えを広めることで、国民に共通の価値観や社会のルール、道徳を学ばせようとした**のです。

仏教は日本古来の宗教である「神道」と混じり合っていきました。そもそも仏教には、一神教の神のような絶対的な信仰対象がありません。しかし日本では、祖先や自然界にいる神々を信仰するのが当たり前だったこともあり、「仏が人々を救うために神として姿を現した」と解釈されたのです。

平安時代に入ると、仏教はさまざまな宗派に分かれていきます。その要因は、大きく二つありました。

一つ目の要因は、**日本のすぐれた僧侶が唐（現在の中国）に留学して、「密教」という新しい考えを学んだ**ことでした。密教とは、その名のとおり教団の中で伝えられる〝秘密の教え〟です。

密教では、この世界すべては大日如来《だいにちにょらい》が姿を変えたものだと考えます。仏は常に自分の中にいて、仏と一体になるため修行を積もうとするものです。

もう一つの要因は、**平安時代中期頃に「末法《まっぽう》思想」という考えが流行した**ことです。末法思想というのは、お釈迦さまの死後1500年、または2000年経つとその教えが忘れられ、仏教は滅びてしまうという予言のことです。

平安時代中期は、お釈迦さまの死後1500年頃にあたります。平安時代の中期は戦乱や天変地異が頻発していたため、国全体の活気が失われていた時代です。こうした中で、いままで身分の高い人たちに信仰されていた仏教を庶民まで広げ、より多くの人たちを救済しようとする僧侶が現れます。

また、**庶民のあいだでは「浄土信仰」が広まりました。**浄土信仰は、阿弥陀《あみだ》如来を信じて極楽浄土に生まれ変わることを願う信仰。難しい修行をしなくても、念仏を唱えるだけで救われると教えました。貴族から庶民まで誰にでもできる方法だったため、多くの人に受け入れられたのです。

日本八宗《はっしゅう》とその教え

仏教では、こうした経緯から多くの宗派が生み出されてきました。その中でも、代表的な八つの宗派を「日本八宗」と呼びます。それぞれの宗派の教えを簡単に見ていきましょう。

日本における仏教の変遷

飛鳥時代

仏教伝来

6世紀中頃(538年とする説が有力)、百済の聖明王が欽明天皇に仏像と経典を贈った

奈良時代

唐の高僧・鑑真によって東大寺に戒壇（儀式を執り行う場）が設けられる。国家安泰を祈る鎮護国家の役割を担う「南都六宗」が形成される

南都六宗

- 三論宗
- 成実宗
- 法相宗
- 倶舎宗
- 華厳宗
- 律宗

平安時代（平安仏教）

天台宗

平安時代初期に、最澄（伝教大師）が唐から伝えた。法華経にもとづき、命あるものすべてが仏になる可能性があると説いた

真言宗

平安時代初期に、密教を学んだ空海（弘法大師）が唐から伝えた。仏の行為（三密）に人間の行為を近づけることによって悟りが得られると説いた

鎌倉時代（鎌倉仏教）

日蓮宗

鎌倉時代に日蓮によって開かれた。仏教の真髄は法華経にあるとし、これ以外に救いがないとして他の宗派を批判した

浄土宗

平安時代末期、法然によって開かれた。南無阿弥陀仏とひたすら唱えれば、誰でも阿弥陀仏の慈悲で救われると説く

臨済宗

禅宗の一派。鎌倉時代初期、栄西が宋から伝えた。坐禅により自らの力で悟りを開くことを特色とする

曹洞宗

禅宗の一派。鎌倉時代に道元が宋から伝えた。坐禅によって悟りを開くことを重視する

浄土真宗

鎌倉時代初期に、法然の弟子・親鸞が始めた宗派。念仏を唱えて阿弥陀仏にすがれば、誰でも極楽に往生できると説いた

時宗

鎌倉時代中期に一遍が開いた浄土信仰の一派。集団で踊り念仏を唱えながら諸国をめぐったため、遊行宗とも呼ばれる

日本八宗

平安時代に**最澄**《さいちょう》**によって開かれた、密教をもとにした宗派が「天台宗**《てんだいしゅう》**」**です。

天台宗では、『妙法蓮華経《みょうほうれんげきょう》（法華経《ほけきょう》）』という経典にもとづいて教えを広めてきました。『妙法蓮華経』は、お釈迦さまが晩年の8年間に説いた教えで、「すべての人が悟りを開けるように」と説かれています。そのため、坐禅でも念仏でも、さらには茶道や華道、絵画でも方法はなんであれ、そこに真実を探し求める心があれば、それがそのまま悟りに至る道であり、仏になることができると考えられています。

同じく平安時代に**密教をもとにして空海**《くうかい》**が開いたのが、「真言宗**《しんごんしゅう》**」**です。

真言とは「仏さまの真実の言葉」という意味で、人間の言語では表現できない世界があるとしています。その世界を「真言（マントラ）」と呼ばれる呪文的な言葉や、仏さまの世界を描いた「曼荼羅《まんだら》」という絵で表現しています。真言宗では、そんな世界の真理、悟りの境地を大日如来が示しにやってくると信じています。

鎌倉時代になると、**天台宗で修行をしていた日蓮**《にちれん》**という僧侶が「日蓮宗」をつくりました。**

日蓮宗は『妙法蓮華経』〝だけ〟を重視します。『妙法蓮華経』があらゆる経典の中で最もすばらしいものだと考えているため、日蓮は多くの人たちに「南無《なむ》妙法蓮華経」と唱えるように勧めました。「南無」は「従います」「敬います」といった意味。つまり「南無妙法蓮華経』とは、「『妙法蓮華経』の教えを敬います」という意味となります。

栄西《えいさい》という僧侶は、中国に留学して仏教の教えを学ぶと、それを「臨済宗《りんざいしゅう》」として日本に広めました。

仏教には「禅宗《ぜん》」という坐禅によって悟りを開こうとする考えがありますが、臨済宗はその一派にあたります。臨済宗では「お釈迦さまの悟りを言葉で表現することはできない」と考え、ひたすら坐禅をすることで、自力で悟りを開くことを目的としています。

臨済宗の坐禅は、人と向かい合って坐禅を組み、師匠から出された問題を究明する「看話《かんな》禅」という坐禅です。師匠から答えのない〝とんち〟のような問いを出されると、弟子はその答えを、坐禅をしながらひたすら考えます。この考えの中で悟りを得ようとしているのです。

坐禅による修行を行う宗派には「曹洞宗《そうとう》」もあります。

曹洞宗の開祖、道元《どうげん》も中国に渡り、仏教の教えを学ぶとそれを日本に広めました。曹洞宗では、お釈迦さまの行った瞑想こそが最も重要なものであるととらえました。

修行の内容は、壁に向かってひたすら座った体勢を取る「黙照禅《もくしょうぜん》」とも呼ばれる坐禅です。何か目的を持って坐禅をするというものではなく、ただひたすら坐禅に打ち込むことで悟りを得られると考えています。

法然《ほうねん》という僧侶によって開かれた「浄土《じょうど》宗」は、浄土信仰をもとにした宗派です。

法然は、この世は苦しいことも多いが、仏を信じて「南無阿弥陀仏」と念仏を唱え続けていれば、死後は誰でも仏の住む極楽浄土へ行くことができるという教えを説きました。庶民を含む多くの人たちに信仰されたのは、難しい知識や厳しい修行を必要とせず、「念仏を唱えるだけでいい」というそのシンプルさに理由があります。

「浄土真宗」の開祖・親鸞《しんらん》も「念仏一つで救われる」という教えによって多くの人々を救いました。しかし、既存の仏教教団からの反感を買い、親鸞は越後国（現在の新潟県）へ流罪となります。それにもかかわらず、共感する弟子たちの布教活動によって浄土真宗は全国に広まりました。

浄土真宗では、浄土宗がするような『般若心経《はんにゃしんぎょう》』を唱えたり、写経したりすることはありません。また、親鸞自身が妻を持っていたこともあり、僧侶が結婚をすること、肉を食べることも許すなど、より人間らしく親しみやすい宗派になっているのも特徴です。この**浄土真宗からは「浄土真宗本願寺《ほんがんじ》派」や「真宗大谷《おおたに》派」などが分立**しています。

最後の**「時《じ》宗」**も、**浄土信仰から生まれた宗派の一つ**です。

時宗の教えは「仏の力は絶対だから、念仏さえ唱えれば極楽浄土へ行ける」というものです。生きているうちに極楽浄土に行ける感謝を示すために、太鼓や鉦《かね》などを打ち鳴らし、踊りながら念仏を唱える「踊り念仏」を始めました。

この踊り念仏が「盆踊り」のもとになっているといわれており、現在でも多くの人たちに親しまれています。

このように、浄土信仰から生まれた宗派はあまり堅苦しさがありません。**信仰のしやすさから庶民に広がり、多くの人の心の拠り所となりました。**

仏教は時代や文化に応じてかたちを変えながらも、人々の心に寄り添い続け、その本質的な教えは今日まで脈々と受け継がれているのです。

学びのポイント

- シッダールタ（お釈迦さま）は過酷な修行には意味がないと気がつきました。そして、菩提樹の下で静かに瞑想することで悟りを開きました。
- 飛鳥時代の指導者は仏教で国をまとめようとしました。国民に共通のルールや道徳を学ばせようとしたのです。
- 平安時代中期頃に「末法思想」という考えが広まりました。このときから仏教は庶民にも受け入れられる形に変化します。
- 「浄土宗」「浄土真宗」などは庶民のあいだで広まりました。念仏を唱えるだけのシンプルな教えが受け入れられたのです。

24

ヒンドゥー教はいったいどんな宗教なのか？

個性豊かな神々が特徴的な「ヒンドゥー教」は、なぜインドを中心に信仰が広がったのでしょうか。その起源にはバラモン教の存在がありました。

これ大事！

- ヒンドゥー教は世界第3位の信者数
- インド人口の約8割がヒンドゥー教徒
- ヒンドゥー教の前身はバラモン教

聖なる川で沐浴するヒンドゥー教の宗教行事クンブメーラ。

ヒンドゥー教の歴史

「ヒンドゥー教」は、世界で3番目に信者の多い宗教です。人口が14億人もいるインドでは約8割がヒンドゥー教徒だといわれています。

ところが、**インドと周辺国以外でヒンドゥー教はほとんど信仰されていません**。いったいなぜでしょうか？

その理由を知るために、まずは「ヒンドゥー」という言葉について考えてみましょう。「ヒンドゥー」の語源は、現在のパキスタンに流れているインダス川です。当時、インダス川は現地の言葉で「Sindhu」と呼ばれていました。

その後、異民族がその地に侵入すると、自分たちと区別するために、インダス川流域の先住民をヒンドゥーと呼ぶようになったのです。**語源的には、インドとヒンドゥーは一緒の言葉**です。

じつは、ヒンドゥー教がいつ成立したのかは明らかになっていません。というのも、ヒンドゥー教はキリスト教やイスラム教のような特定の開祖がおらず、**各地の土着神や民族信仰を取り込みながらじわじわと発展していった宗教**だからです。

地政学
歴史
宗教
経済

ただし、ヒンドゥー教の前身とされている「バラモン教」の歴史をたどることで、ヒンドゥー教の〝輪郭〟が見えてきます。

バラモン教の教えを受け継ぐ

紀元前1500年頃、「アーリア人」という人種が中央アジアからインドにやってきました。アーリア人は、雨や雷などの自然現象を神として敬《うやま》っていました。火や水といった自然の神々を儀式で祀ることで、自然災害を免れ幸福がもたらされると信じていたのです。アーリア人は、インドにやってきて先住民であるドラヴィダ人を支配します。

インド社会がつくられる中で、アーリア人とドラヴィダ人が共存し、独特な階層構造が生まれました。

アーリア人は神々との特別なつながりを持つとされ、宗教儀式を執り行う特権を独占していました。**この宗教的権威が次第に社会的影響力へと発展し、アーリア人がインド社会の主要な地位を占めるようになったのです。**

これがのちに、**「カースト制度（ヴァルナ制度）」として知られる複雑な階級システムの起源**

アーリア人の侵入

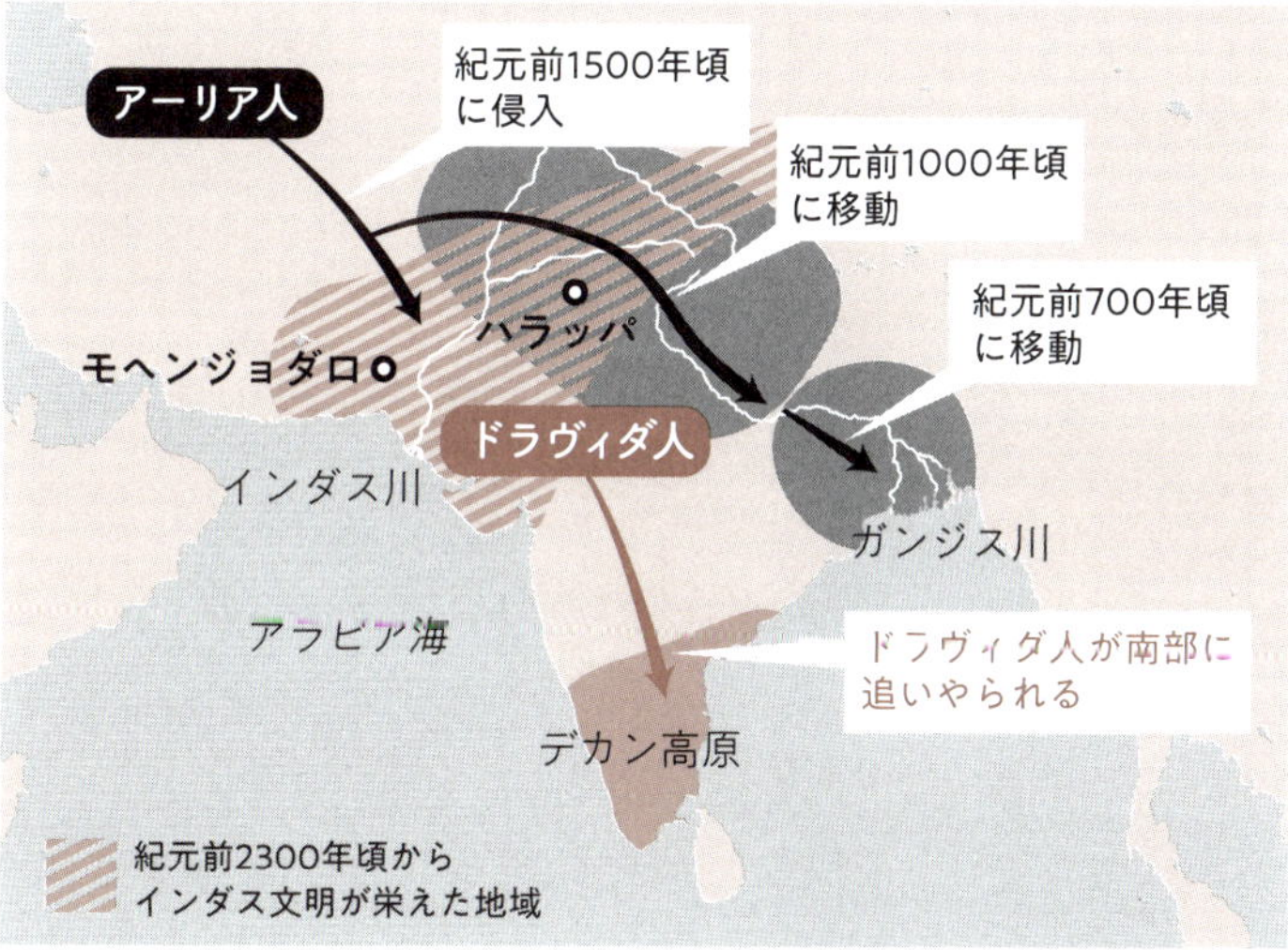

になったと考えられています。

インド社会において、アーリア人は支配者階級、ドラヴィダ人は被支配者階級というように分けられました。なかでもカーストの頂点に君臨したのが、神々にまつわる祭祀を行う「バラモン」です。その権力は絶対的でした。

しかし、次第に「バラモンは宗教的儀式を形式的にやっているだけではないか？」という疑問を持つ人たちが現れます。力をつけ始めた王族・武士階級の「クシャトリヤ」と商人階級の「ヴァイシャ」です。彼らは「ただ形式的な儀式をやっているだけのバラモンが、我々よりも権力を持っているなんて不公平だ」と考えたのです。

「バラモン教」から「ヒンドゥー教へ」

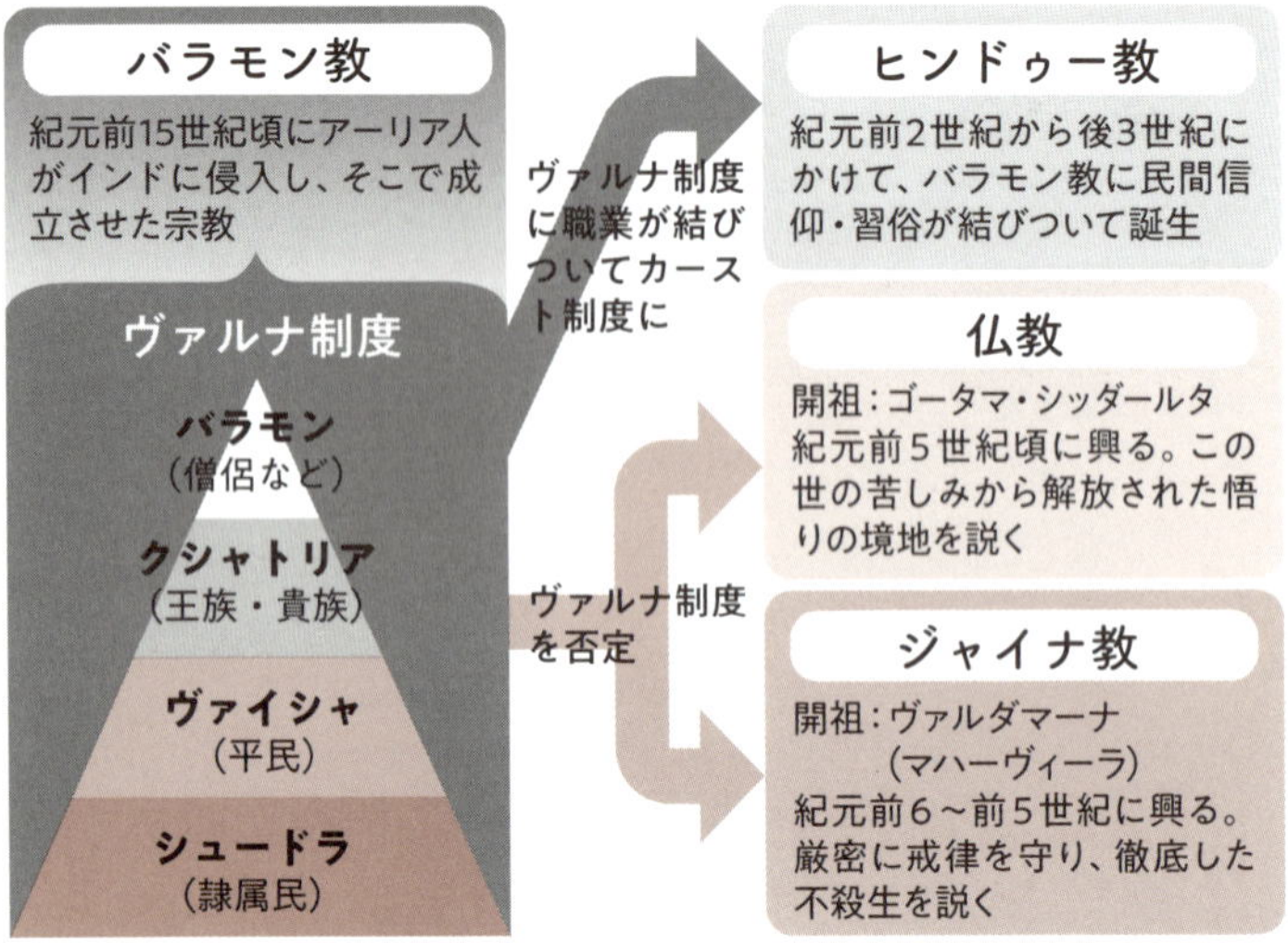

バラモン教
紀元前15世紀頃にアーリア人がインドに侵入し、そこで成立させた宗教
ヴァルナ制度
バラモン
(僧侶など)
クシャトリア
(王族・貴族)
ヴァイシャ
(平民)
シュードラ
(隷属民)
ヴァルナ制度に職業が結びついてカースト制度に
ヴァルナ制度を否定
ヒンドゥー教
紀元前2世紀から後3世紀にかけて、バラモン教に民間信仰・習俗が結びついて誕生
仏教
開祖:ゴータマ・シッダールタ
紀元前5世紀頃に興る。この世の苦しみから解放された悟りの境地を説く
ジャイナ教
開祖:ヴァルダマーナ
(マハーヴィーラ)
紀元前6~前5世紀に興る。厳密に戒律を守り、徹底した不殺生を説く

その結果、**バラモン教のルールに逆らうようにして別の宗教が生まれました。**それが、仏教やジャイナ教です。仏教はクシャトリヤ階級のシッダールタ（のちのブッダ）、ジャイナ教はクシャトリヤ階級のヴァルダマーナ（のちのマハーヴィーラ）によって始まりました。

とはいえ、**多くの人たちの生活の中でバラモン教の教えは存続し、それがヒンドゥー教へと続きます。**紀元前2世紀～後3世紀、バラモン教がインドの地に古くから根づいていた民間信仰などを吸収し、ヒンドゥー教として発展していったのです。

こうした経緯があり、ヒンドゥー教にはこれといった信仰体系があるわけではありません。

個性豊かな神々

ヒンドゥー教の神には、どのような特徴があるのでしょうか。

ヒンドゥー教は「多神教」ですが、なかでも有名な神が、**創造神ブラフマー**（この世を創った神）、**守護神ヴィシュヌ**（この世を維持する神）、**破壊神シヴァ**（この世を破壊する神）の三つです。

ブラフマーは、四つの顔と4本の腕を持つ姿で描かれることが多い神です。宇宙の創造神とされていますが、神話が乏しいこともあり、他の二つの神さまよりも信仰の対象になることはなかったといいます。

ヴィシュヌは、青い肌と4本の腕を持つ姿で表現され、しばしば蓮の花の上に座っています。ヴィシュヌは世界の秩序を守護し、危機の際には化身となって地上に降臨すると信じられています。たとえば、**仏教で有名なブッダ**（お釈迦さま）**もヒンドゥー教の世界ではヴィシュヌの化身の一つ**です。

宗教

シヴァは、破壊だけでなく創造の力も持つとされます。瞑想する姿やナタラージャ（宇宙の踊り手）として描かれることが多く、第三の目や首に巻かれた蛇、頭についている三日月などが特徴的です。

ちなみに、日本では七福神が親しまれていますが、**じつはここにもヒンドゥー教の神さまが在籍**しています。

大黒天はヒンドゥー教の神「マハーカーラ」です。マハーカーラはシヴァの別名とも考えられている暗黒の神さまです。毘沙門天《びしゃもんてん》は財宝の神「クベーラ」、弁財天は水と豊穣の神「サラスバティー」です。このようにヒンドゥー教は、私たちが知らないところで日本の伝統的な信仰にも溶け込んでいるのです。

聖典とその教え

ヒンドゥー教の聖典は『ヴェーダ』です。『ヴェーダ』は「聖なる知識」という意味があり、『リグ・ヴェーダ』『サーマ・ヴェーダ』『ヤジュル・ヴェーダ』『アタルヴァ・ヴェーダ』の4種類が存在します。

これらの聖典には、神々への讃歌から神話まで多くの話がまとめられています。なかでも**『リグ・ヴェーダ』はインド最古の文献**といわれており、神々への讃歌が全10巻1028篇にわたって載っています。

ヴェーダと同じように大切にされているのが、**民族の歴史や神話をまとめた『マハーバーラタ』や『ラーマーヤナ』という叙事詩《じょじし》**です。他にも、『プラーナ文献』というヒンドゥー百科事典的な聖典も重要視されています。

最後に、**ヒンドゥー教の特徴的な考え方の一つ、「輪廻《りんね》転生《てんしょう》」**について見ていきましょう。人は死後もふたたび生を受け、現世で善行を積めばより良い環境に生まれ変わり、悪行をすれば悪い境遇に転生するという考えのことです。

輪廻転生の考えは仏教にも取り入れられていますが、もとをたどるとバラモン教に由来するものです。

仏教もヒンドゥー教も、目指すのは「解脱《げだつ》」です。解脱とは、死と再生のサイクルから抜け出し、より高い次元の存在に至ることを指します。

ただし、目指す方法は異なります。仏教では主に瞑想をしますが、ヒンドゥー教にはさまざまな方法が存在しています。

なかでもよく知られているのが「ヨガ」です。現在では、健康法やダイエットの手段として広まっていますが、もともとは解脱を目指すための修行として行われていたのです。

日本においても、ヒンドゥー教の思想や哲学が少なからず影響を与えてきたことがわかります。

特に仏教を通じて輪廻転生の考え方が伝わり、日本独自の宗教や哲学に取り入れられました。また、ヨガは現代の日本でも健康法として広く認知され、日常生活に溶け込んでいます。

このように、ヒンドゥー教は、日本の精神文化にも一定の影響を与えているといえるのです。

学びのポイント

- 仏教もジャイナ教もバラモン教から派生したものです。二つの宗教はバラモン教の身分制度を否定しました。
- ヒンドゥー教は土着の信仰などを吸収して発展した宗教です。そのため、これといった信仰体系があるわけではありません。
- じつは、日本の七福神の中にはヒンドゥー教の神がいます。ヒンドゥー教は日本の信仰とも密接に関わっているのです。
- インドでは古来「輪廻転生」が信じられており、ヒンドゥー教では解脱のためにヨガなどの修行をします。

第 4 章

「経済」から世界を読み解く

先進国の多くで採用されている「資本主義」とは何か、
日本も経験した「バブル」はなぜ起きるのか、
ドルと円の為替相場は何を意味するのか……。
私たちにとって身近な「経済」の不思議を
歴史の観点から読み解いていきましょう！

スラム街の背後にそびえる高層ビル。格差は資本主義の宿命だ。

25

そもそも「資本主義」とはどんなしくみか？

多くの先進国で採用されている「資本主義」は、いったいどのような経緯で生まれ、どのように移り変わってきたのでしょうか。

これ大事！

- 18世紀のイギリスで「資本主義」が誕生
- 平等を目指して「社会主義」が生まれた
- 世界恐慌により「修正資本主義」も登場

「資本」を中心とした経済システム

日本をはじめとする多くの国では、「資本主義」による自由な経済活動が行われています。そのため、「資本主義」という言葉は当たり前のように使われているわけですが、その意味をよくわかっていない人も多いのではないでしょうか？

そもそも「資本」とは、**商売や事業をするために必要な元手となるお金のこと**です。「より多くのお金を手に入れるためのお金」ともいえるでしょう。

資本主義とは、その「資本」を中心とした経済システムのことです。資本主義社会では、**個人や企業が自由に資本を所有し、利益を追求することができます。**お店を開いたり、工場を建てたりするための資本は、個人や企業が自由に使えるのです。

資本を使って生み出された商品やサービスは、市場で自由に売買されます。価格は「需要」と「供給」のバランスで決まり、政府が決めるわけではありません。

この経済システムには、**資本を持つ人々（資本家）と、労働力を提供する人々（労働者）の二つの階級が存在**します。

資本家は利益を得るために労働者を雇い、労働者は賃金を得るために働きます。資本主義

資本主義のシステム

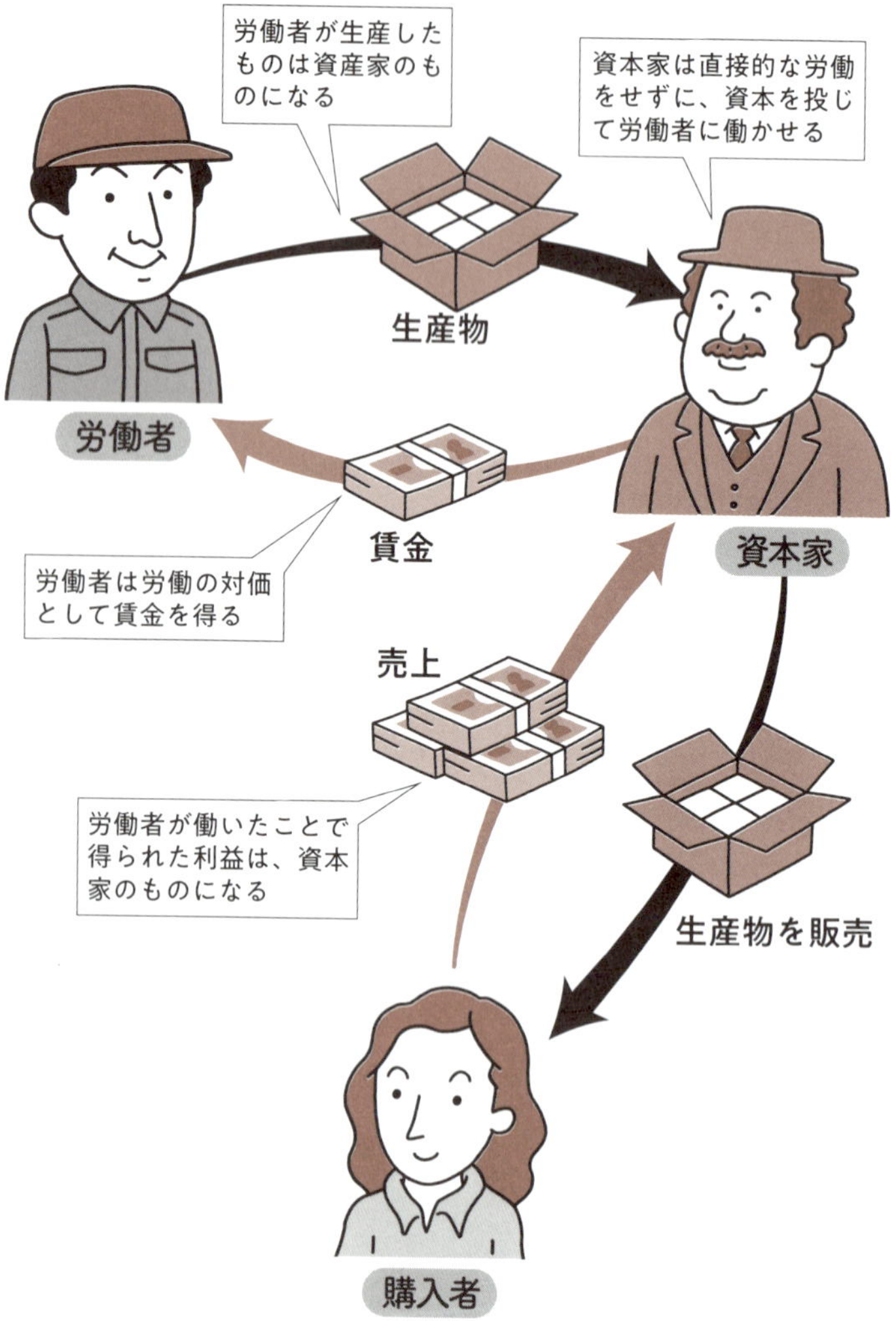

労働者が生産したものは資産家のものになる
資本家は直接的な労働をせずに、資本を投じて労働者に働かせる
生産物
労働者
資本家
賃金
労働者は労働の対価として賃金を得る
売上
労働者が働いたことで得られた利益は、資本家のものになる
生産物を販売
購入者

社会では、このようなしくみによって経済活動が活発に行われ、技術革新や経済成長が促進されるのです。

現在では、日本やアメリカ、イギリス、フランスなど先進国のほとんどがこの「資本主義経済」です。

資本主義の成り立ち

そもそも資本主義は、どのような経緯で生まれたのでしょうか？　その歴史を紐解いてみましょう。

資本主義は、18世紀のイギリスで始まりました。当時、イギリスでは毛織物が人気の商品でした。お金持ちの地主たちは農民から土地を取り上げて、そこに柵をつくって羊を育て始めました。

これで仕事を失ってしまったのが、農民たちです。彼らは新たな職を求めて村を出ると、工場制手工業（マニュファクチュア）に吸収されます。工場制手工業は、**資本家が工場を設立し、多くの労働者を雇って一つの場所で働かせる生産方式**です。労働者たちは分業して協力し合い、手作業で製品をつくります。この方法によって生産効率が上がり、より多くの商品をつくることができるようになったのです。

さて、土地を追われた農民は、労働者として大都市の工場で働くようになりました。工場などの生産手段を持つ「資本家」階級と、そこで雇われる「労働者」階級の関係が生まれたのはこのときです。

その後、イギリスでは産業革命が起りました。産業革命とは、**手作業中心の生産方法が機械を使った工場での大量生産に変化した技術革新**です。「工場制手工業」から、機械を使って生産する「工場制機械工業」へと発展したわけです。

この産業革命が世界中に広まっていくことで、資本主義経済はどんどん拡大していきました。

「社会主義」の出現

資本主義が成立した当初、欧米では資本家の権力が強く、労働者がそれに対抗できないことが大きな問題となっていました。労働組合のようなものも存在しなかったため、労働者は

「資本主義」と「社会主義」

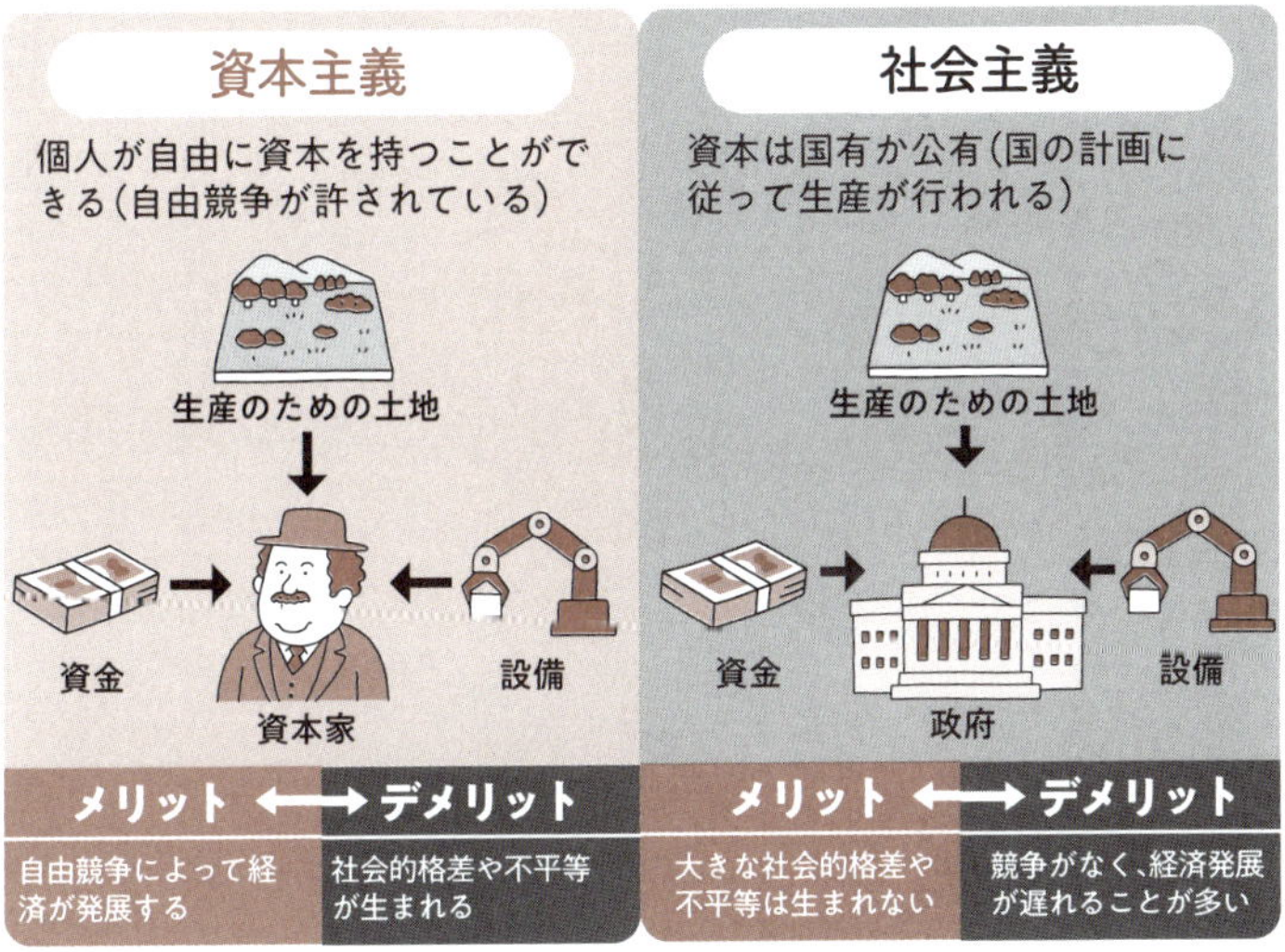

劣悪な条件のもと、低賃金で働かされることを余儀なくされていたのです。

19世紀半になると、資本主義の問題点を解決するための新しい思想が提示されました。**ドイツの経済学者カール・マルクスや社会思想家フリードリヒ・エンゲルスらが唱えた「社会主義」**です。

社会主義とは、**生産手段の共有と平等な分配を目指す考え**のこと。個人の利益よりも社会全体の利益を重視し、階級格差の解消を目標とします。

社会主義にのっとって経済活動が行われている国では、ほとんどの会社が「国営」となっているため、利益はすべて国のものになります。労働者全員が国の管轄で働く公務員といえばイメージしやすいかもしれません。

20世紀に入ると、1917年のロシア革命によって世界初の社会主義国家ソ連（ソビエト連邦）が樹立されました。第二次世界大戦後、社会主義は東欧や中国、キューバなどに広まりましたが、経済が非効率なことや人権抑圧などの問題が生じている現実もあります。

変化していく資本主義のかたち

1929年になると、アメリカのニューヨーク株式市場で株価が大暴落したことをきっかけに世界恐慌（261ページ）が起こりました。この世界恐慌によって企業の倒産が相次ぎ、工場は閉鎖され、多くの人が職を失います。資本主義国では、それぞれの国が経済の立て直しを迫られることになりました。

そんな中で生まれたのが、「修正資本主義」という考え方です。これは、「**経済は市場に任せるだけでなく、政府が介入することで資本主義の持つ問題点を解消できる**」というものです。政府が経済にも介入するということは政府の管轄が大きくなることを意味するため、「大きな政府」と呼ばれます。

変容する資本主義

18世紀後半 資本主義の成立	→ 1930年代～ 修正資本主義の時代	→ 20世紀後半～ 新自由主義の時代
イギリスの産業革命をきっかけに成立。アダム・スミスは、自由競争に任せておけば、“神の見えざる手”によって調整され、社会全体に利益がもたらされると考えた。	世界恐慌による失業問題を解決すべくケインズが提唱。政府が積極的に経済活動に介入することで恐慌を克服できると考えた。アメリカのニューディール政策が典型例。	政府の経済への介入を最小限に抑えて、自由市場と競争を重視する考え方。フリードマンは民間に任せて自由な競争をしたほうが経済活動がうまくいくと主張した。
小さな政府	大きな政府	小さな政府

アダム・スミス	ケインズ	フリードマン

修正資本主義の考え方は、1930年代にアメリカで実施されたニューディール政策に大きな影響を与えました。ニューディール政策は、政府が公共事業を行うことで失業者に仕事を与え、経済を活性化させようとするものでした。

また、政府は労働者の権利を保護する法律を制定したり、社会保障制度を整備したりすることで、国民の生活を守ろうとしました。

こうした政府の介入により、資本主義の欠点である景気の変動や貧富の格差を緩和することができると考えられたのです。修正資本主義は**完全な自由放任でもなく、政府による全面的な統制でもない、中間的な**

立場をとります。

日本でも戦後、この考え方が取り入れられ、政府が経済計画を立てたり、産業政策を実施したりしました。これによって高度経済成長を実現し、比較的平等な社会をつくり上げることができたのです。

経済学者たちの思想

最後に、著名な経済学者たちが「資本主義」をどのようにとらえていたのかを簡単に見ていきましょう。

イギリスの経済学者アダム・スミス（1723〜90年）は、「自由放任主義」という立場をとりました。これは、国家が経済活動に介入しなくても自由競争に任せておけば〝神の見えざる手〟に導かれるように自然と調整され、結果的に社会全体に利益がもたらされるという主張です。この思想は、政府が経済へ介入することを可能な限り小さくするという意味で「小さな政府」と表現されます。

なお、アダム・スミスは「近代経済学の父」と呼ばれ、その著書である『国富論』は近現代における経済学の基礎中の基礎と位置づけられています。

ドイツの経済学者カール・マルクス（1818～83年）は、『資本論』という著書で資本主義経済の秘密を暴いていきました。そのうえで「**資本主義の矛盾により革命が発生して社会主義に移行する**」と主張しました。マルクスのいう「資本主義の矛盾」には、資本家の私的利潤の追求や、労働の搾取、貧富の差の拡大などが挙げられます。

イギリスの経済学者ジョン・メイナード・ケインズ（1883～1946年）は、アダム・スミスの考えを否定しています。政府の権限を拡大しようとする「大きな政府」志向だった彼は、「**政府が積極的に経済活動に介入すれば、恐慌は克服できる**」と主張しました。この理論は「ケインズ経済学」と呼ばれるまでに発展して、いまでもその理論を支持する多くの「ケインジアン」を生み出すこととなりました。

アメリカの経済学者ミルトン・フリードマン（1912～2006年）は、アダム・スミスの自由放任の考え方をさらに徹底的に推し進めました。**人間にとって何よりも大事なことは〝自由〟**であり、義務教育や国立病院、郵便サービスなども**民間に任せて自由な競争をしたほうがうまくいく**と主張しています。

フリードマンらの理論をもとに形づくられたのが「新自由主義」です。新自由主義は、**政**

府の経済への介入を最小限に抑え、自由市場と競争を重視する経済思想や政策のことを指します。

1980年代、イギリスのサッチャー首相やアメリカのレーガン大統領が新自由主義的政策を採用しました。

資本主義では、不況になると倒産や失業につながり、貧富の差が大きくなっていきます。その一方で、好きな仕事を自分の意思で選ぶことができますし、いつでも誰でも起業してお金を稼ぐチャンスがあります。

このように資本主義にはメリットもデメリットもありますが、現代にいたるまで非常に長く続いている経済システムが資本主義なのです。

学びのポイント

- 土地を追われた農民は「労働者」として工場で働きました。このときから、資本家と労働者の関係が生まれました。
- 資本主義では個人や企業が自由に利益を追求できます。しかし、貧富の差が増加するという問題もあります。
- 資本主義によって、労働者の搾取が問題になりました。この問題を解決するために生まれたのが社会主義です。
- 世界恐慌によって、各国は経済の立て直しを迫られました。このためアメリカは、ニューディール政策を実施したのです。

世界恐慌の取り付け騒ぎでアメリカ連合銀行に集まる群衆。

26

世界恐慌を起こした決定打

1929年、経済の中心地だったアメリカから各地へと波及した世界規模の大不況「世界恐慌」はどのような経緯で起きたのでしょうか。

これ大事！

- アメリカ経済が急成長して株価が高騰
- 株価暴落が世界中に波及した
- 各国の対応が世界大戦の要因に

世界経済のリーダーになったアメリカ

「世界恐慌」は、「世界が、恐ろしく、慌てる」と書きます。その言葉どおり、世界恐慌が始まった1929年から世界中で経済が破綻《はたん》し、失業者があふれかえりました。アメリカ、イギリス、ドイツなどの欧米諸国だけではなく、日本もまた大きな影響を受けました。この大恐慌が、世界の歴史を大きく動かしたことは間違いないでしょう。

では、世界恐慌はなぜ起きたのでしょうか。

第一次世界大戦（1914～18年）で**主戦場となったヨーロッパでは、多くの人が亡くなり、土地も経済も荒れ果てました。** 農業や工業もうまく回らなくなり、食べ物や日用品が十分に生産できなくなるほどでした。

そんなヨーロッパを助けたのがアメリカです。 アメリカも第一次世界大戦に一応の参加はしていましたが、大きなダメージは受けていません。ヨーロッパに軍隊や物資を送っていただけで、アメリカ国内が戦場になることがなかったからです。そのため、アメリカの企業や農家は直接大きな影響を受けることはありませんでした。

物資が不足するヨーロッパと、輸出を拡大させるアメリカ。 この構図によって、アメリカは大きな利益を得たのです。

こうしてアメリカ経済は急成長し、瞬く間に世界経済のリーダーへとのぼり詰めていきます。それを見ていた世界中の投資家たちが、成長するアメリカ企業にこぞって投資をしたことで、株価は急上昇しました。この上がり幅はすさまじく、**1924～29年の5年間でダウ平均株価**（**アメリカの代表的な株価指数**）**が5倍に高騰**するほどでした。

「暗黒の木曜日」

しかし、そんなアメリカの急成長にも終わりの時が訪れます。ヨーロッパの国々の経済が、戦後の落ち込みから立ち直り始めたのです。産業が回復して自分の国だけでも農作物や工業製品を生産できるようになると、**ヨーロッパでは「わざわざアメリカから買わなくても」と、アメリカの製品が売れなくなっていきました。**

それにもかかわらず、工場や人を配置して生産体制を整えていたアメリカ企業は、それまでどおり猛スピードで製品をつくり続けました。このとき、**アメリカは明らかな生産過剰に陥っていた**のです。世界中の投資家たちも、「アメリカの成長が止まるなんてあり得ない！」

世界恐慌が起きたメカニズム

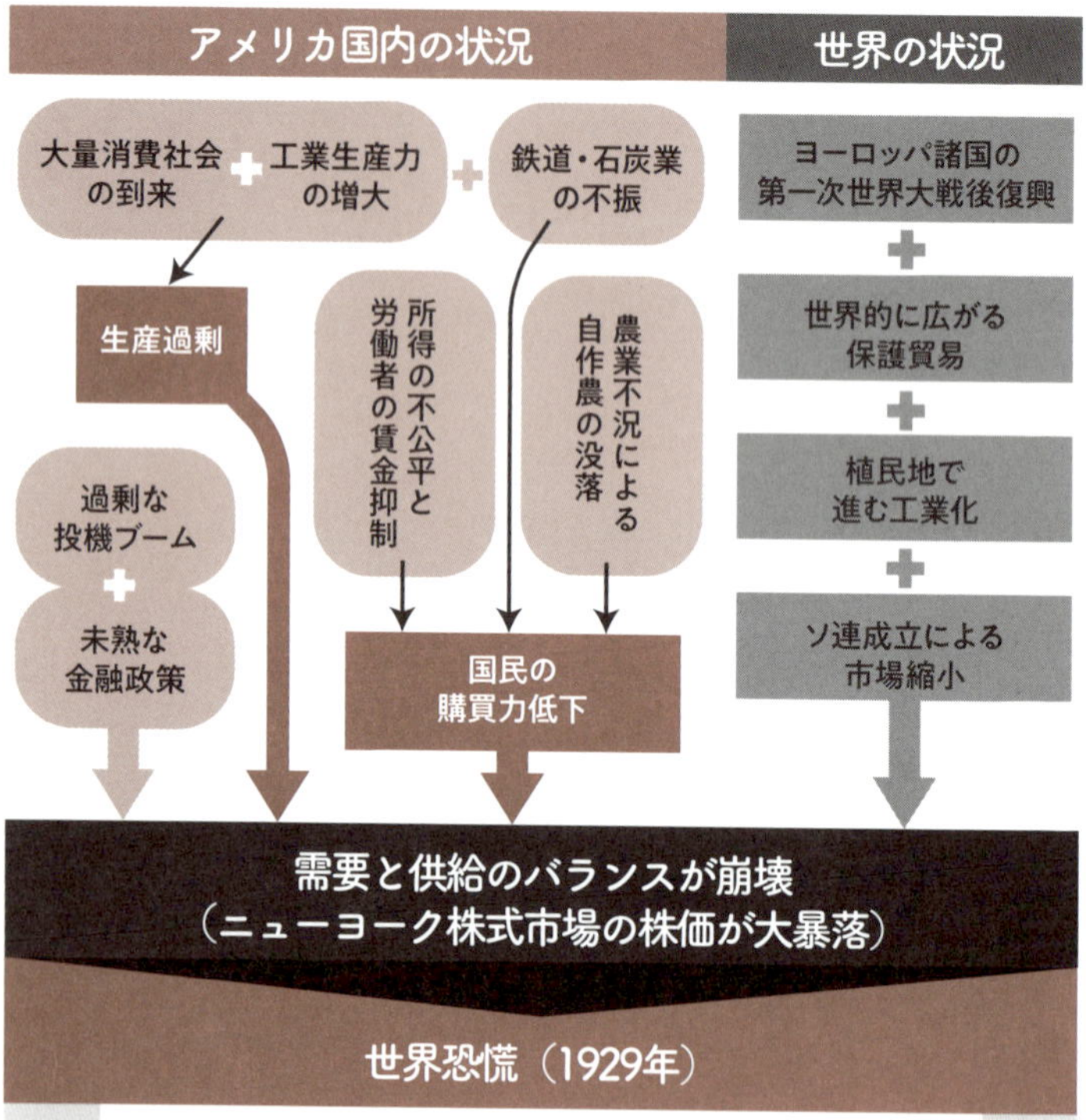

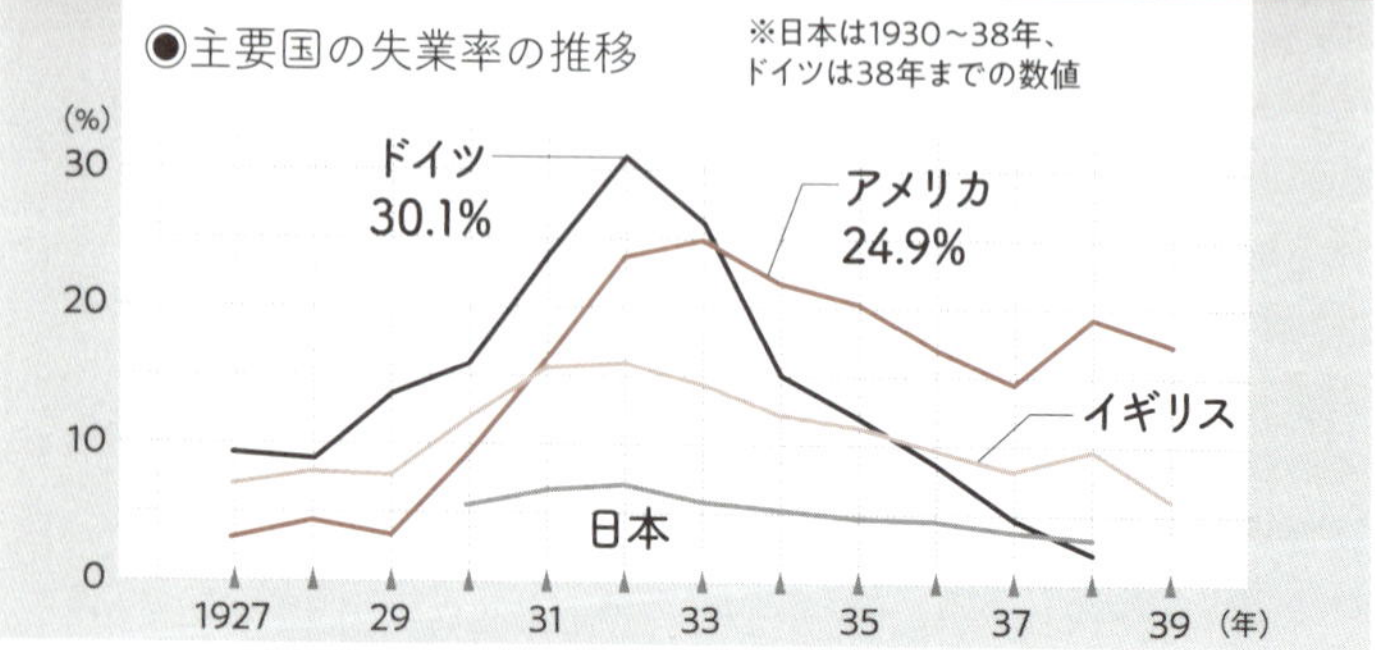

出所：『マクミラン新編世界歴史統計』（東洋書林）

とばかりに株を買い続けました。

つまり、**実際にはもう成長が止まっているにもかかわらず、アメリカ企業の株は買われ続け、株価がどんどん上昇**していったのです。そして、実態と株価の「矛盾」が大きくなり、それに耐えきれなくなったところで〝大爆発〟を起こします。**「暗黒の木曜日」と呼ばれる１９２９年10月24日、ニューヨーク株式市場で、株価が大暴落**したのです。これが世界恐慌の始まりでした。

こうなると、慌ててアメリカ株を手放し、現金に換えようとする人たちが出てきます。それまでアメリカン・ドリームを夢見ていた世界中の投資家たちが、現実に気づいて手を引いていきました。「少しでも高いうちに売ってしまおう」という心理も相まって株価はどんどん下落し、出遅れた人たちも次々とアメリカ株を売りに出します。金融街であるウォール街は大混乱に陥りました。

しかし、恐ろしいのはこれからです。混乱する金融街で預金封鎖などが起き、「お金が引き出せなくなる」という話が広まったため国民はパニックに陥ります。一度に大量の現金が引き出された結果、運転資金が足りなくなった銀行が倒産。さらに、銀行から融資を受けていた企業も倒産してしまいました。もちろん、そこで働いていた人たちも失業するわけですから、街は無職の人であふれかえりました。失業者は１９３０年で４３０万人、31年は８００万人。そして１９３２〜33年には１２００万人を超え、**失業率は25％にまで達した**といいます。実質ＧＤＰ（国内総生産）も、１９２９〜33年のあいだで27％も縮小しました。

ちなみに、ダウ平均株価はいちばん高いときの３８６ドルから、34か月をかけて41ドルまで下落していきます。**下落率はじつに約90％**。資産が10分の1近くまで減ってしまうというのは計り知れないダメージでした。

これは世界に波及します。第一次世界大戦後、アメリカは戦後復興のための資金をヨーロッパに貸していました。このため、資金の借り手であったヨーロッパにも不況の影響がおよんだのです。日本などの資本主義国もアメリカと貿易を行っていたため、不況の煽りを受けました。こうしてアメリカで始まった株価暴落劇は、瞬く間に世界中を巻き込んだ世界恐慌へと拡大してしまったのです。

各国はどう対応したのか？

世界恐慌への対策として、アメリカではフランクリン・Ｄ・ルーズベルト大統領のもと、

恐慌の影響を受けた国の対応策

持てる国

アメリカ

ルーズベルト大統領のもと、「ニューディール政策」が進められる。農作物の生産を調整したり、雇用創出のために公共事業を推進するなどして、経済の立て直しを図った

イギリス

広大な植民地を持つイギリスは、植民地との貿易を安い関税で行う一方で、他国からの輸入品に高い関税をかける「ブロック経済（スターリング・ブロック）」の政策を進めた

フランス

イギリスと同様に、「ブロック経済」（フラン・ブロック）を形成。金本位制を通じて西ヨーロッパ諸国（オランダ・ベルギー・スイスなど）と結束した

持たざる国

ドイツ

ヒトラー率いる国民社会主義ドイツ労働者党（ナチス）が台頭。ヴェルサイユ体制の打破を訴えて軍拡、侵攻を始める

イタリア

法律によって強制的にカルテルを形成。また、軍拡・侵略政策を推進し、エチオピアに侵攻する

日本

満足に貿易も行えない日本は、植民地を獲得すべきとの声が強くなり、軍部の発言力が増大。不況から抜け出すために、中国東北部の満州を占領・開拓することを目論む

「ニューディール政策」が実施されました。この政策は、公共事業の拡大、農業支援、労働者の権利保護など幅広い分野での改革を含むもので、経済回復に一定の効果をもたらします。

イギリスやフランスなどのヨーロッパ諸国は、自国の経済を守るために保護主義的な政策を採用しました。これは「ブロック経済」と呼ばれ、**自国と植民地間での優先的な貿易を促進するもの**でした。しかし、この政策は国際貿易を縮小させ、世界経済の回復を遅らせる要因となりました。

恐慌の影響をもろに受けたのが、ドイツ・イタリアなどの経済基盤の弱い国です。

特にドイツは、第一次世界大戦後の賠償金支払いの負担もあり、深刻な打撃を受けました。ドイツの失業率は30%を超え、政治的な不安定さが増大。**これがナチスの台頭につながりました。**

日本も世界恐慌の影響を大きく受けています。

1930年代初頭、日本の輸出産業は壊滅的な打撃を受け、農村部では深刻な不況に陥りました。**この経済的混乱が、日本の軍国主義化を加速させる一因になった**ともいわれています。

このように世界恐慌は、単なる経済危機にとどまらず、国際政治にも大きな影響を与えました。植民地を持たない国は、自らもブロック経済圏をつくろうと領土獲得に動きます。具体的には、ドイツではナチスが、日本では軍部の発言力が強まり、**これらの動きが第二次世界大戦へとつながっていく**のです。

世界恐慌からの回復には長い時間を要しました。多くの国々で、完全な経済回復は第二次世界大戦後まで待たなければなりませんでした。

しかし、世界恐慌は各国に経済政策の重要性を認識させ、社会保障制度の充実や労働者の権利向上など、社会福祉の基礎を築くきっかけにもなりました。

経済、政治、社会のあらゆる面で深刻な打撃を与えた世界恐慌は、私たちに経済の安定の重要性と、国際協調の必要性を強く認識させる歴史的な教訓となったのです。

学びのポイント

- 第一次世界大戦後、アメリカ経済が急成長したため、世界中の投資家がアメリカ企業に投資を始めました。
- アメリカ経済の実態と株価の矛盾が拡大し、1929年の「暗黒の木曜日」に株価が大暴落しました。
- 世界恐慌は失業率を急激に上昇させ、各国に社会不安と政治的不安定をもたらしました。
- イギリス・フランスが「ブロック経済」を実施したため、ドイツ・日本などは世界経済からはじき出されました。

27

「チューリップ・バブル」の熱狂を風刺した絵画。

「バブル」が起きたヤバすぎる悪循環

バブルが崩壊し、「失われた20年」と呼ばれる長い経済停滞の時代を迎えた日本。日本が経験した「バブル」とはなんだったのでしょうか。

これ大事！

- 資産価格が異常に高騰し、バブルが起きる
- 日本は1980年代後半にバブルに」突入した
- バブル崩壊後、日本は長期の経済停滞に

バブル崩壊と「失われた20年」

日本では1980年代後半、不動産や株式の価格が急上昇するなどして「バブル経済」と呼ばれました。しかし、1990年代に入るとそのバブルが崩壊。その後、長年にわたって経済の落ち込みが続くことになります。

「バブル」とは、**経済活動が本来の姿以上に活発になりすぎる状態**のこと。経済がシャボン玉のように大きく膨らんでしまった姿にたとえてバブルと呼ばれます。

1980年代の後半、日本経済は好景気に沸き、株価も土地の値段も急激に上昇します。日経平均株価は80年代後半の5年間で約3倍になり、3万8915円87銭という当時の史上最高値に達しました。

当時、「土地は値上がりし続ける」と多くの人は考えており、「土地神話」という言葉も生まれました。実際、土地は値上がりを続けます。80年代後半から90年の初めにかけて、**東京の住宅地価格は3倍近く、商業地は4倍近くに高騰**しました。

しかし1990年代に入ると、日本銀行は金融引き締め政策に転じます。そのとたん、バブルは崩壊を始めました。4万円目前だった日経平均株価は2万円台前半まで急落。その後、

地政学
歴史
宗教
経済

バブル期の株価と地価

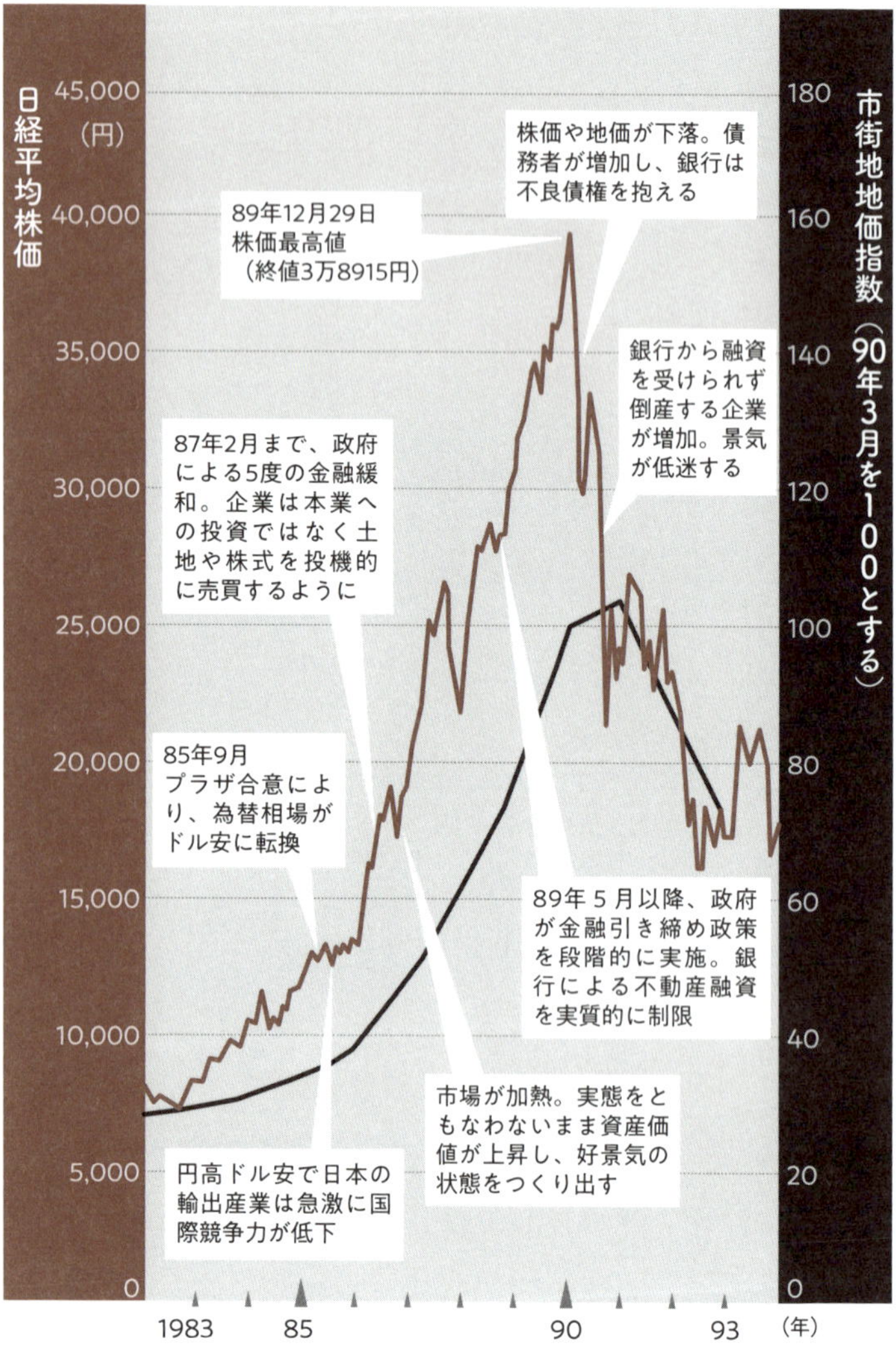

日経平均株価
45,000
(円)
40,000
35,000
30,000
25,000
20,000
15,000
10,000
5,000
0
市街地地価指数（90年3月を100とする）
180
160
140
120
100
80
60
40
20
0
1983
85
90
93
(年)
株価や地価が下落。債務者が増加し、銀行は不良債権を抱える
89年12月29日
株価最高値
（終値3万8915円）
銀行から融資を受けられず倒産する企業が増加。景気が低迷する
87年2月まで、政府による5度の金融緩和。企業は本業への投資ではなく土地や株式を投機的に売買するように
85年9月
プラザ合意により、為替相場がドル安に転換
89年５月以降、政府が金融引き締め政策を段階的に実施。銀行による不動産融資を実質的に制限
市場が加熱。実態をともなわないまま資産価値が上昇し、好景気の状態をつくり出す
円高ドル安で日本の輸出産業は急激に国際競争力が低下

2000年代に7000円台をつけるまで株価は下落し続けました。

地価もバブル崩壊とともに急落し、バブル経済前の水準近くに戻ってしまいます。巨額の負債を抱えて倒産する企業が現れ、銀行も不良債権処理に追われました。企業の業績が落ち込んでしまうことで、国民の生活が苦しくなります。こうして、日本経済は**「失われた20年（30年とも）」と呼ばれる不況に突入**してしまったのです。

業績悪化と消費低迷の悪循環

日本経済は、バブル崩壊で痛手を受けました。株価と地価が暴落したために負債を抱える企業が次々と現れ、倒産も相次ぎます。バブル崩壊直後の1991（平成3）年度には、**倒産件数が1万3578件と、前の年に比べて50％近くも増えました**。

銀行もまた、バブル崩壊によって苦しみました。企業の倒産や不況によって、多くの融資が返ってこなくなります。返済がなくなると、銀行も資金繰りに困ってしまいます。大手金融機関だった山一證券や北海道拓殖銀行が経営破綻《はたん》し、国民に衝撃を与えました。

企業の業績が悪くなると、雇用にも影響を与えます。バブル景気のあいだに1・4倍あった有効求人倍率は1倍を大きく下回ってしまいました。

失業率もバブル崩壊後に上がり続け、バブル景気の最中には2％台だった失業率が、2000（平成12）年には5％にまで上昇。大学を卒業してもなかなか就職にありつけない**「就職氷河期」世代を生み出す原因**にもなりました。職にありつけた人たちも、バブル崩壊後は給与がなかなか上がらず、日本の平均給与はむしろ少しずつ下がり続けました。

企業の業績不振や雇用の不安定さは、将来への不安を生み出します。多くの個人はバブル崩壊後、消費を控えました。ディスカウントストアや100円ショップが人気を呼んだのもこの頃です。

消費が低迷すると企業の業績はさらに悪くなり、日本経済にさらなるダメージを与えます。**こうした悪循環が続き、日本経済は長期にわたる停滞に陥ってしまった**のです。

バブルはなぜ起こるのか？

そもそもバブルはなぜ起こるのでしょうか？

バブル経済では、株価や土地の値段など、資産価格が本来の価値をはるかに超えて高騰します。**バブル経済が生まれるきっかけの一つが、金融緩和**だといわれています。１９８０年代の日本でも、低金利政策や金融自由化が進められました。

こうした政策のもとでは、企業や個人が簡単にお金を借りられるなど資金調達がすぐできるようになり、不動産や株式への投資もしやすくなります。投資が増えれば株価や地価は上昇します。すると、人々は株や土地が将来値上がりすると期待し、積極的に投資に走ります。

ひとたびバブル経済になると、資産価格がこれから値上がりすると期待して、さらに投資が活発になります。この過剰な投資熱が、資産価格をどんどん吊《つ》り上げます。しかし、この資産価格の高騰は、実体経済の成長にもとづいたものではありません。人々の**「資産価格はまだ上がり続けるだろう」という期待に支えられているだけ**です。こうしてバブルがどんどん膨らんでいきます。

しかし、ちょっとしたきっかけで、「資産価格はもうこれ以上、上がらないのでは？」と、投資家心理が冷え込むタイミングがやってきます。そのきっかけは金融引き締めかもしれませんし、たわいもないニュースかもしれません。それによって人々が株価や地価の先行きに疑問を抱いた瞬間、株や土地などの資産がいっせいに売られてしまい、資産価格が暴落します。これが「バブル崩壊」です。

バブルが崩壊すると、企業の倒産や金融機関の破綻を引き起こし、経済に大きなダメージを与えます。人々の投資や消費も減ってしまうことで、長期的な不況に陥る可能性もあります。これが、バブルが生まれてから崩壊するまでの一連の流れです。

「チューリップ熱」で起きた世界初のバブル

チューリップ・バブルは、**17世紀のオランダで発生した、世界で初めて記録されたといわれるバブル**です。高値で取引されていたチューリップの球根の価格が１６３７年に急落し、球根を取引していた人々が経済的な被害を受けました。

16世紀当時、オスマン帝国からヨーロッパへ伝わったばかりのチューリップは、その美しさや珍しさから、富裕層に人気を集めていました。特に白色や黄色のまだら模様が入った品種が珍しく、コレクターのあいだでは高値で取引されました。

やがてチューリップの存在が知れ渡るにつれ、チューリップへの投資が過熱し、投機的な取引が横行するようになります。チューリップの球根を転売して巨額の利益を得ようとしたのです。球根の価格は異常なまでに高騰し、ピーク時には、**球根1個と家1軒が同じくらい**

の価格であったと記録されています。球根の価格はチューリップの本来あるべき価値をはるかに上回り、バブルにあったといえます。

このバブルは、1637年2月に突然終わりを迎えます。とあるチューリップの競売で、買い手がつかなかったのです。それを見た人々は慌てて球根を売ろうとし、球根の価格が暴落。**ピーク時と比べると球根の価格が100分の1になってしまった**といわれています。こうして、多くの人が財産を失いました。借金してまで球根を買い、借りたお金が返済できなくなってしまった人々も多くいたといいます。

バブルは繰り返される

歴史を振り返ると、チューリップ・バブルや日本のバブル経済など、**さまざまなバブルが繰り返し生まれています。**なぜ、バブルは繰り返されるのでしょうか?

バブルが繰り返されてしまう理由には、人間の心理的な要因が関わっています。

大きな理由の一つは、「株価は期待で決まる」という特徴です。「将来株価が上がるだろう」とみんなが思って株を買うと、株への需要が高まり、本当に将来株価が上がります。まるで、

地政学
歴史
宗教
経済

世界で起きた主なバブル

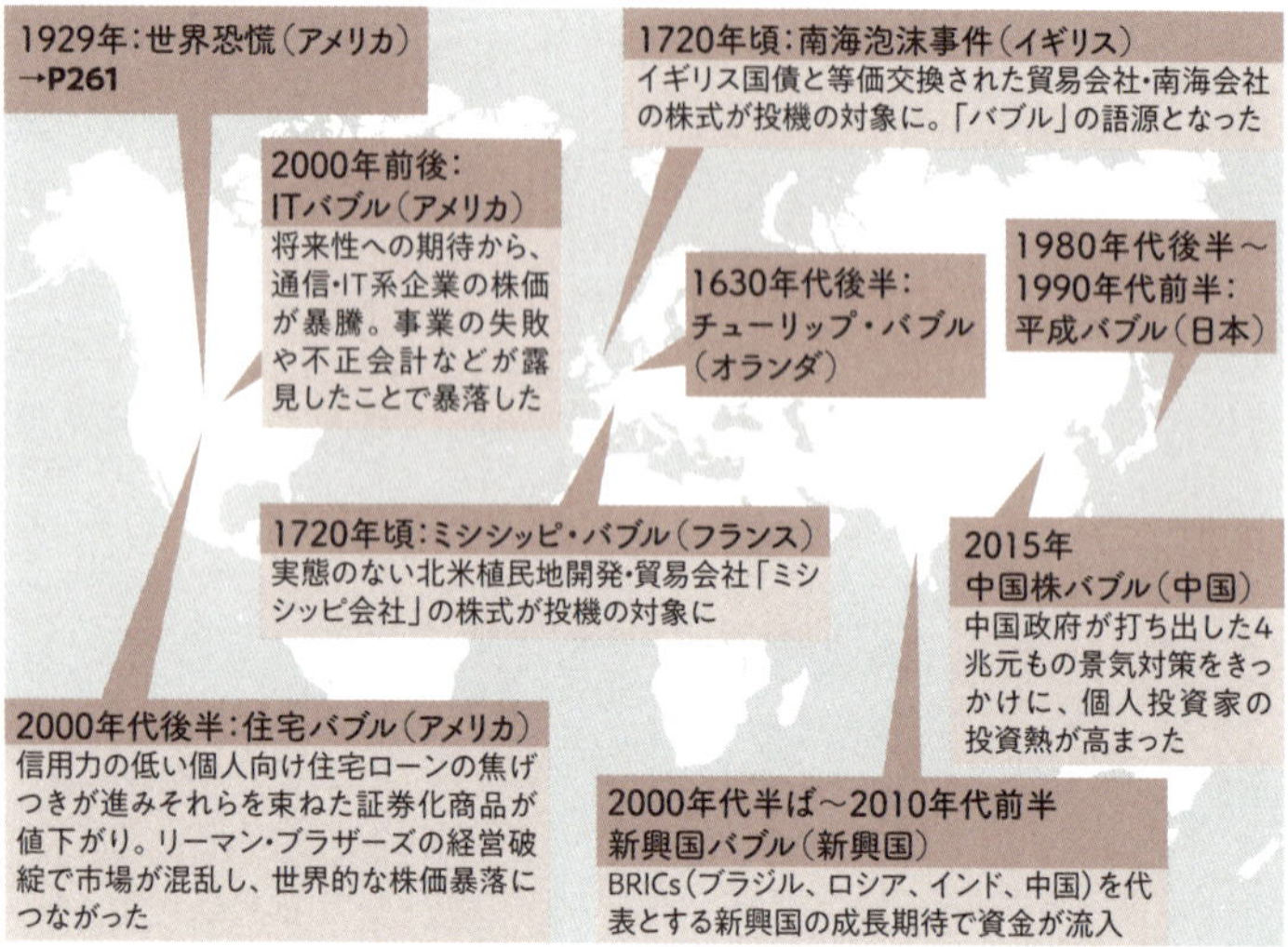
1929年：世界恐慌（アメリカ）
→P261
1720年頃：南海泡沫事件（イギリス）
イギリス国債と等価交換された貿易会社・南海会社の株式が投機の対象に。「バブル」の語源となった
2000年前後：
ITバブル（アメリカ）
将来性への期待から、通信・IT系企業の株価が暴騰。事業の失敗や不正会計などが露見したことで暴落した
1630年代後半：
チューリップ・バブル
（オランダ）
1980年代後半～
1990年代前半：
平成バブル（日本）
1720年頃：ミシシッピ・バブル（フランス）
実態のない北米植民地開発・貿易会社「ミシシッピ会社」の株式が投機の対象に
2015年
中国株バブル（中国）
中国政府が打ち出した4兆元もの景気対策をきっかけに、個人投資家の投資熱が高まった
2000年代後半：住宅バブル（アメリカ）
信用力の低い個人向け住宅ローンの焦げつきが進みそれらを束ねた証券化商品が値下がり。リーマン・ブラザーズの経営破綻で市場が混乱し、世界的な株価暴落につながった
2000年代半ば～2010年代前半
新興国バブル（新興国）
BRICs（ブラジル、ロシア、インド、中国）を代表とする新興国の成長期待で資金が流入

人々の予想が現実をつくり出すかのようにバブルが生じるのです。そして、この「将来株価が上がるだろう」という期待を持たずにいることは、周囲が楽観的な状況では難しいでしょう。「株価が期待で決まる」のは、バブルが崩壊するときにもいえます。「将来株価が下がってしまう」と思って株を売ると、株の需要がなくなってしまい、本当に株価が下がります。**バブルの発生も崩壊も、こうした心理的な要因が大きく関わっていて、事前に防ぐのは難しい**といわれています。

また、人は人と同じ行動をとりやすい生き物です。まわりの人が株や土地から利益を得ているのを見ると、「自分も乗り遅れたくない」という心理が働きます。バブルの時期にはこうした群集心理が強く働き、多くの人が冷静な判断力を失いがちです。

もちろん心理的な要因だけでなく、金融システムの不備や規制の甘さなども、バブル経済につながります。日本でバブル経済が生まれたのも、金融政策の緩和により、お金を借りやすい環境ができていたのが原因の一つでした。過剰に資金が借りやすい状況だったり、投機的な取引を抑えるしくみが不十分だったりすると、バブルはすぐに膨らんでしまいます。

このように、バブルは人間の心理や制度的な問題など、さまざまな要因がからみ合って繰り返されているのです。

学びのポイント

- 日本のバブル崩壊後、企業の倒産や銀行の経営破綻が相次ぎ、失業率が上昇するなど雇用環境も悪化しました。
- 将来の不安で多くの個人が消費を控えたことで企業の業績が悪くなり、日本は「失われた20年」に突入しました。
- バブルの原因の一つに金融緩和が挙げられます。過剰な資金供給は投機的な取引を促進するのです。
- 資産価格は人々の期待で決まる面があります。このため冷静な判断力を保つことが重要です。

28

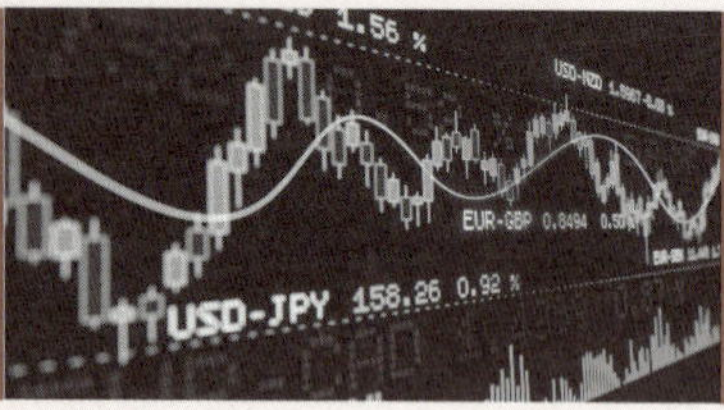

ドル・円の為替レートは、日本経済にも大きな影響を与えている。

円安になるとそもそもどうなるのか?

ニュースなどでよく聞く「円安」「円高」という言葉。そもそもこれらはどのような意味で、どのような影響を日本にもたらすのでしょうか。

これ大事!

- 昔は1ドル=360円だったことも
- 円安だと海外への輸出が有利になる
- 円安には輸入コスト増の悪い面も

金《きん》本位制から管理通貨制度へ

私たちが普段使っているお金に、なぜ「価値」があるのかわかりますか？　別に**お金そのものが私たちの生活を豊かにするわけではありません**。

お金は何かを買うことに使う「道具」だとルールで決められているから、価値を持っています。つまり、決められたルールが大事なのです。では、このルールはいつ決められたのでしょうか。

その歴史は19世紀初め、産業革命真っ只中のイギリスまでさかのぼります。

この時代、イギリスは世界の4分の1の地域に影響力を持つほど力を持った国でした。イギリスはその力で、通貨の価値までも書き換えてしまいます。イギリスのお金「ポンド」を中心にした新しい通貨のシステムをつくり上げたのです。イギリスは紙幣をつくり、その価値を金《きん》によって保証しました。これを「**金本位制**」といいます。

しかし、1929年の世界恐慌によって各国は金本位制を廃止しました。そして**代わりに登場したのが「管理通貨制度」**です。

この新しい制度下では、通貨の価値は金との交換性ではなく、政府や中央銀行の政策によっ

地政学
歴史
宗教
経済

お金の「ルール」の変遷

金本位制

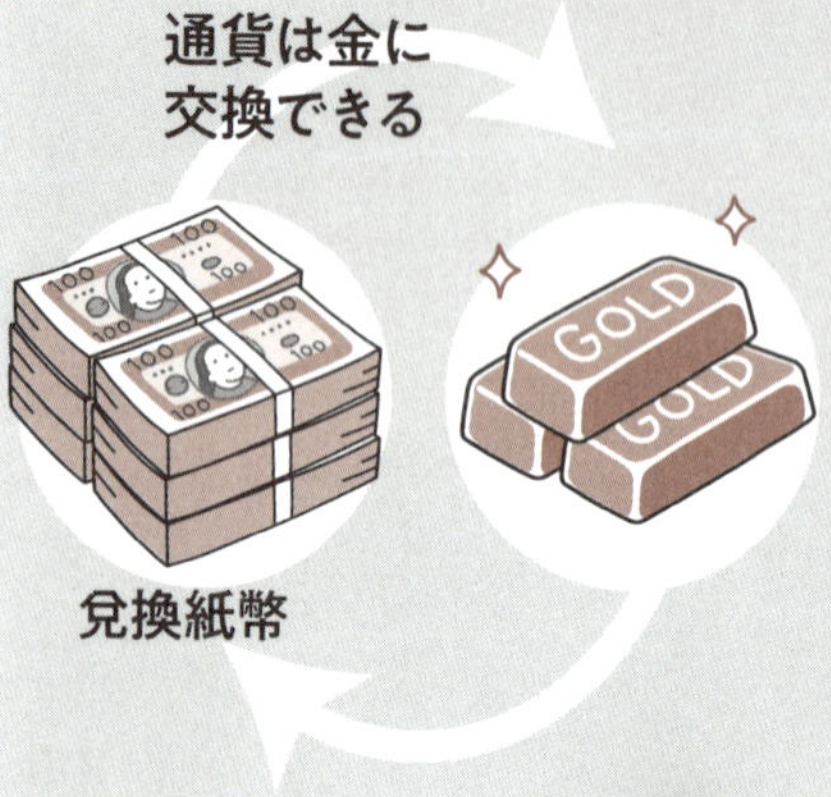

メリット

国（中央銀行）の金保有量までしか紙幣を発行できないため、通貨価値が安定し、インフレの危険性も少ない

デメリット

通過量が金保有量に左右され、景気調整に大きな役割を果たす通貨供給量が柔軟に対応できない。経済成長の足かせになることもある

管理通貨制度

メリット

金保有量と関係なく紙幣の発行が可能なため、景気の変化に合わせて通貨供給量を調整できる

デメリット

紙幣をたくさん発行できるため、通貨価値が不安定になり、インフレになる可能性も。そのため、通貨量を調整する必要がある

て管理されることになりました。管理通貨制度の導入により、各国は経済状況に応じて柔軟に通貨供給量を調整し、景気対策や雇用政策をより効果的に実施できるようになったのです。

さて、二度の世界大戦によってイギリスの国力は低下しました。それを横目に世界最強の座を手にしたのがアメリカです。

アメリカは新たなルールをつくります。1944年、ブレトン・ウッズ会議でアメリカドルを世界の基軸通貨として、「金1オンス＝35ドル」と交換できることを定め、同時に**各国通貨と米ドルの交換比率を一定に保つ固定相場制**のしくみを決めたのです。これを「**金ドル本位制**」といいます。

当時、アメリカは世界の3分の2の「金」を持っていました。文字通り世界最強の国です。

しかし、そんなアメリカ一強時代も崩れていきます。

アメリカは第二次世界大戦後も朝鮮戦争、ベトナム戦争と大きな戦争を続けました。アメリカから「金」が流出し、ドルの価値がだんだん落ちてきます。

価値が落ちるというのは、「信用が落ちる」こととイコールです。ドルの信用はアメリカが持っている莫大な「金」によって保たれていましたが、その信用の元手である「金」が減っていったのです。

1971年、困り果てたアメリカは衝撃的な一手に出ました。「もうドルと『金』を交換するのをやめる」と決めたのです。「ドルはドルとして価値があるから、もう『金』で価値を保障しなくても信用してくれるよね？」ということです。

これをもって通貨と「金」の関係は切り離され、世界は管理通貨制度へと完全に移行しました。

円の価値はどうなったか？

ここからは、日本の通貨である「円」を軸に解説していきましょう。

戦後は、日本とアメリカのあいだの経済状況を踏まえて調整がなされ、1949（昭和24）年には**1ドル＝360円**となりました。このように、**国と国のお金の交換レートを決めて固定するしくみを「固定相場制」**といいます。

しかし、先ほど述べたように、アメリカの財政状況が悪化するとドルの価値が下がっていきます。ついには1ドル360円を維持できなくなり、308円に切り上げられて円高になりました。

そして、1973年にはドルの固定相場を続けていくこと自体も難しくなり、固定相場制

ドル円相場と通貨体制をめぐる動き

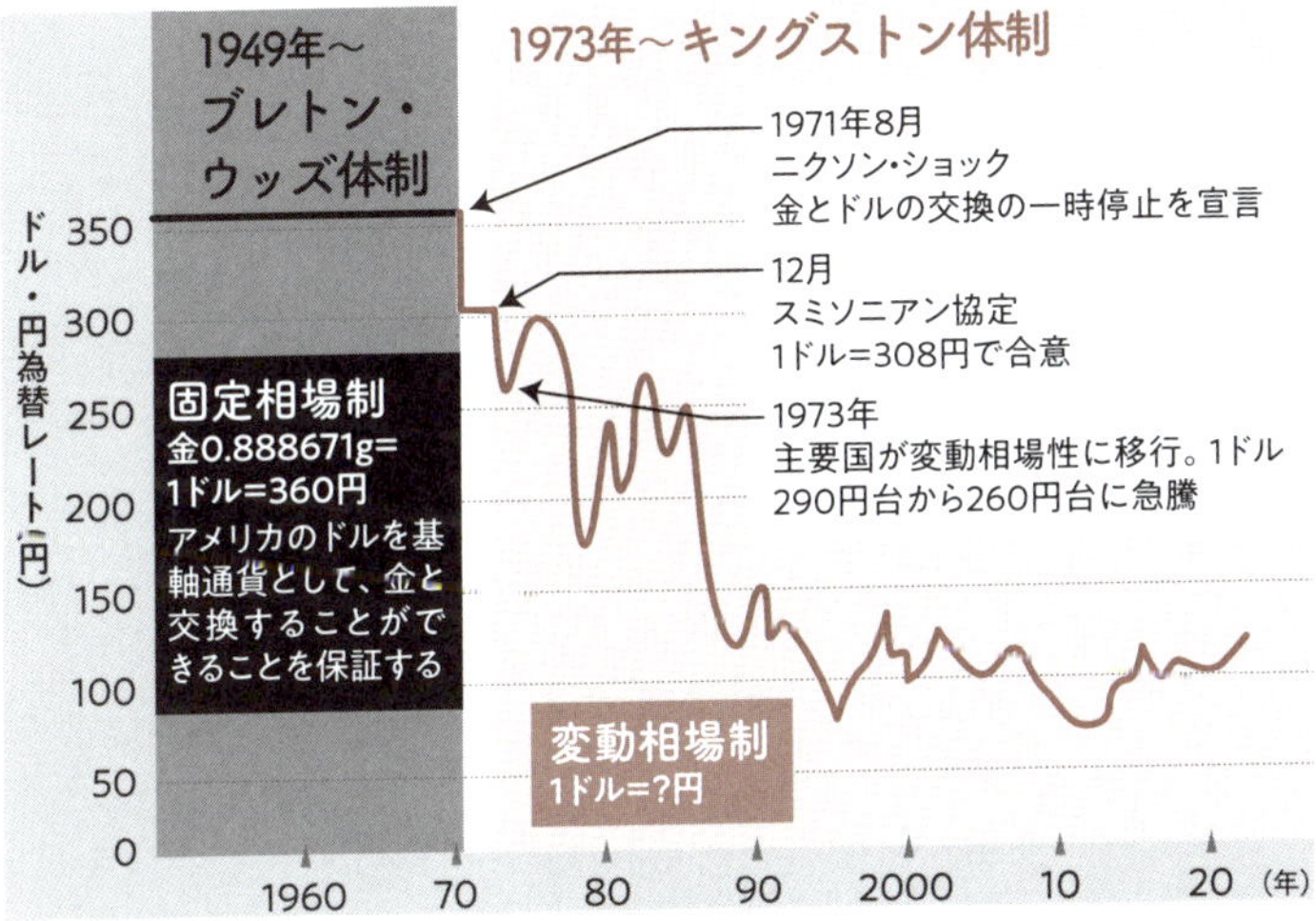

出所：Bloomberg

は解除されます。現在のように**経済状況によって円とドルの価値が変わる「変動相場制」に移行**するのです。変動相場制とは、1ドルを何円と固定せずに、その時々の需要と供給に合わせて相場を自由に変動させる制度のことです。

変動相場制に移行してしばらくのあいだは、アメリカが財政赤字、貿易赤字だったためドルの価値が下がっていきます。そのうえ、日本の高度経済成長の影響もあり、円はどんどん強くなって円高となり、1ドルが80円になったこともありました。

ところが、1995（平成7）年以降は円安が進みました。その背景には、日本のバブル崩壊後の景気低迷、アメリカ経済の好調などがあります。

このまま円安が続くと思われましたが、２００８（平成20）年にアメリカで起きたリーマン・ショックによってドルの価値が下がり、２０１１（平成23）年には１ドル76円超の円高になりました。これは、世界的な金融危機によって投資家のリスク回避姿勢が強まり、比較的安全とされる円への需要が高まったからです。

このように、上がったり下がったりと激動の歴史をたどってきた円ですが、２０２４（令和６）年11月では１ドル１５５円前後で推移しています。この円安傾向には、**日本銀行の長期にわたる金融緩和政策**、**アメリカの利上げによる日米金利差の拡大**などさまざまな要因が複雑にからみ合っています。

円安になるとどうなる？

そもそも、「円安」とはどういうことでしょうか？

円安は、「**他の国のお金と比べて日本の円が安い状態**」をいいます。たとえば１ドル＝１００円を基準とすると、１ドル＝90円が円高、１ドル＝１１０円が円安です。

円安の例を見ると、いままで１００円で１ドルと交換できていたのに、１１０円出さないと交換できなくなったわけですから、**円の価値が下がった**ということです。円の価値が上下する要因には、日本の政治・経済の状態、貿易収支、金融政策などさまざまなことが挙げられます。

では、円安は日本にとってどのようなメリットがあるのでしょうか？　円安のメリットとしては、**「海外への輸出」がしやすくなること**が挙げられます。

たとえば、日本で１０００円の商品をつくって売るときのことを考えてみましょう。１ドルが１００円の場合、10ドルが１０００円ですから、アメリカから見るとこの商品は10ドルで買うことができます。それが円安、仮に1ドルが２００円になった場合はどうでしょうか？　半分の５ドルを出せばこの商品を買うことができるのです。

商品の値段を変えなくても、ただ円安になっただけでアメリカ側は安く買い物ができるようになります。つまり、円高なのか円安なのかによって商品の価値がまったく違うということなのです。

これは商品をつくった日本側から見ると、値下げをしなくても売上をアップできるチャンスです。日本はトヨタやホンダのような自動車産業などで「海外への輸出」をする企業の売上が大きいため、円安になると日経平均株価が上昇する要因にもなります。日本の大手自動車メーカーでは**「1円」円安になると、それだけで年間利益が100億円単位で押し上げられる**ともいわれています。このように、円安は「海外への輸出」を主体とする企業や観光業にはよい影響を与えてくれます。

一方で、円安には悪い面もあります。円安は輸出をするときに大きな利益を得られますが、反対に、**輸入をするときには大きな損失になってしまいます。**

資源が少ない日本は、原油や天然ガスなどのエネルギー、大豆や小麦などの食料品、金属などの原材料のかなりの割合を海外からの輸入に頼っています。そのため、**円安が進行すると、これらを輸入している企業にとっては輸入のコストが増えて悪影響**となります。

なお、先ほど述べた輸出のメリットは以前よりも小さくなっています。近年、企業は円相場の変動によるリスクを抑えるためにアメリカや中国などの大消費地に生産拠点を移すようになりました。日本で商品をつくって海外へ輸出するのではなく、現地に工場を建てて、現地で商品をつくるようになったため、そのぶん日本の輸出額は減少してしまうのです。

2022(令和4)年以降は、こうした円安の悪い面が多く取り上げられました。ロシア・ウクライナ戦争と新型コロナウイルスによって、原油や小麦そのものの値段が上昇。円安に

「円安」と「円高」

円安・ドル高　1ドル＝110円

円の価値が下がる
（ドルの価値が上がる）

輸入
外国製品が値上がりし、エネルギー資源や食品などが高騰。物価を引き上げる効果がある

輸入企業→マイナス効果

輸出
輸出製品の価格が下がり、輸出産業が好調に

輸出企業→プラス効果

1ドル＝100円

円の価値が上がる
（ドルの価値が下がる）

輸入
外国製品が安く買える。輸入品を通じて国内物価を引き下げる効果が期待できる

輸入企業→プラス効果

輸出
輸出製品が値上がりして、日本製品の国際競争力が低下する

輸出企業→マイナス効果

円高・ドル安　1ドル＝90円

よるコスト増と原材料の高騰のダブルパンチで、企業は大きな痛手を受けたのです。

原油は燃料としてだけではなく、ペットボトルやメガネのレンズなどさまざまなモノに使われているため、**家計にも影響が出ることは避けられません**。こうしたことから、多くの店で「原材料の値上げにともなう商品の値上げ」が行われました。そうなると、買い物を控えるようになって、企業の利益が少なくなり、従業員の給料が上がらないので買い物をしなくなる……といった悪循環が起こってしまいます。

このように、円高や円安といった円相場は私たちの暮らしに密接に関わっていて、誰もが知っておくべき重要な知識なのです。

学びのポイント

- 通貨制度は金本位制から管理通貨制度へと変遷し、現在は政府や中央銀行の政策で通貨価値が管理されています。
- 日本は海外に輸出する企業の売上が大きいため、円安になると日経平均株価が上昇する傾向にあります。
- 日本は資源や食料品の多くを輸入に頼っているため、円安が進むと輸入コストが増加し物価上昇につながります。
- 近年は日本企業の海外生産が増えたことにより、輸出のメリットが以前より小さくなっている面もあります。

29

1943年のテヘラン会議に出席したスターリン（左）。

ソ連だけが世界恐慌の中、急成長できた裏側

未曾有《みぞう》の大恐慌によって世界の国々の経済が大きな打撃を受ける中、ソ連が急成長できたのには理由がありました。

これ大事！

- ソ連は世界恐慌の影響を受けず
- 5か年計画で重工業化を推進
- 経済成長の裏にあった「強制労働」

🌐 唯一の例外「ソ連」

1929年にアメリカから始まった世界恐慌（261ページ）は、世界を大混乱に陥れました。しかし、この恐慌の影響を受けなかった国があります。

それは、ソ連（ソビエト連邦）です。1922年に正式に誕生したソ連（1991年に解体）は、現在のロシアやウクライナ、ベラルーシ、バルト三国、中央アジアや南コーカサス諸国などの15共和国からなる連邦国家でした。

ソ連は恐慌の打撃を受けなかったどころか、**むしろ大きな経済発展を成し遂げています。**

その理由は、ソ連の国家体制にあります。ソ連は欧米や日本などとは違い、「社会主義」の国でした。

ソ連の経済は「計画経済」、または「命令経済」とも呼ばれます。社会主義の国では、基本的にすべての企業が国有化されます。つまり、すべての企業が国の管理下で営まれるということです。

ソ連では農業、重工業、銀行などのすべてを国家が管理し、あらゆることが国家の命令どおりに進められました。当時のソ連のリーダーは、独裁者スターリン（1879〜1953年）

世界恐慌中の工業生産の推移

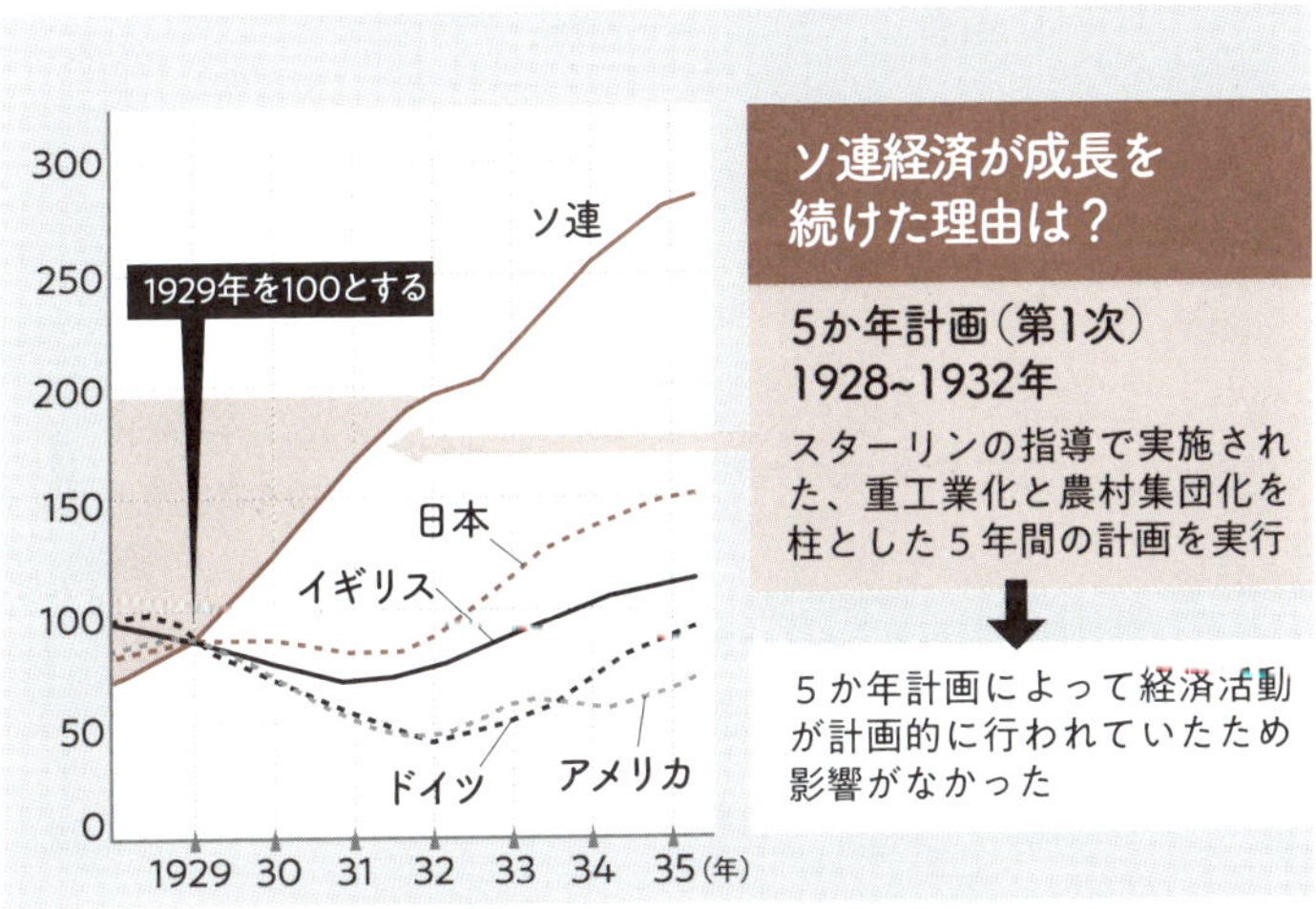

出所：『明治以降本邦主要経済統計』

です。世界恐慌が起こったちょうどその頃、ソ連では**経済を発展させるための「5か年計画」が始まりました。**

　ソ連は領土こそ大きな国でしたが、アメリカやイギリス、ドイツ、フランスなどの裕福な資本主義国家と比べると、経済の発展が大きく遅れていました。**特に工業生産力が低く、周辺国と比べて軍隊の力も頼りないものでした。**

　このままでは戦争になったら、すぐに負けてしまいます。そこでスターリンは、まわりの強国に追いついてやろうと考えました。

　ソ連の計画目標は、とてつもないものでした。全工業生産高を250%増、重工業

ソ連における土地所有者の変遷

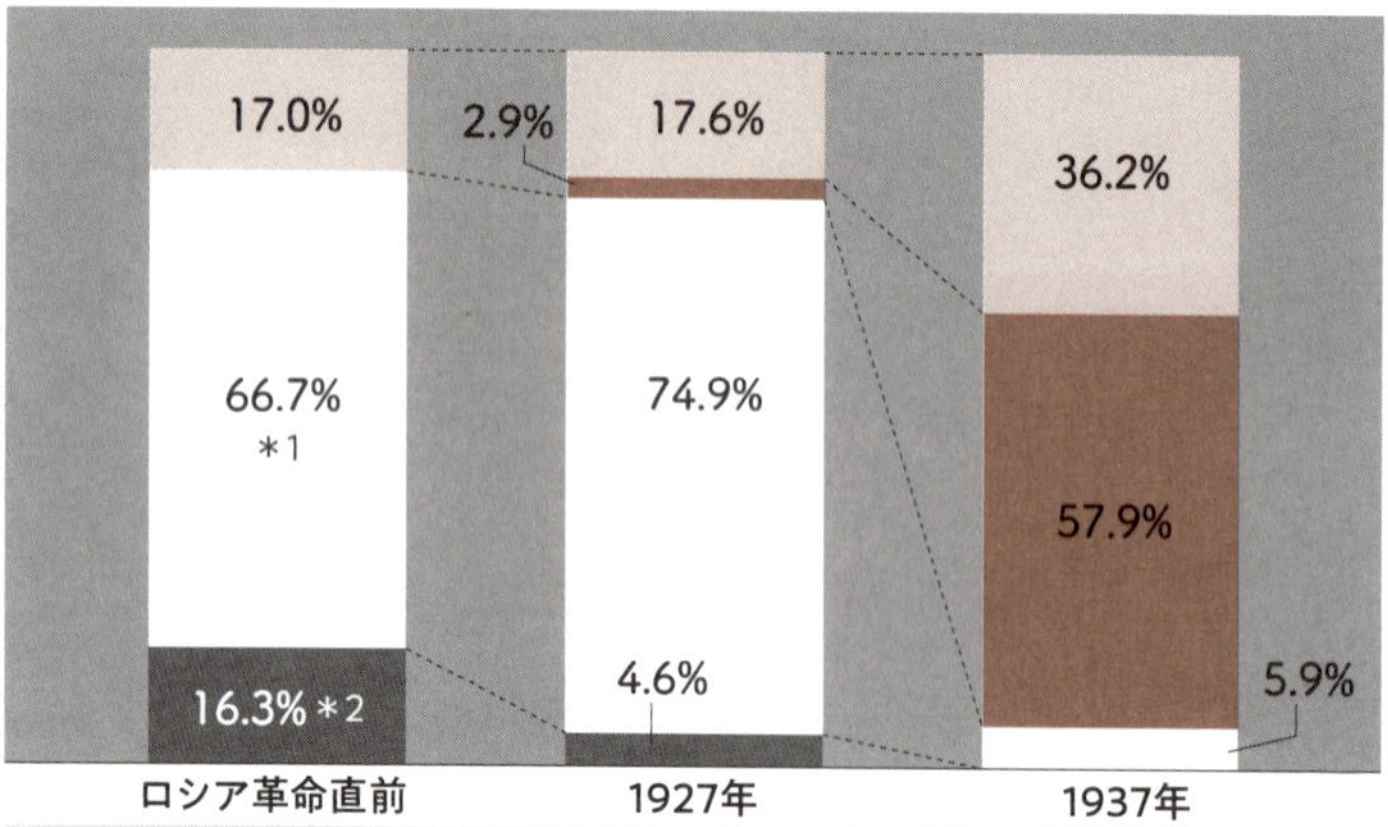

■‥クラーク（富農）　□‥個人経営の小農民　■‥コルホーズ員　□‥労働者・事務職員
＊1‥家内工業者を含む　＊2‥地主を含む

出所：『最新世界史図説タペストリー』（帝国書院）

を330%増、そして農業生産を150%増、農業の20%を集団化するというものです。

集団化とは、**農民たちに集団農場（コルホーズ）に加入するように促した政策**のことです。多くの農民が一緒に働けば、個人の小さな農場を運営するよりも効率的だと考えたのです。

スターリンは絶大な権力を使い、計画を成功させるためにありとあらゆる手を尽くします。

ソ連が強くなるために最も必要だった産業は重工業でした。重工業とは、自動車や農業機械、戦車や飛行機など複雑で大きな機械をつくる産業のことです。スターリンは**ここに徹底して労働力を注ぎ込んだ**のです。
スターリンの狙いどおり、ソ連の重工業はものすごいスピードで発達していきました。

ナチスに勝利したソ連

ソ連は、世界恐慌に苦しむ国々を尻目に経済成長を遂げます。

一方で、世界恐慌の影響をもろに受けた国があります。それは、日本やドイツなどの経済基盤が弱い国です。

各国が保護主義的な政策を進める中で、これらの国はいまの領土ではどうにもならないと、海外に植民地を求めます。日本は中国の満州地方を占領し、**そこに「満州国」という新しい国をつくりました。**

ドイツでは、世界恐慌の不安に乗じて独裁者ヒトラーが登場します。ヒトラーは失業者があふれて不況にあえぐ国民を一つにまとめ上げ、圧倒的な支持を得ました。やがて勢いに乗るヒトラー率いるナチス・ドイツは、オーストリアとチェコスロヴァキアのズデーテン地方併合に続いて、**東隣のポーランドに侵攻し、第二次世界大戦が始まりました。**

ドイツ軍はヨーロッパの国々を次々とねじ伏せていきます。このままドイツの勝利で終わるのか……。そう世界中がうっすらと思い始めた頃、ある国がこの勢いを止めました。世界恐慌の影響を受けなかったソ連です。

十分な力を持っていたソ連は、当時最強といわれたドイツ軍を相手に長期戦へと持ち込み、やがてこれを打ち破ります。こうしてソ連が力を保持したまま、第二次世界大戦は終わりへと向かったのです。

ソ連計画経済の裏側

ここまで読んで「ソ連ってすごい国なんだ！」と思った人もいるかもしれません。確かに、〝表面的〟にはロシアの計画経済はうまくいっているように見えました。ただし、**その成功は「大規模な重工業の発展」であって、国民の暮らしを考えたものではありませんでした。**

ポイントになるのは、経済成長を実現させるための「労働力」をどこから確保したのかです。じつは**5か年計画では、多くの強制労働が行われていました。**

ソ連には豊富な天然資源があります。それを燃料にしたり加工したりして、工業にも利用

「ホロドモール」の悲劇

するわけですが、その物資はどうやって移動させたのでしょうか？　当然、「人の力」です。

たとえば、有名な強制労働に「白海《はっかい》・バルト海運河」の建設があります。運河は1931年から33年までの約20か月という短期間で建設されました。その建設に関わった人数は、推定15万人とされていますが、ソ連が労働力としてかき集めたのは強制収容所に収容された人々でした。

ソ連の国内には、ソ連崩壊の直前まで「ラーゲリ」と呼ばれる強制収容所が多数存在しました。ラーゲリに収容されたのは、スターリンの政治に反対する人たち、敵国の捕虜などです。**実際に収容された人数は**

数百万人以上ともいわれ、毎年何万人もの人が死亡したと推定されています。

さらにひどかったのが農業です。農業を効率化するために行った「農業集団化」は一見悪くなさそうな政策ですが、その実態はボロボロでした。

農民たちは自分たちの農場を放棄することに激しく反対し、集団化される前に家畜を屠殺《とさつ》したり、設備を破壊したりして抵抗しました。しかし、ソ連がこの政策を取りやめることはありませんでした。抵抗した何百万人もの農民を収容所に送り、１９３６年までに農民のほぼすべてを集団農場に取り込んでしまいます。

その結果、集団化がうまくいったかというと、そうではありませんでした。農業に必要な重機や牛・馬といった動物が足りず、土地を奪われた農民の労働意欲も低下して、**農作物の生産量は減退してしまった**のです。

しかし、本当の悪夢はこれからです。

スターリンは、**ヨーロッパ有数の豊かな穀倉地帯として知られるウクライナ**に目をつけました。ウクライナで採れた大量の穀物はスターリンによって強制的に取り立てられ、外貨獲得のため国外に輸出されます。

ウクライナでは食べるものがなくなり飢餓が発生。さらには、ウクライナ人が逃げないように国境が封鎖されました。ウクライナにおける**こうした一連のできごとを「ホロドモール」といいます。**ホロドモールが起こった約1年半のうちに、ウクライナ地方とその周辺では、400万人から1000万人が飢えて亡くなったともいわれています。

ソ連が世界恐慌の影響を受けずに経済成長を遂げた背景には、スターリン独裁体制下における計画経済と強制労働がありました。しかし、多くの人々の犠牲があったにもかかわらず、国民の生活向上には結びつきませんでした。

ソ連の経済成長の代償は、非常に大きかったといえるでしょう。

学びのポイント

- ソ連は社会主義体制下で計画経済を実施し、世界恐慌の影響を受けずに経済成長を遂げました。
- 「5か年計画」で軍事力と工業生産力は向上しましたが、その裏では強制労働や人権侵害が行われていました。
- 農業集団化で食糧増産の目標は達成できませんでした。むしろ、農民の反発や飢饉を引き起こす結果となりました。
- ウクライナで起きた「ホロドモール」は、ロシアとウクライナが対立する原因の一つになりました。

30

ドイツが経済発展を成し遂げた秘密

二度の大戦で敗れたドイツは戦後、「経済の奇跡」と呼ばれる発展を遂げます。ドイツを経済大国へと押し上げた秘密とは。

「ベルリンの壁を壊しなさい」とスピーチするレーガン米大統領。

これ大事！

- ドイツは二度の大戦で敗北
- 戦後、「マーシャル・プラン」で復興
- 労働改革と中小企業で経済が発展

世界大戦で二度も敗北

ドイツは、第一次世界大戦と第二次世界大戦の両方で敗北した国です。この二つの戦争によって、ドイツ経済はボロボロになりました。

まず、第一次世界大戦で負けたドイツは大幅に領土を削られ、天文学的な金額の賠償金を課されます。その金額は1320億金マルク。**現在の日本円にして約240兆円というとてつもない額**でした。削られた領土のうちには、天然資源の豊富な地域も含まれていました。植民地もすべて取り上げられた結果、ドイツは国土の約13％を失い、主要な収入源をほとんど失うことになります。

この混乱を立て直そうと現れたのがヒトラーです。ヒトラーは失業者に仕事を与え、工業を復興させ、そして軍備を増強させていきました。こういった改革によって、ドイツ経済は急速に回復していったのです。

そして、ヒトラー率いるナチス・ドイツは、領土を求めてポーランドに侵攻します。こうして第二次世界大戦が勃発したのですが、**結果はドイツの敗北**でした。この戦争によって約700万人のドイツ国民が犠牲になったといわれています。これはドイツの人口の10％近い

東西に分断されたドイツ

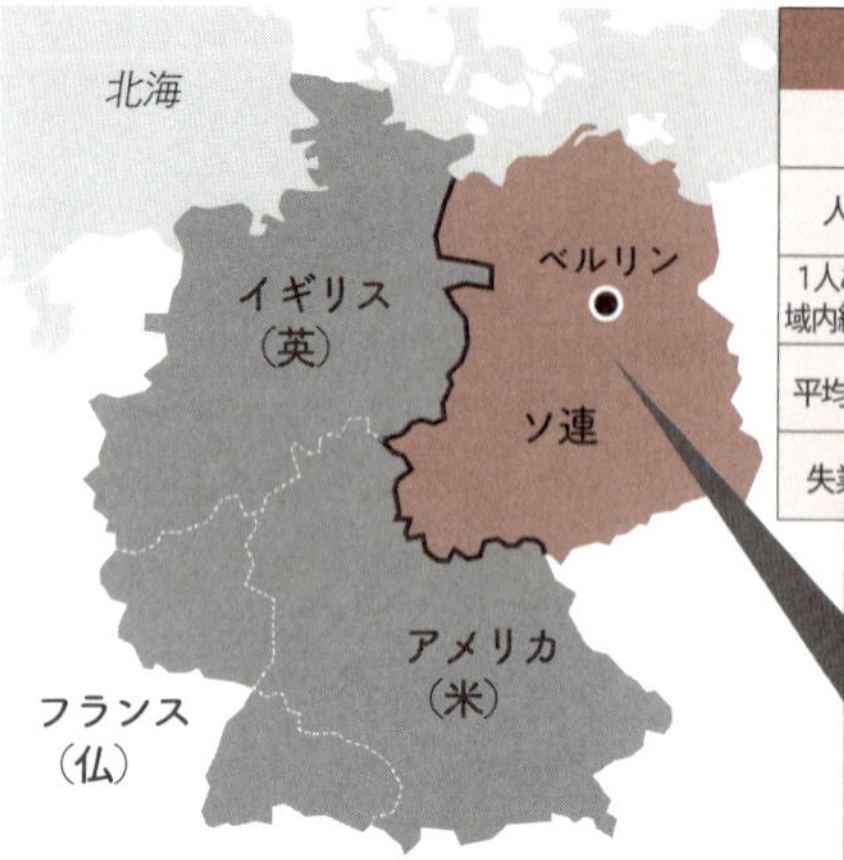

いまも残る東西格差

	旧西ドイツ地域	旧東ドイツ地域
人口	6697万人	1620万人
1人あたり域内総生産	4万3372€	3万2721€
平均賃金	3340€	2850€
失業率	6.0%	7.8%

ベルリンの分割管理

出所：独連邦統計庁、統一年次報告書など
※失業率は 2020 年 7 月、その他の数値は 2019 年。
旧東ドイツ地域の人口はベルリン全体を含む

数でした。さらに、ドイツは領土の4分の1を失い、知的財産も徹底的に没収されました。文字どおりの〝ボロボロ〟です。

ドイツはこのどん底から、いったいどうやって復活を遂げたのでしょうか？

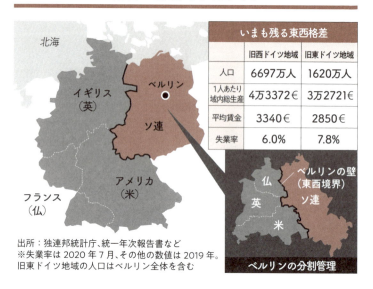

冷戦期の復興

戦争に負けたドイツは、四つの国から支配を受けました。アメリカ、フランス、イギリス、そしてソ連です。

ドイツを占領している四つの国のうち、**アメリカ、フランス、イギリスは西側・資本主義国なのに対して、ソ連だけは東側・社会主義国**でした。これがドイツの中で対立を生みます。というのも、西側国と東側国のちょうど境界に当たる場所がドイツだったからです。西ドイツと東ドイツの境界線が、資本主義と社会主義の境界線になりました。

国家のあり方として正しいのは資本主義か、社会主義か。それは冷戦時代、世界中の大問題でした。その競争の最前線が、東西ドイツの境界線だとみなされたのです。しかし、この対立関係によって、ドイツは急激な経済回復を実現します。

直接の引き金となったのは、**アメリカによるヨーロッパ経済復興計画「マーシャル・プラン」が実行された**ことです。これによって西ドイツだけでなく、ボロボロだったフランスや他の国々にも大量の支援がなされました。こうして西ドイツを含めたヨーロッパの経済は一気に回復していきます。

これがアメリカの狙いでした。東側に対抗するためには、いつまでも西ドイツを苦しめている場合ではありません。ヨーロッパとして西側は団結して強くなる必要があると考えたのです。

「経済の奇跡」が起きた理由

1950年、朝鮮戦争を境にして、西ドイツの経済は飛躍します。**世界的なモノ不足が起**

こり、西ドイツ製品が売れるようになったのです。50年代から60年代、ドイツ人はよく働きました。

当時のドイツ経済を支えたのは、ドイツ人だけではありません。戦後の成長期に、ドイツは大量の外国人を労働者として受け入れました。集まってきた労働者の多くは若い男性で、彼らの目的は「短期間でできるだけ多く稼いで国に帰ること」でした。

彼らはドイツに到着するや否や、翌日には工場や工事現場で働き始めました。そして残業もいとわず働きまくったのです。企業にとってはこれ以上ない労働力です。

このような外国人は**ドイツ語で「ゲスト労働者」を意味する「ガストアルバイター」と呼ばれ、ドイツの成長を支える存在として歓迎**されました。ドイツ在住の外国人は、1961年から67年のあいだで68・6万人から180万人まで膨れ上がりました。

さて、ここまで「経済の奇跡」と呼ばれる西ドイツの華々しい復興を見てきました。しかし、もう一度、ドイツには試練が待っています。**1989年の「ベルリンの壁」の崩壊、そして東西ドイツの統合**です。これは、多くのドイツ人にとって待ちに待った瞬間でもありました。

しかし経済の点でいえば、西ドイツは東ドイツという荷物を抱えることになります。東ドイツはソ連の管理下に置かれ、共産主義国として戦後を歩み出しました。ドイツは約50年間、東西ではっきりと分断されたままだったわけですが、いざその分断が解除されてみると、あることがわかりました。「経済の格差」が尋常ではなかったのです。

西ドイツ側では近代的なビルが建つきらびやかな街並みが広がり、人々は最新型の車に乗っていました。しかし、一歩旧東ドイツ側に入ると、そこには灰色の古びた建物がずらり。しんとした街に時折、古い車が煙を出しながら走っていきます。このようなエピソードには事欠きません。

ドイツの経済発展を支えた二大要因

1990年に西ドイツと東ドイツが統一したことで、ドイツ経済は停滞を続けます。特に2000年代が最も苦しい時期でした。経済成長率は先進国では最低レベルで、失業率も高く、財政は赤字続き。この時期のドイツは**「欧州の病人」と呼ばれていたほど**です。それでもドイツ政府は、根気よく東ドイツ地域に援助を続けました。

そんな中、ドイツはもう一度「奇跡」と呼ばれる経済の建て直しを成し遂げます。いったいどんな手を使ったのでしょうか。ここでは、ドイツが経済発展を遂げた大きな理由を二つ

日本とドイツの名目GDPの推移

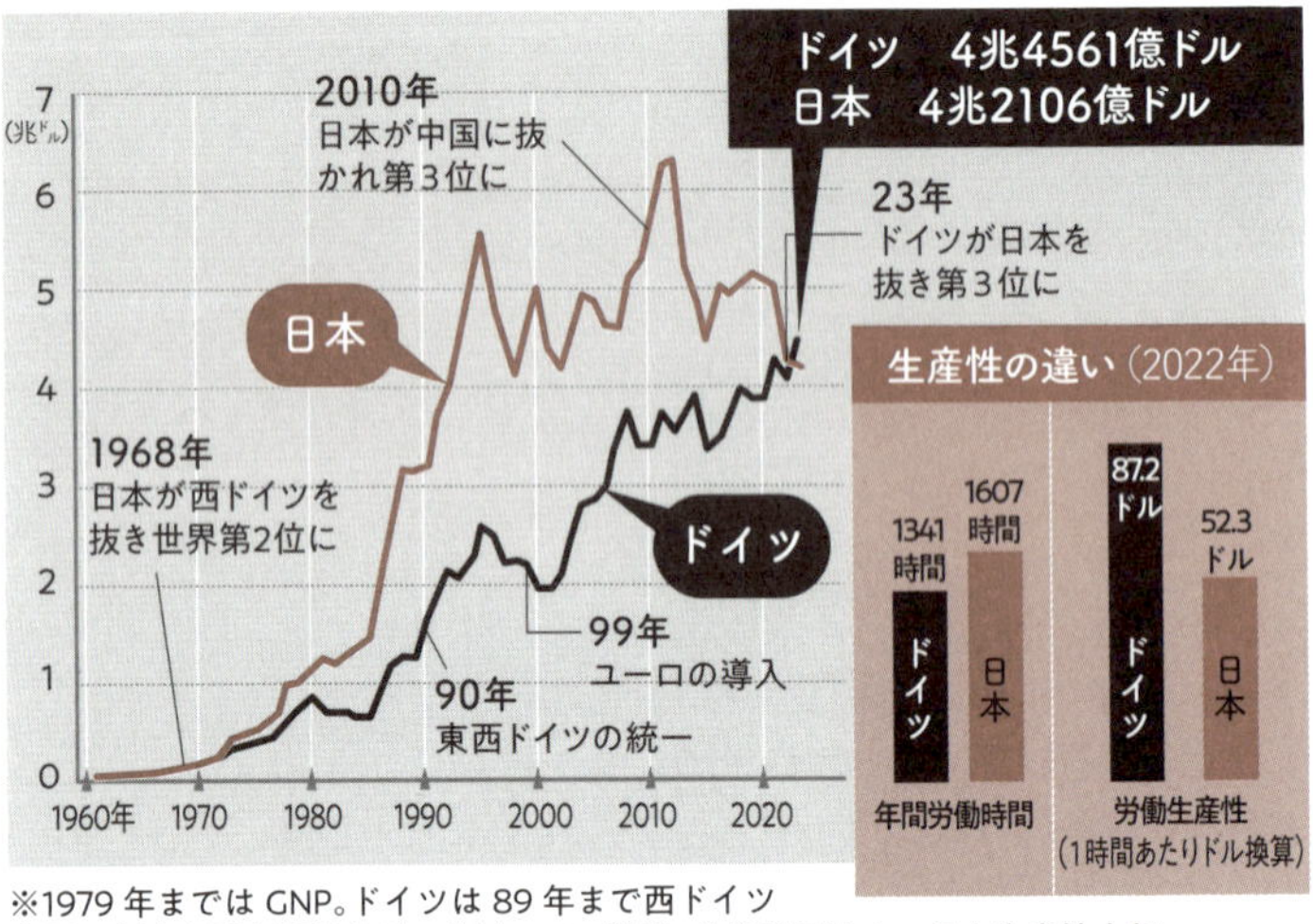

※1979年まではGNP。ドイツは89年まで西ドイツ
出所：（左）内閣府資料など　（右）OECD資料、公益財団法人　日本生産性本部

紹介します。

一つ目が「働き方改革」です。ドイツでは1994年、「労働時間貯蓄制度」という制度が導入されました。簡単にいうと、残業時間を「貯蓄」しておいて、そのぶんをまとめて長期休暇にしたり、早めに現役引退したりできるという制度です。この制度は革新的でした。

企業は普通、景気が悪くなれば従業員を解雇し、景気がよくなれば新しく人を雇います。人を解雇するときには退職金を払わなければなりませんし、人を募集して新しく雇うのにも時間とお金がかかります。

この面倒な解雇と採用のプロセスを軽減してくれるのが、労働時間貯蓄制度だったのです。労働者は景気がよいとき、つまり労働力が必要なときにたくさん働いて、労働時間を貯蓄しておけます。そして景気が悪いとき、つまり仕事がないときには思い切って休んでしまうのです。

ここには解雇も採用もありませんから、企業側のコストは削減されます。しかも同じ人が長く働いてくれるので景気の良し悪しで従業員がコロコロ入れ替わるよりも高い技術力と効率が保てます。このような労働環境の柔軟化が、**ドイツ政府主導ではなく会社と労働者が主体となって進められた**といわれています。

二つ目は、「地域密着型の中小企業」です。ドイツ経済の強さは中小企業に隠されています。メルセデスベンツ、ＢＭＷ、プーマ、アディダス……世界的に名の知れた有名企業に対して、中小企業のことをドイツでは「ミッテルスタンド」と呼びます。**ドイツはこのような中規模企業の数が多いのが特徴**です。

こうした企業は、持ち前の高い技術力を武器にドイツで活躍しています。大切なのは、「地域密着型」の経営をしていることです。

また、ドイツでは経済活動が分散しています。経済規模の1位は首都のベルリンですが、1〜5位の都市のあいだに大きな差はありません。中規模の経済地域が分散しており、そこには中小規模の地域型企業が根づいているのです。

普通、人々は高い賃金を求めて首都に集まりますし、そうなると企業も労働力を求めて首都に集まります。こうして、地方から経済活動が失われていくのです。

しかしドイツではそれを食い止めるだけの基盤があります。わざわざ都会に出ていかなくても、住み慣れた地元にも魅力的な企業があるのです。

柔軟な労働環境、地域密着の中小企業、そして確かな技術力。ドイツは歴史的な試練を乗り越え、こうした独自の経済システムを構築することで、現在の経済大国としての地位を確立したわけです。

学びのポイント

- 第二次世界大戦後、冷戦が起こりました。これが逆にドイツ経済を復活させる要因にもなりました。
- 1950年代からのドイツの発展は「経済の奇跡」と呼ばれました。この一翼を担ったのは、多くの出稼ぎ労働者です。
- ドイツには「労働時間貯蓄制度」があるため、景気による労働者の雇用の変動を抑えることができます。
- 中小企業が「地域密着型」の経営をしているため、ドイツでは都市間の経済格差があまりありません。

31

東京・日本橋の上を走る首都高はオリンピックに向け整備された。

日本はなぜ世界の経済大国になれたのか？

第二次世界大戦の敗戦で焼け野原となった日本。戦後の復興から、「東洋の奇跡」と呼ばれる経済成長を成し遂げられたのはなぜでしょうか。

これ大事！

- 高度経済成長で急速に発展
- 発展のきっかけは「朝鮮戦争」
- 日本人はほぼ100％教育を受けていた

🌐 焼け野原からの経済復興

第二次世界大戦の敗戦により、日本は焼け野原となりました。当然、経済も大崩壊を起こしましたが、**日本はその後、「高度経済成長期」を迎えます。**

高度経済成長とは、飛躍的に経済が発展し、その期間が継続することです。日本では、経済の成長率が年平均で10％前後あった期間が1955（昭和30）年頃から73（昭和48）年頃まで続きました。

高度経済成長期と一括りにしていますが、じつはこの中にはいくつかの「好景気」が重なっています。

「神武景気」は、1954（昭和29）年から57（昭和32）年の期間の好景気です。この経済発展を受けて、56（昭和31）年には**有名な「もはや戦後ではない」という言葉が流行**しました。

「岩戸景気」は、1958（昭和33）年から61（昭和36）年のあいだの好景気を指します。この期間には急速な技術の革新が起こりました。その結果生み出されたのが、「三種の神器」です。テレビ、洗濯機、冷蔵庫という、現代の生活に続いている3種類の便利な家電のことです。

「オリンピック景気」は、1962（昭和37）年から64（昭和39）年までの好景気です。日本は64年に東京オリンピックを開催しました。このイベントは高度経済成長期のシンボルといわれています。

東京大会の準備や運営のために高速道路や新幹線などのインフラ整備が急速に進み、日本国内で大量のお金が動きます。64年には東海道新幹線が開通。日本の高い技術力を世界に示しました。

東京オリンピックは、復興を遂げた日本の姿を国内外にアピールする絶好の機会となりました。オリンピックで大量のお金が動いたために、この期間にもまた景気が大変よくなったのです。

「いざなぎ景気」は、1965（昭和40）年から70（昭和45）年にかけての好景気です。この期間には日本で重工業が発展し、それに後押しされて神武景気、岩戸景気を上回る好景気となりました。

いざなぎ景気中には、大阪万博も開催されています。日本はそこで最先端の科学技術を展示し、日本はもはや劣った敗戦国ではなく、先進国への仲間入りを果たしたことを世界に示したました。**いざなぎ景気は57か月も続き、当時は戦後最長の好景気**となりました。

高度経済成長期の日本

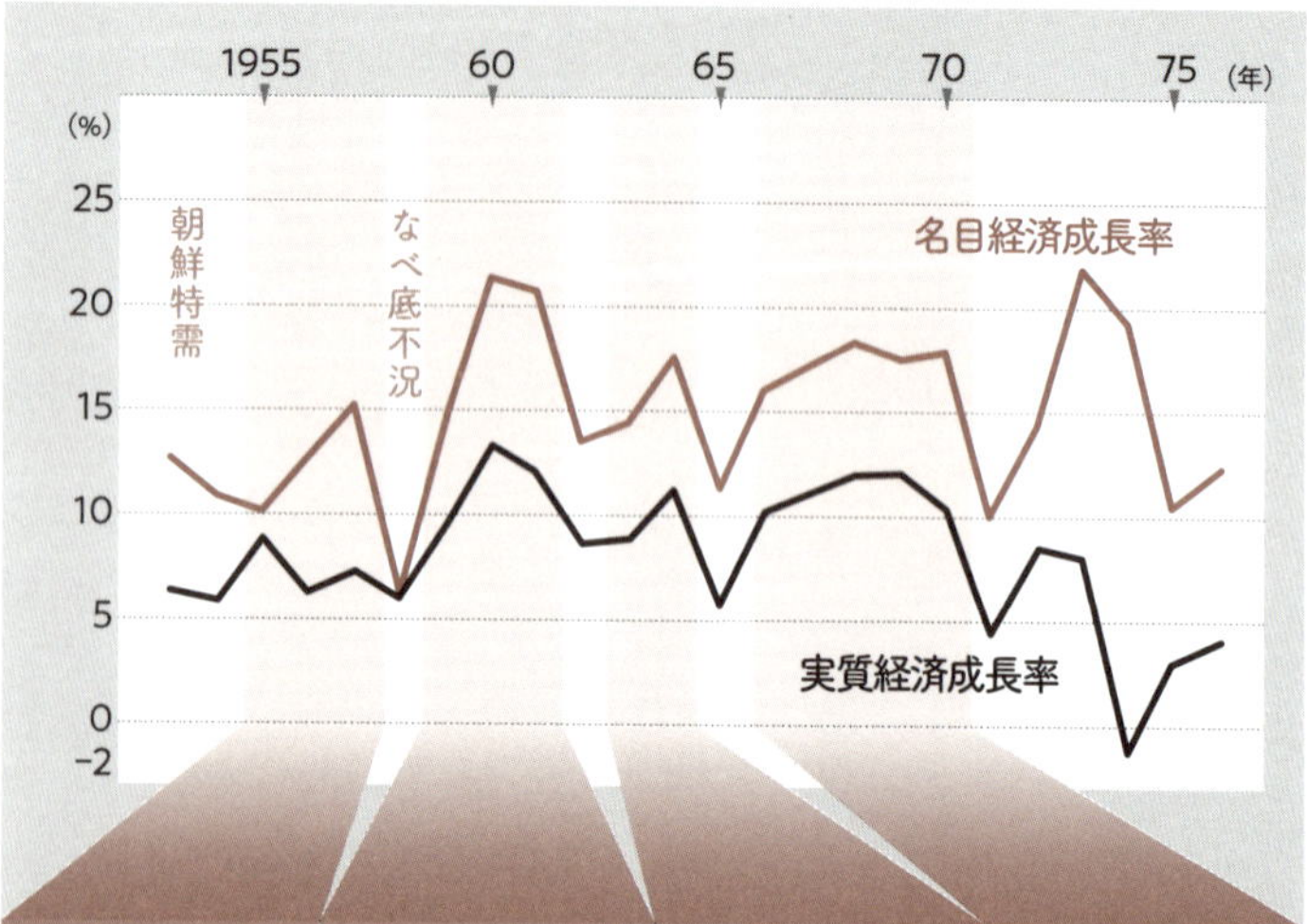

神武景気（1954〜57年）

日本は太平洋戦争以前の経済水準を回復。1956年度の『経済白書』に「もはや戦後ではない」と記されたことで有名。神武天皇が即位した年（紀元前660年）以来の好景気という意味で名付けられた。

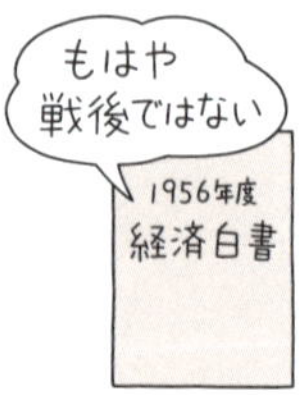

岩戸景気（1958〜61年）

“投資が投資を呼ぶ”（1960年度『経済白書』）設備投資中心の景気拡大。池田勇人首相が「所得倍増計画」を発表し、本格的に高度経済成長に突入した。テレビ、冷蔵庫、洗濯機の「三種の神器」が普及。

池田勇人首相

オリンピック景気（1962〜64年）

東京オリンピックの準備や運営のために高速道路や新幹線などのインフラ整備整備が進み、国内で大量のお金が動く。東京オリンピックは復興を遂げた日本の姿を世界にする絶好の機会になった。

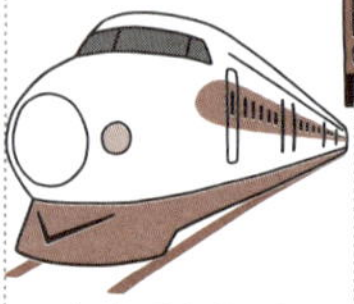

東海道新幹線

いざなぎ景気（1965〜70年）

重工業が発展。5年間でGNPが2倍以上となり、1968年にはアメリカに次ぐ世界第2位に躍進する。車、カラーテレビ、クーラーの「新三種の神器（3C）」が急速に普及したのもこの時代。

新三種の神器（3C）

この四つの好景気が連続して起こった期間を、高度経済成長期というのです。

高度経済成長期のあいだに、日本のGNP（国民総生産）はどんどん成長しました。1966（昭和41）年にフランス、67（昭和42）年にイギリス、そして68（昭和43）年には西ドイツを抜き、**敗戦からわずか20年余りで、日本は世界第2位の経済大国へと驚異的な発展を遂げた**のです。

日本が世界にも例を見ないほどの発展を遂げ、他の国のあこがれともなったこの時代は、**「東洋の奇跡」**と呼ばれています。

急成長の〝きっかけ〟とは？

日本経済がこれほどまでに急成長したのはなぜでしょうか？　さまざまな要因がありますが、なかでも重要なものをピックアップして解説しましょう。

先ほど、日本の戦後の急成長のすごさを強調しましたが、戦後すぐの日本経済はかなりひどい状態でした。戦争で工場や生産設備なども破壊されたため、生産力が極端に下がっていました。食べ物でも、着る物でもとにかく**「モノ」をつくることができない状態**だったのです。

そのため、国内のあらゆる製品が足りず、モノの値段がどんどん上がっていきます。モノの値段があり得ないくらいに高騰し、国民はモノが買えず苦しみました。

こういう最悪の状態から、1954（昭和29）年には好景気（神武景気）になっています。つまり、**1950年代に日本経済は急転換した**のです。

この理由として挙げられるのが、**アメリカからの「特需」**です。特需とは、特別需要の略で、特殊なイベントが要因となって起きる需要のことです。

第二次世界大戦の終結後、1950（昭和25）年に朝鮮戦争が起こりました。この朝鮮戦争の勃発によって、アメリカ軍から日本企業への「発注」が急増したのです。日本は、朝鮮に出動した国連軍の軍事基地・補給基地となりました。その結果、日本に対し、アメリカ軍から多量の物資・サービスの需要が発生します。

特需の内容は、約7割が物資調達でした。当初は軍用の毛布やトラック、砲弾、有刺鉄線などが多かったのですが、1951（昭和26）年以降は、鋼材やセメントなど、韓国の復興のための資材の注文も増大しました。また、トラック・戦車・艦艇の修理、基地の建設・整備、輸送通信なども日本が請け負うことになりました。

そのほか、アメリカ以外の国からの発注などもあり、これらをすべて含めると、**特需の総**

額は、停戦の1953（昭和28）年までに24億ドルにもなりました。

大量の注文を受け、大量の物資やサービスを提供して大きく儲けたことで、この期間に日本の経済は急成長しました。日本の経済は朝鮮特需をきっかけに一気に盛り返し、神武景気へと突入したのです。

しかし、特需があったとはいえ、3年ほどのうちにこれほど経済が急成長するのは普通ではありません。

朝鮮戦争の特需も1953年に休戦協定が結ばれて数年間で終わりになりました。それでも日本では、岩戸景気、いざなぎ景気と、神武景気を上回る好景気が連続して起こりました。

高度成長を続けられた理由

戦後の日本の急成長の背景には、**日本人の「勤勉性」**と**「教育水準の高さ」**がありました。

日本人の国民性は、几帳面で真面目だといわれます。当時の仕事に対する意欲は高く、新しい技術の習得にも熱心でした。そして、その勤勉な国民性を支えているのが、日本の教育水準の高さです。

戦前から日本では義務教育が普及していました。実際に、明治時代には小学校の就学率がほぼ100％だったといわれます。つまり、当時の日本には、**教育を受けて、ある程度の読み書きができ、熱心に仕事に取り組む人材が豊富に揃っていた**のです。

ここから、大きく二つのメリットが生まれます。

第一に、労働者に困らないということです。勤勉でよく働く人が多くいれば、労働力には困りません。工場をフル稼働させ、大量生産が可能となります。特に、この頃には戦争が終わって戦地から帰ってきた元兵士の人たちが多くいました。この人々はもともと日本軍によって鍛えられた根性論がしみついていますから、長時間でもよく働きます。

また、当時はまだ大学に進学することが当たり前ではありませんでした。大学進学率は1960年代で10％ほど、70年代で20％ほど。中卒・高卒でほとんどの人が働きに出ていました。つまり、当時の日本には若い労働力が豊富に揃っていたのです。

こうした若者たちは、よく働き、大量生産を支えたので**「金の卵」と呼ばれ、企業に重宝されました。**

第二に、技術力の向上です。当時の日本人は、ほぼ100％教育を受けていました。しかも勤勉で仕事にも熱心。こういう人たちが企業で働くわけですから、どうすればよりよく、より安い製品をつくれるかを従業員の一人ひとりが知恵を絞り、必死に考えました。その結果、すぐれた製品が多く生み出されていったのです。

たとえば、**QCサークル活動が広く普及したことが挙げられます。**「QCサークル」とは、現場の従業員が集まり、品質改善について話し合うグループのことです。1962(昭和37)年に日本で本格的に導入されて以来、このような現場の知恵を生かそうという活動は、瞬く間に全国に広まりました。経営者ではない現場の従業員であっても、よりよい商品をつくるためにと試行錯誤をしたのです。

こうした現場の努力もあって、**日本は「世界の工場」といわれるほどになった**わけです。

学びのポイント

- 戦後、複数の好景気が連続して起こりました。こうして日本は世界第2位の経済大国になったのです。
- 「特需」によって日本企業は大量の注文を受け、これにより経済は一気に盛り返すことができました。
- 日本人は勤勉で高い教育水準を持っていたため、読み書きができ、熱心に仕事に取り組める人材が豊富に揃っていました。
- QCサークルなど現場主導の改善活動が普及し、日本は「世界の工場」と呼ばれるほどになりました。

主な参考文献

『オランダ東インド会社』永積昭、『興亡の世界史 東インド会社とアジアの海』羽田正、『海賊キャプテン・ドレーク イギリスを救った海の英雄』杉浦昭典、『エリザベスⅠ世』青木道彦、『まんが パレスチナ問題』『続 まんが パレスチナ問題「アラブの春」と「イスラム国」』山井教雄、『民族と文明で読み解く大アジア史』宇山卓栄、『ロスチャイルド家 ユダヤ国際財閥の興亡』横山三四郎、『改訂新版 新書アフリカ史』宮本正興、松田素二編、『KOYASAN Insight Guide 高野山を知る一〇八のキーワード』高野山インサイトガイド制作委員会、『古代インド』中村元、『ロシアとソ連邦』外川継男（以上、講談社）／『物語 オランダの歴史—大航海時代から「寛容」国家の現代まで』桜田美津夫、『物語イギリスの歴史（上）（下）』君塚直隆、『イギリス帝国の歴史』秋田茂、『物語フランス革命　バスチーユ陥落からナポレオン戴冠まで』安達正勝、『ヒンドゥー教　インドの聖と俗』森本達雄（以上、中央公論新社）／『イギリス史10講』近藤和彦、『コロンブスからカストロまで　カリブ海域史、一四九二－一九六九（I）』E・ウィリアムズ著、川北稔訳、『北朝鮮現代史』和田春樹、『ユダヤ人とユダヤ教』市川裕、『イエスとその時代』荒井献、『インド文明の曙　ヴェーダとウパニシャッド』辻直四郎、『ロシア革命』E.H.カー著、塩川伸明訳（以上、岩波書店）／『経済は統計から学べ!』宮路秀作、『やりなおす戦後史 本当はよくわかっていない人の2時間で読む教養入門』蔭山克秀、『世界94カ国で学んだ元外交官が教える ビジネスエリートの必須教養 世界5大宗教入門』山中俊之、『上馬キリスト教会ツイッター部の キリスト教って、何なんだ? 本格的すぎる入門書には尻込みしてしまう人のための超入門書』MARO（上馬キリスト教会ツイッター部）（以上、ダイヤモンド社）、『池上彰の世界の見方 中国：巨龍に振り回される世界』『池上彰の世界の見方 中国・香港・台湾:分断か融合か』池上彰、『〈新版〉ユダヤ5000年の教え』マービン・トケイヤー著、加瀬英明訳、『昭和の歴史9 講和から高度成長へ』柴垣和夫（以上、小学館）／『西洋経済史』奥西孝至、鳩澤歩、堀田隆司、山本千映、『金融のエッセンス』川西諭、山崎福寿、『マクロ経済学（新版）』平口良司、稲葉大（以上、有斐閣）、『物流は世界史をどう変えたのか』玉木俊明、『イラストでわかる密教印のすべて』藤巻一保（以上、PHP研究所）、『歴史を変えた気候大変動』ブライアン フェイガン著、東郷えりか他訳、『ユダヤ人の歴史』レイモンド・P・シェインドリン著、入江規夫訳、『聖書の同盟 アメリカはなぜユダヤ国家を支援するのか』船津靖（以上、河出書房新社）／『世界と日本の今がわかる さかのぼり現代史（だからわかるシリーズ）』祝田秀全監修、『〔増補版〕戦前回帰「大日本病」の再発』山崎雅弘、『世界史と時事ニュースが同時にわかる 新地政学』祝田秀全監修、長谷川敦著（以上、朝日新聞出版）／『現代中国を知るための52章【第6版】』藤野彰編著、『クルド人を知るための55章』山口昭彦編著（以上、明石書店）／『空海辞典』金岡秀友編、『新版 インドを知る事典』山下博司、岡光信子（以上、東京堂出版）／『詳説世界史研究』木村靖二他編、『ヒンドゥー教とインド社会』山下博司、『世界歴史大系 ロシア史3』田中陽児、倉持俊一、和田春樹（以上、山川出版社）／『【中東大混迷を解く】シーア派とスンニ派』池内恵、『最新版 宗教世界地図』立山良司（以上、新潮社）／『インドの衝撃』『続・インドの衝撃 猛烈インド流ビジネスに学べ』NHKスペシャル取材班（文藝春秋）／『地図でスッと頭に入る 中東&イスラム 30の国と地域』高橋和夫監修（昭文社）／『オランダ小史 先史時代から今日まで』ペーター・J・リートベルゲン著、肥塚隆訳（かまくら春秋社）／『沈没船が教える世界史』ランドール・ササキ（メディアファクトリー）／『歴史学事典13』川北稔編（弘文堂）／『世界史の瞬間』クリス・ブレイジャ著、伊藤茂訳（青土社）／『国宝・重要文化財大全4 彫刻（下巻）』（毎日新聞社）／『仏像図典』佐和隆研（吉川弘文館）／『マンダラの仏たち』頼富本宏（東京美術）／『米ロ対立100年史』佐藤優監修（宝島社）／『Class in America:An Encyclopedia』Robert E.Weir編（Greenwood Pub Group）　他

その他、新聞・雑誌・ニュースサイト等も参考にさせていただきました。

著者紹介

すあし社長（すあし・しゃちょう）

2020年より、世界の成り立ちや神話、歴史事情をはじめ、最新の経済・ビジネス・世界情勢などを扱うYouTube動画チャンネル「大人の学び直しTV」を配信し、その他動画チャンネルのプロデュースも手がける知識・教養系ユーチューバー。

30代妻子持ち会社員として企業に勤める傍ら、SNSマーケティング会社も運営している。

著書は『知的な雑談力の磨き方』（クロスメディア・パブリッシング）。

YouTubeチャンネル「大人の学び直しTV」

https://www.youtube.com/channel/UCNJRaN9NIAbCXpDa_hAKd3g

「大人の学び直しTV」からのお知らせ

人生を賢く、より豊かに生きる——。

そんな本質的な“学び”を深めたい人たちのためのオンラインコミュニティ「RELIVE（リライブ）」をつくりました。

詳しくは、上記YouTubeチャンネルの概要欄をチェックしてみてください！

RELIVE
知識を知恵に、変える場所。 PRODUCED BY 大人の学び直しTV

世界《せかい》の「なぜ?」が見《み》えてくる
大人《おとな》の世界史《せかいし》　超学《ちょうまな》び直《なお》し

2024年12月19日　初版発行
2025年 5 月15日　再版発行

著者／すあし社長《しゃちょう》

発行者／山下　直久

発行／株式会社KADOKAWA
〒102-8177　東京都千代田区富士見2-13-3
電話　0570-002-301(ナビダイヤル)

印刷所／TOPPANクロレ株式会社

製本所／TOPPANクロレ株式会社

本書の無断複製（コピー、スキャン、デジタル化等）並びに
無断複製物の譲渡および配信は、著作権法上での例外を除き禁じられています。
また、本書を代行業者等の第三者に依頼して複製する行為は、
たとえ個人や家庭内での利用であっても一切認められておりません。

●お問い合わせ
https://www.kadokawa.co.jp/（「お問い合わせ」へお進みください）
※内容によっては、お答えできない場合があります。
※サポートは日本国内のみとさせていただきます。
※Japanese text only

定価はカバーに表示してあります。

©Suashi Shacho 2024　Printed in Japan
ISBN 978-4-04-811402-8　C0030